KB202974

| 허드슨 테일러가 세운 선교회의 지속되는 이야기 |

불가능을 향한 열정

레슬리 라이얼 지음 | 최태희 옮김

A Passion for the Impossible

A Passion for the Impossible

Copyright©Leslie Lyall 1965
First published 1965 by Hodder and Stoughton Ltd.

「이 도서의 국립중앙도서관 출판시도서목록(CIP)은
서지정보유통지원시스템 홈페이지(http://seoji.nl.go.kr)와
국가자료공동목록시스템(http://www.nl.go.kr/kolisnet)에서
이용하실 수 있습니다. (CIP제어번호 : CIP2014023061)」

허드슨 테일러가 세운 선교회의 지속되는 이야기

불가능을 향한 열정

[CIM 설립 100주년 기념 책]

1판 1쇄	2014년 12월 15일
지은이	레슬리 라이얼
옮긴이	최태희
디자인	김석범
발행인	최태희
발행처	로뎀북스
등록번호	제617-92-21185호.
등록일자	2012년 6월 13일
전화/팩스	051-467-8983
이메일	rodembooks@naver.com
ISBN	978-89-98012-17-5 03230

| 허드슨 테일러가 세운 선교회의 지속되는 이야기 |

불가능을 향한 열정

레슬리 라이얼 지음 | 최태희 옮김

A Passion for the Impossible

RODEM BOOKS omf

'하나님께서는 불가능을 향한 열정으로
타오르는 사람을 크게 사랑하신다.'

윌리엄 부스, 구세군 창시자

• • •

'하나님께서 위대한 일을 행하실 때는
언제나 세 단계를 거치신다.
처음에는 불가능하던 일이 다음에는 어려운 일이 되고,
나중에 보면 다 이루어진다.'

허드슨 테일러

• • •

믿음, 위대한 믿음으로
약속을 바라보고
하나님만을 앙망한다.
그리고 불가능을 향해
웃으며 외친다,
'그것은 반드시 이루어진다.'

1865년 중국의 11성(省)과 내몽고 지역에는 복음의 증인이 없었다.

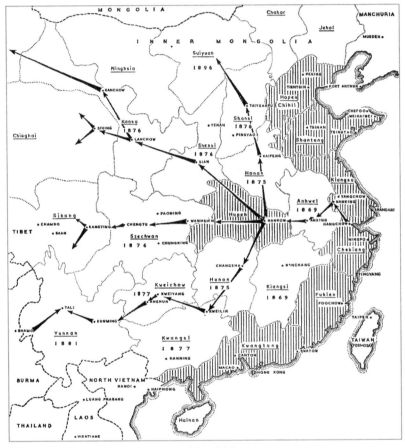

빗금으로 표시된 곳에서는 당시 선교사역이 이루어지고 있었다.
표시된 연도는 CIM 선교사들이 처음으로 그 지역에 들어갔던 해이다.

머리말

5월 따뜻한 봄날, 이 책의 저자 레슬리 라이얼은 중국과 CIM의 역사에 대해서 분명하고 확신 있는 어조로 우렁차게 강의하고 있었다. 수강생들은 몇 되지는 않았지만 이해가 빠른 선교사 후보생들이었다. 우리가 학생이던 시절에 라이얼은 선교계에서 매우 초청을 많이 받던 강사이기도 했고 당대 우리에게는 CIM 선교사의 대명사와도 같은 분이었다. 당시 CIM에는 그와 비슷한 유명 강사가 많았는데 모두가 대단하고 능력이 있었으며 영향력이 있는 사람들이었다. 이러한 사실은 가냘프고 수줍어하며 별 볼일 없어 특별히 '위대한' 사람이 아닌 사람들에게는 약간 낙담이 될 수도 있었다. 다른 중국 전문가들은 가끔 농담 삼아 우리에게 위대했던 중국 개척 선교사들을 따르는 후보생 무리라고 그리 존중하지 않는 표현을 하기도 했지만 레슬리 라이얼은 결코 그런 말을 우리에게 한 적이 없었다. 그래도 나는 가끔 영국 본부를 지키고 있던 그분이나 다른 베테랑 선교사들이 우리에 대해서 실제로 어떻게 생각하고 있는지 궁금했다. 래머뮤어호를 타고 허드슨 테일러와 함께 떠났던 첫 선교사 일행의 이야기를 들을 때나 존경과 경외감으로 의화단의 난 때 순교한 CIM 선교사 58명과 21명의 어린이들을 추모하여 걸어 놓은 기념패를 바라보면서 우리는 그와 같은 희생과 용기의 역사를 지닌 선교회에서 일하겠다고 지원한 것 자체가 주제넘고 합당하지 않은 것 같았다.

선교의 역사 기록에 두 가지 경향이 있다. 하나는 과거의 선교사를 당대의 거인이나 초인인 것처럼 높여서 칭찬 일색으로 기록하는 경우이다. 그렇게 되면 후대의 현실적인 젊은이들은 낙심이 되어 선교사가 되는 것 자체를 망설일 수 있다. 빅토리아 시대 전기 작가 중 일부는 기록 대상의 약점이나 실패를 언급하지 않아야 한다고 생각했다. 그러면 인간적으로 미운 오리 새끼가 초환상적인 백조로 변신하는 결과가 될 수도 있었다. 후대의 사람들이 이미 죽어서 자신을 변호도 할 수 없는 사람들을 비판한다는 사실에 대해서 좋지 않게 생각했기 때문이었다.

이와는 반대의 경향도 있는데 멀리서 숭앙했던 과거의 영웅을 깎아내리는 시도이다. 주인공의 동기에 의문을 제기하고 그들이 쓴 일기를 인용하면서 땅에 발을 디디고 사는 인간으로서의 면을 부각시킨다. 영적으로 위대한 지도자들이 언제나 반드시 명석하거나 현명한 것은 아니다. 우리가 사실을 사실대로 기록하겠다는 열정이 있을 때 어쩌면 자신이 그리 뛰어나지 않다고 느낄 수도 있겠지만 일종의 냉소적이고 회의적인 느낌을 낳게 되어 조금 역겨운 뒷맛을 남긴다. 그런 경우 심지어 하나님의 영광을 빼앗게 될 가능성도 있게 된다. 결국 이야기의 요지는 인간이 약하고 실수하고 또 지적, 영적 자원이 보잘 것 없음에도 불구하고 하나님은 지구상에서 가장 큰 나라의 한 가운데에서 정말로 대단한 일을 행하시는 일에 우리와 같은 인생을 선택하셨다는 것이다. 우리는 중국에서 보여주신 하나님의 영광을 결코 작게 보아서는 안 될 것이다.

라이얼 선교사님의 책에 머리말을 써달라는 부탁을 받은 것은 내게 매우 영광이고 감사한 일이다. 그분들은 우리와 똑같이 연약한 성정을 가지고 있음을 알게 하였고 그러면서도 과거에 대해서 마땅히 지녀야 하는 감사와 경외의 태도를 우리에게 가르쳐 주었기 때문이다. 무슨 업적이 있었다면 오직 그것은 하나님만을 앙망하던 믿음 때문이었다.

어거스틴은 하나님의 관점에서 보면 아무 것도 기적이 아니고 아무 것도 초자연적인 것이 아니라고 했다. 그분이 만든 것은 모두 자연스럽고 그분께 이해되는 것이기 때문이었다. 하나님의 관점에서 보면 역사란 존재하는 것이 아니라고 말할 수 있을 것이다. 그분은 사건에 대하여, 개인의 동기에 대하여 사실대로 완전히 알고 전체적인 그림을 완벽한 균형을 지닌 시각으로 보신다. 결코 결과를 과장하지 않고 합당하지 않은 사람을 미화하지 않으며 관련된 일을 축소하지도 않으신다. 하나님은 선교회에서 중국이나 다른 나라에서 행한 선교 사역에 대해서 그 개인과 단체를 완벽하게 평가하신다. 마지막 평가는 영광의 그날까지 기다려야 알 수 있을 것이다. 분명 전체적인 그림은 그 부분의 합보다 훨씬 훌륭할 것이다.

그렇다고 해도 지금 다시 과거의 이야기를 하지 않을 이유는 없다. 하나님의 영광과 우리 자신을 격려하는 일이 되기 때문이다. 등산을 하다가 뒤돌아보면 자기가 걸어온 길의 경치가 훨씬 더 분명하게 보인다. 마찬가지로 기독교 역사를 조금 거리를 두고 바라보면 항상 무엇인가 새로운 것이 보인다. 하워드 테일러 부인은 유명한 시아버지의 자서전을 쓰면서 당시의 시대 상황에는 별로 맞지 않은 것 같아 빼버렸던 이야기 중에 영적으로 중요하게 생각했던 부분을 택하여 기록하였다. 그런데 그것들은 오늘날 우리가 보기에는 필수불가결한 것들이었다. 엄청난 분량의 「차이나스 밀리언즈」에는 누구나 볼 수 있는 사실들이 기록되어 있지만 우리는 최근에야 그 기사가 얼마나 중요한 것이었는지를 알게 되었다. 아편 무역에 대한 반대나 영국이 아편 무역에 연루되었던 것에 대항하여 사회적인 반대 여론을 일으켰던 기사는 참으로 중요한 것이었다. 19세기 선교사들이 이 세상의 정의에 아무런 관심이 없이 딴 세상에 살고 있었다고 말하는 사람들의 말은 거짓이었다. 선교사들은 빅토리아 여왕 즉위 60년 동안 모두가 즐거워했지만 그 동안 평균적으로 매 두 시간마다 아편이 1톤 씩 인도에서 중국으로 향했기 때문에 덜 영광스러운 기간이었다고 지적했다.

　이 글은 제목이 암시하듯이 우리에게 큰 믿음을 가지라고 도전하는 책이다. 세상에서는 기술적으로 도저히 해결할 수 없을 것 같은 문제 앞에서도 절대로 불가능하다고 인정하지 않고 '왜 안 되겠는가?' '왜 할 수 없다고 하는가?'라고 언제나 질문하던 반스 윌리스 같은 사람 덕분에 위대한 기술의 진전이 있었다. 그리스도를 믿고 전하는 선교사의 입장에서 처음에는 불가능하던 것이 믿음 안에서 어려운 일로 변하고 결국에는 다 이루어진다고 했던 허드슨 테일러의 말도 늘 마음에 넣어둘 가치가 있는 것이다.

　무엇이나 허용하고 제멋대로이며 세속화된 문화의 어두움 속에서 오늘날 매우 많은 성도들이 어떻게 세상에 복음을 전할 수 있겠는가 하는 문제 앞에서 매우 낙담하고 있다. 또한 교회들도 그저 공식적이고 정형화된 예배의 형식과 교회의 삶에 만족하고 있기 때문에 낙심이 되는 상황이며, 교회의 분열과 교회에 기생하여 물건들을 만들어내고 있는 상업주의에 실증이 나 있다. 그래서 우리는 오히려 도전을 받는다. 우리가 사는 세상과 도시, 그리고 우리가 다니는 교회에서 도저히 불가능하여 극복할 수 없는 일이 있는가? 이 책은 성도들로 하여금 현명하고도 말짱한 정신으로 불가능을 향하여 웃으며 '그 일은 반드시 이루어진다.'고 외칠 수 있도록 격려할 것이다.

마이클 그리피스

중국의 역사는 거의 4,000년 전부터 시작되었다. 그렇게 오랫동안 단절 없는 역사 기록이 있는 나라도 드물 것이다. 수 세기 동안 중국의 종교는 다신교적인 정령 숭배의 형태에 조상 숭배와 주술, 그리고 절대적인 천상의 신이 가미된 것이었다. 유교에서는 천상의 신에 대해서 알려고 하지 않았다. 공자는 조상들이 가지고 있던 초자연적인 개념을 표현하면서 텐(天, 하늘), 션(神, 영들), 샹띠(上帝, 최고주권자)와 같은 용어를 사용했다. 글을 모르며 단순했던 농부들은 영이나 악마를 매우 깊이 의식하고 있었지만, 반면에 황제는 매년 천제단에서 위엄을 갖추어 하늘에 제사를 드리고 있었다.

그리스나 로마의 철학자와 동시대에 살던 중국의 철학자들은 기라성처럼 늘어서 있었고 결코 조금도 그들보다 열등하지 않았다. 그리스도와 맹자보다 6세기 전에 노자와 공자가 있었고 4세기 전에 순자와 묵자가 있었다. 중국인의 사회적인 삶의 형태는 유교가 결정했다. 후대에 공무원이 되기 위해서는 유교의 고전에서 내는 시험을 통과해야 했다. 그래서 중국을 다스리는 사람들은 경제인, 군인, 전문적인 정치인들이 아니라 학자와 양반들이었다. 중국인들은 전통적으로 미신적이고 형이상학적인 사고와 관습을 지니고 있었는데 도교는 그러한 중국 문화에 신비한 요소를 가미해 주었다. 그런데 그 어느 것도 중국인의 영적 취향을 완전히 만족시켜주지 못하자 그 부족한 부분을 불교가 채워 주었다. 고다마 부처는 공자와 동시대에 인도에서 살던 사람으로 기원전 480년에 죽었다. 그가 창시한 종교는 기원전 250년에 처음으로 중앙아시아를 통해 실크 로드를 거쳐서 중국에 들어왔다. 중국에서 승려가 합법적으로 불교를 전파하기 시작한 것은 58년-76년에 통치하던 한나라의 명제 때부터였다. 불교는 곧 성공적으로 전파되어 중국의 3대 종교로 자리 잡았으며 중국인의 사상과 철학에 지속적으로 깊은 영향을 주었다. 불교와 유교의 사상과 철학은 중국에서부터 한국과 일본에 전파되어 아직도 그들의 삶에 강력한 영향력을 끼치고 있다.

기독교는 중국을 정복하기 위하여 네 번의 시도를 하였다. 이 책은 그 네 번째의 이야기이지만 앞의 세 단계도 그 배경으로 요약되어 있다. 중국에 처음 발을 디딘 기독교인은 7세기에 페르시아 네스토리우스 교도(중국의 경교) 알로펜과 그의 일행이었다. 당시 당 왕조는 AD635년 수도 시안에서 그들을 영접하였다. 태종 황제는 수도 안에 교회와 수도원을 짓도록 명령하였고 처음에는 어느 정도 성공하였다. 기독교 개척 선교사가 처음으로 중국에 왔었다는 이야기가 1625년 시안에서 발굴된 네스토리우스 서책에 기록되어 있다. 그런데 기독교 선교를 하려고 했던 이 첫 시도는 그저 시도로 끝나고 말았다. 박해가 일어나서 네스토리우스 교도들은 중앙아시아로 물러가야 했다. 그때 중세에 매우 잔인하여 피를 많이 흘렸던 티무르는 중앙아시아에서 기독교를 말살하려고 했을 뿐 아니라 그의 황금 군대는 폴란드와 헝가리까지 진격하여 유럽 기독교의 존립 자체마저 위태롭게 하였다. 이노센트 4세 교황은 황급하게 필사적인 행동을 취하지 않을 수 없었다. 그리고 중국에 두 번째로 기독교 선교사를 파송했다.

1293년 교황은 아시시의 프란시스의 초창기 제자였던 몬테 코르비노의 수도사 요한을 중앙아시아 초원의 중심부에 있는 몽골 궁정에 파송했다. 그는 정중하게 환영받지는 않았지만 먼 나라 중국의 소식을 처음으로 서양에 전한 유럽 사람이었다. 또한 네스토리우스 교도가 이전에 중국에 신구약 성경을 이미 전해 놓았던 사실도 확인할 수 있었다. 사실 네스토리우스 교도들은 엄밀히 말하자면 몽골 침략자들을 따라서 중국에 돌아왔고 1375년 마르코 폴로가 몽골인 수도가 된 베이징에 왔을 때는 이미 네스토리우스 개종자들이 그룹으로 흩어져 존재하고 있었다. 마르코 폴로는 쿠빌라이 칸이 초대해서 베이징에 왔는데 그 때 함께 왔던 도미니크 선교사 두 명은 아르메니아에서 돌아온 것이었다. 그러니 천주교 선교사로서 중국 땅을 맨 처음 밟았던 영예는 엄밀히 말해서 몬테코르비노의 프란시스코 수도사 요한에게도 돌아가게 되었다. 그는 베이징에서 교회를 시작해서 1305년에는 개종자 6천명을 얻을 수 있었다. 그러나 처음에 보이던 가능성도 나중에는 완전히 실패로 끝나고 말았다. 몽골 왕조가 끝날 무렵 기독교를 심하게 박해하여 매우 이국적으로 별나 보이던 교회당을 완전히 부숴버리는 일이 일어났다. 그 후 한 세기 반 동안 중국에서 기독교는 말 그대로 잊혀 있었다. 16세기에 로욜라의 이그나티우스를 포함안 프란시스코 수도사 일행 몇 명이 용감하게 필리핀에서 중국으로 들어오려고 시도했으나 모두 잡혀 갇혔다가 후에 풀려났다. 당시 필리핀은 스페인이 다스리고 있었다.

중국을 복음화 하려던 세 번째 시도는 매우 뛰어난 것이었다. 16세기 예수회(제수이트)의 사역이었다. 프란시스 사비에르는 시대를 막론하고 가장 위대한 선교사의 반열에 들어야 하는 사람이지만 인도와 일본에서는 성공하지 못했다. 중국도 그에게 굳게 문을 닫고 있었다. 그래서 예수회 선교사로서는 마테오 리치가 처음으로 중국 입국에 성공한 사람이 되었다. 발리냐노가 그의 동료로서 함께 갔는데 그들은 마카오에 잠시 머물면서 중국어를 공부했다. 그곳에서 발리그나니는 바다 건너 중국을 보면서 한숨을 지었다. "오, 바위여, 바위여! 언제나 되어야 그 문을 열어주겠는가?" 오랜 기다림 끝에 마침내 바위 문이 열리고 중국은 리치를 초대하였다. 그는 즉시로 선교사로서의 자신의 역량을 발휘했다. 외국인의 습관을 버리고 자신의 의상도 중국학자들이 입는 옷으로 갈아입었다. 1601년 베이징에 도착했을 때 황실의 후원을 받게 되었고 집도 한 채 하사받았다. 얼마 되지 않아 베이징에만 개종자가 300명이 되었고 이웃한 네 성에서 또 2천여 명이 개종하였다. 리치는 학자로서 기지를 발휘하고 명성을 얻어서 기독교를 존중하도록 할 수 있었다. 기독교가 중국인에게 수용될 수 있도록 하기 위해서 그는 복합적인 정책을 채택했다. 공자를 위하여 제사를 지내는 것은 우상 숭배가 아니며 하늘 또는 텐(天)이라는 중국어가 하나님을 지칭하기에 적합한 용어라고 했다. 그렇게 결정한 것에 대해서 스스로 만족했다. 그가 51세라는 젊은 나이에 죽었을 때 많은 사람들은 애석해 했다. 리치의 사망과 명 왕조의 말기 사이의 기간 동안 중국의 기독교는 간혹 박해가 있기는 했지만 평화롭게 진전하여 열매가 풍성하던 시기였다.

그런데 17세기에 도미니크 파는 중국에 와서 논쟁이 되는 상황을 연출하였다. 공자의 사당에서 제사 드리는 것을 금지했고 리치와는 달리 중국 문화에 동화되려는 시도를 하지 않았다. 예수회 사람들은 매우 난처했고 당황했다. 명 왕실이 만주인에 쫓겨 달아나게 되자 황제의 모친은 기독교로 개종하고 아들 이름을 콘스탄틴이라고 지었다. 그러나 그의 이름이 그렇다고 하여 그가 다스리는 나라가 저절로 기독교화 되는 것은 아니었다. 그런데 1670년까지 중국의 11개 성에 외국인 선교사가 20명 남짓 있었을 뿐인데 기독교인은 10만 명이나 되었다. 베이징 황실에서는 학식 있는 성직자들을 고용하여 천체 관측 기구와 수력 장치들을 생산하였다. 사제들 중에는 분명한 안목이 있어서 기독교의 미래는 중국 성직자들의 손에 달려 있다고 하는 사람이 있었다. 또 다른 사람은 1701년 중국에 선교하려는 사람에게 필요한 자질에 대해서 이렇게 기록하였다.

"우선, 예수 그리스도의 사랑 때문에 모든 종류의 불편함을 감수하기로 작정한 사람들이 필요하다. 그리고 그들은 기후의 변화, 의복, 음식 뿐 아니고 무엇보다도 프랑스의 관습과 성정에 정반대되는 태도를 지닌 새로운 사람이 되기로 결심해야 한다. 자신의 기분에 따라 행동하는 사람은 여기에서 필요 없다. 성격이 급한 사람도 누가 말은 하지 않겠지만 해가 된다. 이 나라의 정신은 매우 거친 비난과 환경에도 자신의 열정을 완전히 다스리면서 모든 일을 성취해 낼 수 있는 그런 사람을 요구한다…"

강희제의 미성년 시절에 기독교를 심하게 박해하여 외국인 선교사들 대부분이 광저우에 잡혀 갇혔던 때가 있었다. 그런데 이 황제가 눈이 열려서 예수회가 중국인과 중국 문화에 대해서 대하는 태도를 보고 그들의 매력에 사로잡히게 되었다. 그래서 심지어 텐이라는 용어로 하나님을 지칭하면서 기독교를 찬양하는 헌사까지 남겼다. 그런데 의식 문제로 논쟁이 있게 되자 희망적이었던 시작이 그만 종말을 맞게 되었다. 예수회의 리치는 유교 의식을 우상숭배라고 규정한 도미니카파나 프란시스코파와 반대의 견해를 취했다. 그들은 그 문제를 교황청에 공식적으로 문의하였다. 1715년 교황청은 예수회의 견해에 반대하여 그리스도인들은 유교의 의식을 거행해서는 안 되며 죽은 사람의 무덤에 제물을 드리는 등의 일은 즉시로 멈추어야 한다고 판결했다. 교황은 또 하나님을 텐이라고 부르는 것을 금하면서 복종하지 않을 시에는 파문에 처한다는 교서를 내렸다.(중국 제사를 금하던 1742년의 교서는 1939년에 허용하는 것으로 바뀌었다.) 강희제는 개인적으로 교황의 칙서를 모욕으로 받아들이며 대노했다. 그리하여 선교사들을 모두 추방하고 교회 건물을 파괴하라고 명령했다. 1722년 황제가 죽고 옹정제가 그의 뒤를 이었는데 베이징에 있는 자신의 궁정에 사제들을 몇 명 있게 하라고 명령하였다. 베이징에 있던 교회들만 파괴당하지 않았고 속된 용도로 쓰이는 일도 벌어지지 않았다. 3년 후 새로 박해가 일어나서 중국에 있던 마지막 외국 선교사가 1787년에 죽었다. 이리하여 중국에서 번성하던 기독교 교회는 위대한 희망이 꺾이었고 파멸을 맞게 되었다. 중국을 그리스도에게로 드리려 했던 예수회의 위대한 시도는 이전의 다른 시도들과 마찬가지로 실패했다.

17, 8세기 유럽의 개신교는 자기 나라를 넘어서 믿음을 전파하는 일에 거의 관심이 없었고 더구나 중국에 복음을 전하는 일은 전혀 생각하고 있지 않았다. 극동 해역에서 사업을 하던 화란과 영국의 상인들은 기독교를 호의적으로 대변할 수 있는 사람들이 아니었다. 1637년 영국인은 광저우의 주강에 처음으로 모습을 드러냈다. 그런데 마땅히 지켜야 할 절차를 무시하는 실수를 범하여 매우 나쁜 인상을 주었다. 그런데 1807년 로버트 모리슨이 개신교 선교사로서는 처음 런던 선교회 파송으로 중국에 왔다. 얼마 안 되어 그는 동인도 회사의 중국어 통역으로 임명 되었다. 당시 황제의 명령으로 기독교를 반대하고 있었기 때문에 그의 선교 활동은 책자를 준비하는 일에 국한될 수밖에 없었다. 그는 1819년에 성경을 전부 번역하였다. 모리슨은 50대 초반에 죽어서 1834년 마카오에 매장되었다. 윌리엄 밀른은 1813년에 모리슨 일에 합세했는데 마카오나 광저우에 살 수 있는 거주 허가를 받지 못해서 그와 그의 동료들은 말라카에 본부를 두고 중국을 왕래했다. 밀른으로 인해 개종한 사람 중에는 량파가 가장 유명하다.

그런데 중국이 영원히 깨지 않을 것 같은 잠에서 깨어나게 되었다. 영국 정부는 고립을 고집하고 있는 중국의 장벽을 무력으로 깨기로 결정했다. 지금까지 외국인을 경멸하고 자신을 우주의 중심 또는 '중화 왕국'으로 여기고 있던 중국은 이제 전쟁의 소용돌이에 휘말리게 되었다. 영국이 자기 나라에 이익을 가져다주던 아편 무역을 합법화하고 싶어 했기 때문이었다. 광저우의 관리는 애국심에 불타서 '양담배(아편의 속칭)'라고도 불리던 아편 2만 상자를 불태우라고 명령했다. 그것은 거의 4백만 파운드의 가치가 있는 것이었다. 이로 인해 영국군은 가공할 위력으로 첫 아편전쟁을 일으켰는데 특히 전장 지역에 살던 중국인은 어마어마한 고통을 당했다. 이 '서양귀신'들은 중국과 비교할 수 없이 기술이 뛰어났기 때문에 중국은 1842년 패배를 인정하고 HMS 콘월리스 배의 갑판에서 난징 조약에 서명을 하였다. 그 조약에 따라서 중국은 외국 무역을 위해서 다섯 항구 – 상하이, 닝보, 푸저우, 샤먼 – 를 개방하고 홍콩을 이양했다. 그러나 아편 무역을 합법화하지는 않았다. 이 마지막 자존심마저도 미국의 반대에도 불구하고 1858년 2차 아편전쟁 때 버려야 했다. 이 두 번의 전쟁 사이에 주로 북미에 그 본부를 둔 20여개 이상의 개신교 선교 기관이 조약 항구에 세워졌다. 중국에 처음 온 미국 선교사는 일라이자 브리지만과 데이빗 아벨이었다. 미국 해외 선교회는 모리슨의 호소에 응답하여 1829년 그들을 선교사로 파송했다. 학자인 사무엘 웰스 윌리엄스와 의사였던 피터 파커가 1833년과 1834년에 광저우에 있던 브리지만에 합세했다. 1830년대 미국 침례교가 중국에 선교사를 보냈는데 다른 단체들도 그 뒤를 이어 사람들을 보냈다. 그런데 연합하여 접근하려는 시도는 거의 없었기 때문에 그것이 중국의 기독교가 전진하는데 주된 장애가 되었다.

　1800년대에는 중국에 거주하던 개신교인이 없었다. 오직 천주교 사제들만이 산간 지역에 여기저기 흩어져 억압 받던 소수부족 사이에 들어가 살고 있었다. 천주교인들은 모두 합해서 25만 명 쯤 되었다. 50년이 지난 후 자유무역항을 개신교가 점령하고 나서도 천주교인 33만 명에 비해서 개신교 개종자는 350명에 지나지 않았다. 내지 깊숙한 곳에는 나환자 선교사였던 M. 헉과 가벳이 1844년 중국의 고관으로 가장하고 베이징에서 내몽고와 중국 북서부를 시나 티벳 수도인 라싸로 역사적인 여행을 했다. 그곳에서 천주교 선교회를 거의 다 세우려던 찰나에 그만 중국 당국이 그 이야기를 듣고는 나가라고 명령했다. 그래서 그들은 명령대로 나와서 광저우에 무사히 도착하였다. 분별없이 허세를 부리던 이 사건 때문에 내지의 전반적인 상황이 완전히 나쁜 인상으로 전해졌다. 아편 전쟁으로 인해서 중국인들은 대부분 모든 서양인에 대해서 분노의 감정을 가졌다. 천주교 신부들은 이리저리로 쫓겨 다녔고 교인들은 언제나 두려움 속에서 살고 있었다. 1844년에 중국과 추가로 맺은 조약에는 유럽 선교사를 죽일 수 없다는 보장을 하라고 요구했다.

그러는 동안 이상한 유사 기독교가 강력하게 세력을 잡아 중국을 괴롭히고 열매를 맺지 못하게 했다. 홍수전(洪秀全)은 광저우에서 진찰을 받으면서 런던 선교회가 말라카에 처음 와서 전도하여 개종한 량파에게서 복음을 들었다. 1847년 34세가 된 홍은 미국 침례 선교회의 이사칼 로버츠와 직접 교제하게 되어 그에게서 기독교의 믿음에 대한 교훈을 또 어느 정도 받았다. 그런데 그는 이미 정신 분열증을 앓고 있었고 자기가 위대하다는 환상을 가지고 있었다. 그래서 아버지 하나님과 하나님의 아들 예수님의 존재를 가르쳤고 천국과 지옥, 십계명의 교리도 가르치기 시작했다. 그러면서 또 자신이 그리스도의 신령한 동생이라고 주장했는데 그를 따르는 추종자가 생겨서 상띠(上帝, 하나님)를 숭배하는 단체를 만들었다. 그들이 주로 목적했던 바는 태평천국을 세우는 것이었다. 그런데 그 운동이 기본적으로 소작농부들의 봉기였기 때문에 땅을 공동으로 소유하는 것이 부수적인 목적 중 하나였다.

그 운동은 대단한 지지를 얻어 수많은 사람들이 그를 따랐다. 1851년 홍은 황제의 칭호를 얻어 이미 증오의 대상이었고 쇠약해 있었던 만주 왕조에 대항하였다. 2년 후 허드슨 테일러가 처음 중국에 왔던 해에 그 '태평천국군'들은 한커우를 점령하여 불 지르고 상하이를 위협했으며 난징을 자기들의 수도로 삼는 등 빛나는 승리를 얻고 있었다. 수백 명의 천주교인들이 난징, 양저우, 전장, 그 외 다른 지역에서 학살을 당했다. 그 반역으로 인해서 2천명

이 죽었고 11성이 황폐해졌다. 반란군은 베이징으로 행군했으나 만주 정부
가 영국의 도움을 얻어 완전히 그들을 진압했다. '항상 승리하던 영국 군대의
지도자'는 고든 장군이었다. 그는 후에 카르툼의 고든 대장이 되었다. 만주
왕실은 태평천국의 난을 보고 기독교가 중국에 매우 위험스러운 종교라고 생
각했다. 그래서 기독교가 더 이상 진전하지 못하도록 막을 태세가 되어 있었
다. 100년 후 중국 공산당 정권은 그 반란을 봉건제도와 제국주의에 맞서서
싸운 첫 번째 봉기라고 경축을 하였다. 홍수전이 중국 전역에 가짜 기독교 운
동을 퍼뜨릴 뻔했다. 그러나 홍이 믿을 만한 사람이 아니었고 잘못된 광신자
였기 때문에 그 일은 국가적인 실패였고 기독교의 비극이었다.

목차 CONTENTS

Chapter 1

위험을 향하여
가는 여행

1865년 브라이튼의 여름은 사람들로 북적였다. 런던에서부터 사람들이 가족 단위로 몰려들었고, 호텔은 만원이었다. 할머니와 아이들도 날마다 일삼아 해변까지 걸어 나왔다. 6월 25일은 주일이었는데 밝고도 따뜻한 날이었다. 해변에는 사람들이 별로 없었다. 탈의장으로 쓰는 기계들은 물가에서 떨어진 곳에 가지런히 접혀 있었다. 해변은 주일의 안식을 누리고 있었다.

A Passion for the Impossible

위험을 향해 가는 여행
• • •

1865년 브라이튼의 여름은 사람들로 북적였다. 런던에서부터 사람들이 가족 단위로 몰려들었고, 호텔은 만원이었다. 할머니와 아이들도 날마다 일삼아 해변까지 걸어 나왔다. 6월 25일은 주일이었는데 밝고도 따뜻한 날이었다. 해변에는 사람들이 별로 없었다. 탈의장으로 쓰는 기계들은 물가에서 떨어진 곳에 가지런히 접혀 있었다. 해변은 주일의 안식을 누리고 있었다. 선량한 사람들은 모두 교회에 있었다. 그런데 검은 옷을 입은 사람 하나가 해변 가를 왔다 갔다 하고 있었다. 그날 아침 그 사람도 교회를 갔지만 예배 중에 살짝 빠져 나왔다. 몇 달 동안 그는 가난한 중국 때문에 매우 괴로웠다. 특히 영적인 빈곤함 때문에 매우 부담이 되었다. 제임스 허드슨 테일러는 최근 의사 면허를 받았는데 자기가 중국에서 보았던 장면이나 중국인의 슬픔과 영적인 어두움을 잊을 수가 없었다. 중국인들은 대부분 예수 그리스도의 복음을 들은 적이 없었다. 그날 아침 교회에 갔을 때 성도들이 많이 모여서 기뻐하고 있는 모습과 수백만 명이 죽어가고 있는 중국이 비교가 되어 견딜 수가 없었다.

몇 주 동안 하나님께서는 한 번도 복음을 듣지 못한 그 사람들에게 복음을 전하는 대대적인 시도를 하라고 그를 부르고 계셨다. 그렇지만 그는 성품상 그러한 책임을 감당한다는 생각만으로도 움츠러들었다. 나이도 많지 않고 알려지지도 않은 청년으로서 자기를 뒷받침해주는 기관이나 재력가도 없는 상태에서 무엇인가를 시작한다는 것은 생각할 수 없는 일이었다. 내부에서 일어나는 갈등이 너무 심해서 그는 몸까지 아프게 되었다. 한 친구가 그를 브라이튼에 초대하여 바닷바람을 쐬면 건강이 좋아질까 하여 며칠간 휴가를 보내도록 하였다. 그런데 그 긴장을 완화시켜주었던 것은 바닷바람이 아니었다. 그 주일 아침, 테일러는 하나님께 굴복하고 당시까지 개신교 선교사가 없었던 중국의 11성과 몽골에 개척 팀을 보내라는 그의 명령을 받아들였다. 그러고는 갑자기 거닐 던 해변 가에서 걸음을 멈추고 그 자리에 앉아 들고 다니던 성경을 펴서 욥기 19:23절, '나의 말이 곧 기록되었으면, 책에 씌어졌으면'하는 말씀을 읽었다. 그리고 그 페이지의 위쪽에 '1865년 6월 25일 브라이튼에서 기꺼이 헌신할 24명의 유능한 일군을 달라고 기도하다.'라고 기록해 놓았다. 테일러는 하나님의 계획에 순종하여 기도한 것으로 이 놀라운 순종의 길에 자신을 드렸다. 그것은 변개할 수 없는 헌신이었다. 허드슨은 나중에 그 사건에 대해서 이렇게 기록했다. "모래사장에서 혼자 고민하고 있는데 주께서 내 불신앙을 이기셨고 나는 굴복하면서 그 일을 하겠다고 했다. 그러면서 모든 문제와 결과는 하나님께서 책임져 달라고 했다. 나는 종으로서 복종하고 따를 터이니 나를 비롯하여 나와 함께 일하는 사역자들을 지도해 주시고 돌보시며 인도해 주시는 일은 하나님께 맡긴다고 말씀드렸다."

허드슨 테일러는 1853년 21세 때 처음으로 중국복음선교회의 파송을 받아 리버풀을 떠나 중국에 갔다. 7년 후 중국에서 결혼한 아내와 함께 건강을 회복하러 영국에 왔다. 요양하는 중에 MRCP(Member of the Royal College of Physicians〔英〕皇家内科医师学会会员.) 과정을 다 끝내고 신약을 닝보 방언으로 번역했다. 본국에서 그렇게 고된 시간을 보내면서도 허드슨은 중국인에 대한 깊은 사랑이 조금도 식어지지 않았다. 중국에는 개신교 선교사가 주로 북미에서 와 있었는데 20여 단체에 속한 사람이 겨우 92명밖에 되지 않았다. 그들이 사역하던 곳은 주로 해안가의 열두 도시와 양쯔강 상류의 한커우에 국한되어 있었다. 테일러는 중국인에게 복음을 전하는 일에 영국에 있는 여러 기관이 관심을 갖도록 최선을 다해서 애를 썼지만 소용이 없었다. 모두가 하는 일들이 너무 많았고 그렇게 방대한 과업을 감당할만한 재정적 자원도 부족했다. 1865년 4월에서 6월까지는 중국의 필요에 대한 부담이 매우 무겁게 누르던 시기였다. 그들을 위해서 아무 일도 할 수 없단 말인가? 그리스도 없이 죽어가는 수백 만 명이 보이지 않는단 말인가? 그 부담을 짊어질 사람이 아무도 없단 말인가? 그 불가능한 일을 어떻게 하면 수행해 낼 수 있을까? 하나님께서는 그에게 무엇을 하기를 원하실까? 그렇게 지내다가 6월 25일이 된 것이었다.

다음 날 테일러가 런던에 돌아왔을 때는 완전히 긴장이 풀려 있었다. 그의 아내가 못 알아볼 정도로 다른 사람이 되어 있었다. 그는 화요일에 런던의 카운티 은행에 갔다.

"통장을 하나 만들고 싶은데요."

"네, 어서 오세요. 성함이 어떻게 되시지요?"

"제 개인 통장이 아니고 중국 내지 선교회 이름으로 해 주세요."

이때 중국 내지 선교회(China Inland Mission : CIM)라는 명칭이 처음으로 출현한 것이었다. 그 이름은 선교회가 목적했던 활동의 방대한 범위를 간단하게 지칭하고 있었다.

"그런데 얼마를 예금하실 거예요?"

"10파운드입니다. 감사합니다."

은행 직원은 조금 놀란 듯 보였다. 그러나 아무 이름도 나 있지 않고 인적 자원도 전혀 없었던 그 기관이 그때로부터 시작해서 그렇게 큰 범위의 사역을 감당하게 될 것을 그가 어찌 알 수 있었겠는가? 고 A. W. 토저 박사는 그것을 이렇게 표현한다. '믿음은 우리의 시선을 새로운 방향으로 향하도록 인도하는 것이다… 전능하신 하나님과 함께라면 그분께는 아무 것도 불가능한

것이 없기 때문에 믿음은 삶의 모든 상황 속에서 살아 역사한다.'

그 후 테일러는 퍼스, 더블린, 런던 북부의 마일드메이 등 여러 곳에서 중국에 대해서 이야기해 달라는 초청을 받았다. 1859년 아일랜드에서 일어났던 부흥 덕분에 기독교인들은 이런 종류의 도전에 반응할 마음의 준비가 이미 되어 있었다. 선교사를 달라고 했던 기도가 점점 응답되었다. 중국의 사정을 알리는 설득력 있는 호소에 20여명이 헌신했다. 그 중에서 필요한 자질이 있어 보이는 사람들이 선택되었다. 좋은 교육을 받은 선교사들이 바람직하게 생각되었지만 테일러는 사역지가 방대하여 선교사가 매우 많이 필요하였기 때문에 지원자의 성격이 좋고 영적 경험만 있다면 '어느 정도 가능성이 있고 재능이 그리 많지 않은 사람'도 환영했다.

테일러는 이제 중국까지 타고 갈 배와 그 비용을 위해서 기도를 시작했다. 그런데 1866년 4월 헛포드셔에 있는 토터리지에서 중국에 대해 강의해 달라는 초대를 받게 되었다. 그는 집회의 광고 전단지에 헌금 순서가 없다는 안내를 하겠다는 약속을 받고 그 초대를 수락하였다. 그 모임을 주최했던 푸젯 소령은 그런 조건에 대해서 한 번도 들어본 적이 없었지만 그렇게 하겠다고 했다. 테일러는 중국인과 그들에게 절실하게 필요한 복음에 대해서 감동적으로 강의했다. 그 집회가 너무도 감동적이었기 때문에 푸젯은 의장으로서 테일러에게 마음을 바꾸어 헌금 시간을 가지라고 귓속말을 했다. 그러나 소용이 없었고 모임은 그냥 끝났다. 다음 날 아침 푸젯 소령은 자기 집에 머물렀던 테일러와 함께 하는 아침 식사 시간에 좀 늦게 나타났다. 잠을 잘 자지 못했다는 것이었다. 아침에 테일러에게 고향에서 편지가 한 통 왔는데 킬릭 마틴이라는 선박 회사 대리점에서 보낸 것이었다. 승객 전원이 760톤짜리 선박 래머뮤어를 타는 비용을 500파운드에 제공하겠다는 것이었다. 푸젯은 그 일에 대해서는 아무 것도 몰랐다. 아침 식사 후 그는 테일러를 자기 서

재로 안내했다.

"테일러 선교사님, 만일 어제 저녁에 헌금 시간이 있었다면 저는 미리 생각했던 대로 5파운드를 드렸을 겁니다. 사실은 몇몇 분이 저에게 헌금을 전해 준 것이 있어요. 이겁니다. 그런데 어젯밤 하나님께서 제게 말씀하셨습니다. 중국 사람에게 절실하게 필요한 것들이 제게 너무도 생생하게 생각나는 거예요. 그래서 5파운드가 아니라 500파운드를 드리기로 했습니다. 사역의 성공을 비는 제 기도와 함께 이 수표를 받아주세요." 테일러는 하나님의 뜻인지 아닌지 더 이상 확인할 필요가 없었다. 당장 래머뮤어를 빌리기로 했고 얼마 지나지 않아 항해에 필요한 모든 비용을 수중에 지닐 수 있었다.

1866년 5월 26일 토요일, 맑고 환한 아침이 밝았다. 래머뮤어는 동인도회사의 선착장에서 돛대에 푸른 깃발을 휘날리며 정박해 있었다. 배 안에는

래머뮤어 배와 일행 사진

벨 선장의 지휘를 따르는 승무원이 34명 타고 있었다. CIM 일행은 모두 갑판에 있었다. 사물함, 야전 침대, 그리고 간단한 가구들은 이미 비어 있던 선실에 채워 넣었고 무거운 짐들은 그 아래에 쌓아 놓

았다. 승객들은 친척들과 그들의 건투를 빌며 나와 있는 사람들에게 작별을 고하였다. 벨 선장이 명령을 내리자 배는 서서히 선착장에서 뱃머리를 돌려 바다로 미끄러져 나갔다. 동쪽에서 강풍이 불어오고 있었기 때문에 배는 주일 내내 강에 닻을 내린 채 머물러 있어야 했다. 그러나 결국 5월 그 월요일, 래머뮤어호는 테임즈 강 해협을 따라 남쪽으로 내려가 비스케이 만으로 들어섰다. 목적지를 향해 항해가 시작된 것이었다. 무역풍이 순하게 불어서 그대로 케이프로 향하는 진로를 따라 가다가 8월 말에는 인도양을 건넜고 썬다 해협의 자바 서부에 있는 안제르 소항구에 처음으로 기항했다. 그때까지 별일 없이 순조로운 항해였는데, 사건이 있었다면 승무원 중 20명이 신앙 고백을 하게 된 것이었다. 그런데 자바에서 상하이로 가던 중에는 중국 바다에서 두 번이나 연속해서 태풍을 만났다. 몇 번씩이나 배가 침몰할 뻔 했다. 우현(右舷) 방벽이 쓸려 나가 물이 새들어왔다. 여자들까지 나서서 펌프질하는 것을 도와야 했다. 돛, 꼭대기 전방 돛대, 선체의 중심 돛대, 그리고 뒤 돛대까지 전부 물에 휩쓸려 없어졌다. 바다가 무서운 기세로 대들자 배는 아무 손을 쓸 수가 없었고 모든 희망은 사라진 것처럼 보였다. 그런데 갑자기, 아니 거의 기적과도 같이 폭풍이 누그러졌고 배는 심하게 부서지고 쭈그러지기는 했지만 간신히 양쯔강 입구에 느릿느릿 기어들어 갈 수 있었다. 그래서 마침내 황푸강까지 밧줄로 견인하여 9월 30일, 런던을 떠난 지 4달 만에 상하이에 정박할 수 있었다. 그 일행이 도착했다는 소식에 현지 언론은 조롱하며 그들을 맞았는데 그것은 그들이 의도하는 바가 상식을 벗어난 것이라고 생각했기 때문이었다. 영어로 나오는 한 현지 신문은 선교사들이 '미쳤으며 괴짜들'인데 '왜 본국의 정신병원에 붙잡아 두지 않았는가?'라고 물었다. '그랬다면 자신들이나 공동체에 아무런 해가 되지 않았을 것'이라고 했다. 고참 신배들은 그 모험은 몇 달 내에 실패로 끝날 것이 뻔하다고 예언했다.

허드슨 테일러는 새 선교회의 첫 선교 기지로 아름답고 역사적인 호반 도시인 항저우를 택했다. 선교회의 원 선교사 7명이 이미 닝보와 저장의 세 도시에서 일하고 있었다. 14년 동안 끌던 태평천국의 난이 1865년 끝났는데 그 동안 중국의 도시들은 매우 황폐해졌고 특별히 아름답던 도시 중 몇 군데가 유혈의 현장으로 변하고 난장판이 되어버렸다. 바로 항저우가 그러했다. 미국 침례회와 교회 선교회의 선교사들이 최근 그곳에 나타나자 폭동이 일어났고 그래서 천주교 선교사들은 화를 내었다. 그런데 외국인들이 이렇게 대부대로 왔으니 어떤 반응을 보일까? 젊은 선교사들은 상하이를 떠나기 전에 중국옷을 입고 변발을 했으며 자신의 머리가 충분히 길 때까지 중국 모자를 쓴 안쪽에 땋은 머리를 붙였다. 일행은 상하이에서 거주용 배를 타고 작은 약국을 열기 위해 장비와 다량의 의약품, 그리고 인쇄기를 가지고 항저우까지 갔는데 한 달이 걸렸다. 그들은 재빨리 중국식으로 사는 일에 자리를 잡아가며 늘 하던 언어 공부를 계속했다. 한편 테일러는 복음 전도와 의료 활동을 시작했다.

일행 중 중국어가 충분하게 된 사람이 나오자 테일러는 즉시로 세 군데의 또 다른 도시로 짝을 지어 보냈다. 최근 아편 전쟁으로 치욕적인 조약을 맺었기 때문에 사람들은 당연히 외국인을 증오하였다. 대부분의 중국인들은 '서양 귀신'을 매우 두려워했고 그들이 믿는 종교에 대해서 의심이 깊었다. 그러나 선교사들이 늘 사람들 사이에서 살면서 친절하게 다가가자 점차로 사람들의 두려움이 사라지게 되었다.

일행이 중국에 온 지 채 일 년이 안 되었을 때 비극적인 일을 만났다. 그 하나는 테일러의 장녀였던 그레이스가 8세의 나이에 뇌수종에 걸려 죽은 일이었다. 또 처음 왔던 7명 선교사 중 셸이 닝보에서 천연두로 죽었다. 신생 선교회에게 이 일은 대단한 슬픔이었고 쇼크였다. 더욱 힘들었던 일은 선교회 내부에서 불만의 목소리가 있었다. 몇 사람이 리더의 권위와 그가 이끄는 방법을 문제시 했다. 오직 강경한 징계 조치로 그 상황을 극복하였다. 그렇지만 사역은 계속되었다. 조지 스토트는 1867년 번잡한 항구 도시 원저우에서 사도적인 사역을 시작했다. 스토트는 외다리로 다리 한쪽이 나무였는데 '저는 자가 먹이를 취할 것이라!'는 성경 말씀을 인용하자 허드슨 테일러는 만족하여 그를 선교회에 허입했다. 그가 한 사역은 CIM의 교회 개척 사역 가운데 가장 성공적인 예 중 하나로 발전되어 갔다. 1951년 선교사들이 중국에서 철수할 때 원저우에는 매우 부흥하던 커다란 교회가 두 군데나 있었고 근교 집회소에도 수백 명이 모이고 있었다. 선교회의 사역의 결과로 이 원저우 한 지역에서만 성도들이 5천 명 이상 모였던 것이다.

같은 해인 1867년, 사역은 이웃 성인 장쑤로 확장되었다. 던칸은 스코틀랜드인으로 장신(長身)이었다. 그는 대운하를 따라서 항저우에서 쑤저우, 그리고 그곳에서 전장으로 이동해 갔다. 전장은 대운하의 남북 부분이 양쯔 강과 맞닿는 곳이었다. 9월에 그는 인구 50만 명이 사는 난징까지 강을 따라서 올라갔다. 난징은 만주 정부 군대가 점령하면서 태평천국의 난을 일으켰던 폭도 7천 명을 학살한 지 3년이 채 되지 않은 곳이었다. 그곳에 있는 동안 던칸은 도적이나 거지들이 쉼터로 쓰는 북 모양의 옛탑에서 그들과 함께 자면서 날마다 거리에서 복음을 전했다. 몇 세대가 지났을 때 난징은 포괄적인 선교사역의 중심이며 좋은 선교 기관들이 있는 도시가 되어 있었다. 그리스도를 위해서 처음으로 그 도시에 침투해 들어간 개척자에게 잠시나마 찬사를 보내도 부적절한 일은 아닐 것이다.

이제껏 CIM 선교사들은 해안에 있는 성에서만 사역했었다. 계획했던 대로 아직 복음이 전해지지 않은 내지의 11성에 들어가기 전에 그곳에서 경험을 쌓고 있었던 것이다. 1868년에 이러한 전진을 염두에 두고 테일러 부부는 본부를 항저우에서 대운하로 이어지는 양저우로 옮겼다. 양저우는 13세기 몽골의 쿠빌라이 칸이 다스리던 시절에 마르코 폴로가 관리로 있던 곳이었다. '서양귀신'에 대하여 너무도 엉뚱한 소문이 금방 나돌기 시작했다. 아기를 잡아먹는다는 둥, 주술 목적으로 죽은 시체의 지체를 토막 내어 사용한다는 둥의 소문이었다. 하루는 토요일이었는데 아이들이 24명이나 없어졌다는 보고가 돌고 있었다. 그러자 곧 바로 성난 군중이 선교관을 향하여 밀려왔다. 선교사 여섯 명과 그 자녀들이 생명이 위험하게 된 것을 깨닫고 테일러와 던칸(우연히 난징에서 양저우에 와 있었다.)은 관아로 갔다. 그러나 관리들은 아무도 선교사들을 보호해 주려고 하지 않았다. 그때 선교사들은 하급 관리에게 임시 피난처라도 부탁하려고 창문을 부수고 집에서 나왔다. 도망하다가 심하게 다친 사람도 있었지만 아무도 살해당하지는 않았다.

그렇게 폭동이 있었다는 뉴스가 불가피하게 상하이에 있는 영국 영사의 귀에 들어갔다. 영사는 마침 잘 되었다고 생각했다. 그는 중국인들이 영국인과의 무역에서 조약 규정을 어기는 일이 잦아서 참기 어려워하고 있었다. 그래서 중국 당국에 그렇게 하지 못하도록 압력을 넣을 적당한 기회를 기다리고 있었다. 이번이 바로 그가 바라던 좋은 기회였다. 즉시로 영사는 리날도라는 해군 포함(砲艦)을 타고 난징을 향해 강을 따라 올라갔다. 난징 당국과 첫 회담이 실패하자 영국 대사였던 러더포드 알콕 경은 그곳에서 해군 시위를 하도록 명령했다. 그러자 총독은 마지못해서 선교관을 본래대로 복구시키라고 지시하고 재산 피해를 보상하겠다고 약속했다. 영국 국민이 중국에 입국하고 지역 당국의 보호를 받을 수 있는 권리도 보장해 주었다. 토리 정부는 중국에서 영국 장교들이 취한 행동을 칭찬했다. 그러나 그 해 글래드스톤이 이끄는 신자유당 정부가 들어서자 칭찬 대신에 비난을 받았다.

현지는 잠잠해졌다. 11월 테일러는 다시 양저우로 돌아왔다. 아무래도 그곳이 대운하를 따라서 북쪽으로 이동하면서 전도하기에 이상적인 장소로 생각되었기 때문이다. 그런데 영국에서는 폭풍이 가라앉지 않고 있었다. 선교사역을 심하게 반대하는 기사가 타임지에 실렸다. 하원에서도 기독교 선교에 대해서 찬반양론이 분분하여 날이 선 토론을 하였다. 상원에서 서머셋 공작이 특히 선교를 공격하였다. 그러자 마지 주교가 어느 영국인이라도 중국에 면이나 아편을 들고 갈 수 있는 것 이상으로 성경을 들여갈 권리가 있는 것이라고 논박하여 두 번 다시 반박하지 못하도록 했다. 또한 그는 상인이 보호를 받을 권리가 있는 것처럼 선교사도 그 이상도 그 이하도 아닌 똑같은 보호를 받을 권리가 있다고 주장했다. 그리하여 불과 얼마 전에 런던 항을 떠나갔던 무명의 선교사 일행, 그 누구도 알아주지 않았던 그들은 원치 않게 영국 전역에서 주목을 받는 사람들이 되고 말았다. 폭동은 신문의 머리기사로 나왔고 허드슨 테일러는 거의 새 내각의 장관 이름만큼이나 유명하게 되었다. 그러나 그 사건 때문에 그는 매우 난처하고 고통스러웠다. 허드슨 테일러는 그때도 그랬지만 그 후에 그 어느 상황에서도 선교회가 입은 물질적인 피해나 생명의 희생에 대해서 보상을 요구하지도 않았고 바라지도 않았다. 더구나 포함(砲艦)으로 자기들을 보호해 주는 일은 결코 원하거나 환영하지 않은 일이었다. 복음 전도에 해가 될 뿐이기 때문이었다. 그럼에도 불구하고 그 일에 대해서 자신은 아무런 손을 쓸 수가 없었다. 그래서 본국에서 그렇게 토론이 지속되는 동안 테일러는 양저우에서 계속 기도하며 복음의 전진을 위하여 다음 단계를 계획하고 있었다.

Chapter 2

겨자씨로
심은 믿음

심하게 욕을 듣고 있던 그 사람은 미친 사람이 아니었고 악한 일을 부추겨 선동하는 사람도 아니었다. 그는 병약한 적이 있었고 지금도 결코 건장한 체질이 아니었다. 그의 배경도 평범했다. 그러나 하나님을 믿게 되자 얼마 안 되어, 그 믿음이 인생에게 얼마나 확실한 사실인가 하는 대단한 발견을 한 것이었다.

A Passion for the Impossible

겨자씨로 심은 믿음

• • •

심하게 욕을 듣고 있던 그 사람은 미친 사람이 아니었고 악한 일을 부추겨 선동하는 사람도 아니었다. 그는 병약한 적이 있었고 지금도 결코 건장한 체질이 아니었다. 그의 배경도 평범했다. 그러나 하나님을 믿게 되자 얼마 안 되어, 그 믿음이 인생에게 얼마나 확실한 사실인가 하는 대단한 발견을 한 것이었다. 연약한 인간을 전능하신 하나님께 연결시켜주는 바로 그 살아 있는 믿음으로 인해 그의 삶은 변화되었다. 그러면서 하나님께서 자기가 중국에 선교사로 가기를 원하신다는 확신을 하게 되었다. 그러나 우선 먼저 자기의 믿음을 시험해 보아야했다. 그래서 모든 일에서 하나님을 절대적으로 믿는 연습을 하였다. 하나님 아버지가 전능하신 분이라고 믿었기 때문에 습관을 따라 기도했을 때 하나님은 언제나 기대했던 대로는 아니었지만 그 기도를 들어주셨다. 특히 그가 드린 믿음의 기도에 대한 응답으로 돈이 필요할 때마다 보내주셨는데 그것도 한두 번이 아니었다. 왜 하나님과 하는 거래는 은행 직원과 협상하는 것과는 달리 더 이상적이고 꿈꾸는 것 같다고 생각하는가? 그렇게 사업상으로 실제 하는 거래와 같은 관계를 하나님과 갖지 못할 이유가 없었다. 기도는 사실상 개인 대 개인으로 하나님과 거래하는 것이다. 물론 경배, 찬양, 하나님의 뜻을 수용하는 것이 모두 기도 의 요소이지만, 신구약을 통해서 우리가 배우는 바는 자녀가 아버지에게 구하여서 받는 것과 같은 것이 기도 안에 포함되어 있다는 것이다.

한 번은 헐 의학교에서 기초 의학을 배우고 있을 때인데 테일러 수중에 돈이 떨어졌다. 다음 날 방세를 내야했는데 그날 밤 아일랜드에서 이민 온 가난한 천주교인 가정의 딱한 사정을 보고 마지막 남은 반 크라운을 그들에게 주었다. 방세와 끼니 걱정을 하면서도 비록 주머니는 비었지만 하나님께 맡기고 나니 충분히 만족스러웠다. 다음 날 아침을 먹고 있는데 우편배달부가 장갑이 들어 있는 봉투를 하나 배달해 주었다. 무슨 말이 쓰어 있는 편지도 없었기 때문에 이상하게 생각했다. 그런데 장갑 안을 보니 반 파운드짜리 금화가 그 안에서 떨어지는 것이 아닌가! 테일러는 뛸 듯이 기뻤다. 언젠가 한 사람이 좀 비꼬는 투로 그런 것은 그저 먹고 사는데 급급한 삶이 아니냐고 했다. 그러자 그는 그렇다고 인정하며 "그렇겠지요, 그러나 그 먹을 것을 내 입에 넣어주시는 손이 하나님의 손이니까요!"라고 했다.

개신교나 천주교 선교사들은 자연히 난징 조약을 조약항에서 선교사역을 하라고 하나님이 주신 기회라고 보았다. 1853년 허드슨 테일러는 처음으로 중국에 갔다. 그때 나이 22세가 채 안 되었다. 상하이는 홍건적에게 포위되어 있었고 태평천국의 난을 일으켰던 태평군의 세력이 최고조에 달해 있을 때였다. 선교사역을 광범위하게 할 수 있는 전망은 매우 희미했다. 당시 중국에는 개신교 선교사가 모두 합해서 70명뿐이었고 그중 미국인이 영국인보다 두 배로 많았다. 런던 선교회는 상하이에 선교사가 제일 많았다.

테일러는 20대 초반에 사역을 시작하면서 그곳에 와 있던 외국인 공동체를 놀라게 했다. 어느 날 그가 중국옷에 변발을 하고 길게 땋아 내린 머리를 모자 속에 넣어 달고 나타난 것이었다. 그것은 만주 왕조에서 보통 중국 남자들이 하고 다니던 모습이었다. 그는 그렇게 함으로써 중국의 시골 지방을 다닐 때 외국 옷 때문에 불필요하게 주목을 끌지 않고 그 주민들과 더 동화되어 살 수 있을 것이라고 생각했던 것이다. 이 파격적인 행동 때문에 테일러는 완전히 사회적으로 배척을 받게 되었다. 조금 더 중국말을 잘 하게 되자 테일러는 여행 범위를 넓혀 중국의 해변을 위아래로 다녔다. 어떤 때는 윌리엄 번즈와 다녔는데 그는 스코틀랜드에서 종교적 각성을 시켰던 사람으로 영국 장로교에서 중국에 처음으로 파송한 선교사였다. 그들은 주로 닝보와 산터우를 중심으로 사역했다. 닝보에서 좋은 반응을 보였기 때문에 특히 격려가 되었다.

1855년부터 열강과 중국 사이에 거의 지속적으로 전쟁이 있었다. 1857년 중국인들은 애로우호의 중국인 선원을 잡아갔다. 애로우호는 영국 국적의 작은 배였다. 파머스톤 정부는 무방비 상태인 광저우을 포격하라고 명령하여 수많은 생명이 죽었다. 인도에서 벵갈 폭동이 있어났던 해인 1858년에 텐진 조약이 성립되었다. 그러나 적대감이 계속되자 연합군은 중국군과 싸워 베이징을 점령했다. 1860년에 중국은 베이징 조약을 체결하여 유럽 국가들에게 베이징에 대사관을 세울 권리를 주게 되었으며 텐진 조약으로 허가한 다섯 항구에 더하여 또 다섯 항구를 더 개항할 수밖에 없었다. 그리고 영국에 홍콩섬과 구룡(九龙)지역의 지배권을 주었고 중국 전역에 완전히 자유롭게 기독교를 전파할 수 있도록 허가를 하였다. 이렇게 기독교인의 자유가 창 앞에서 확보되고 무력의 위협으로 유지되었는데 중국인은 그 조약이 불평등했던 것에 대해서 결코 잊지 못하고 언제나 깊이 분개하였다. 분명 이것은 우세한 무력의 지시 때문에 어쩔 수 없이 맺은 협정이었다. 만주 왕조는 그것을 나라의 수치로 여기고 될 수 있는 한 신하들에게 알리지 않았다. 관리들도 그 사실에 대해서 완전히 알지 못했을 가능성도 충분히 있었다. 이 사건 덕분에 기독교 선교사들이 자유롭게 복음을 전하는 혜택을 입게 되자 사람들은 일반적으로 선교사를 외국 정부에서 봉급을 주고 파견한 대리인이라고 믿었다. 선교사에게 끈질기게 따라붙던 이 잘못된 인식은 중국 기독교의 발전을 방해하는 주된 장애물이었다. 그러나 중국인에게 전체적으로 말할 수 없는 고통을 주었던 간악한 아편 무역을 강제로 하게 했던 나라가 기독교 국가인 것을 생각하면 기독교가 그렇게라도 전해졌다는 사실이 오히려 놀라운 일이다. 그렇게 중국과 서양 사이에 처음으로 맺어졌던 관계는 매우 불행한 것이었고 그 결과 중국인의 눈에 비친 모든 외국인은 약한 자를 이기적으로 착취하는 일에 열심을 내는 야만적인 폭군이었다. 이것이 선교사들이 뿌리를 내리고 살려고 했던 – 거의 실패로 끝날 때가 많았지만 – 곳에서 본 외국인의 이미지였다.

두 번째 아편 전쟁이 지속 중일 때 허드슨 테일러는 3년 반 동안 닝보에 머물러 있었다. 그곳에서 말라카 해협에 정착해 있던 런던 선교회의 개척 선교사 딸인 마리아 다이어 양을 만났다. 마리아는 어려서부터 중국에 복음을 전하려는 일을 삶의 목표로 삼는 분위기에서 살았다. 아버지는 말라카에서 1824년 중국어 성경을 출판할 때 로버트 모리슨과 윌리엄 밀른과 함께 사역한 선교사였다. 처음으로 금속 중국어 활자를 직접 만든 분이었다. 그는 언제나 중국에 가서 복음을 전하고 싶어 했다. 그러나 그렇게 되지 않았다. 중국의 문이 열렸을 때 닝보에 이사한 사람은 그의 딸이었다. 마리아는 1858년 그곳에서 혼자 사역하고 있는 '보통과 다른 괴짜' 선교사를 만나 결혼하였다. 눈이 파랗고 금발 머리에 중국에 복음을 전하는 일에 마리아 자신이나 자기 아버지와 같이 전적으로 헌신되어 있는 사람이었다. 2년 후, 닝보 병원을 혼자 힘으로 운영하다가 지치고 건강도 악화되어 테일러는 그 아내와 함께 영국으로 돌아갔다.

허드슨 테일러가 광대한 중국 내지에 용감하게 들어가 사역하는 일을 이끌게 된 것은 그로부터 5년 뒤였다. 그의 믿음은 처음에 겨자씨만큼 작았다. 그러나 시간이 지나면서 성장하여 거대한 나무가 되었다. 라뚜렛 교수(Pro. Latourette)는 「기독교 확장사(A History of the Expansion of Christianity)」에서 '한 단체가 그렇게 넓고 인구도 많은 지역 전체를 그렇게 광범위하게 계획하여 그 꿈을 거의 이룬 사례는 전에 결코 없던 일이었다.'고 말했다.

기독교인은 자기와 다른 종교를 믿는 사람들에게 기독교를 전하려고 하는데 그것이 과연 옳은 일인가 하고 의문을 제기하는 사람들이 있다. 과거도 그러했지만 현재도 계속 그런 사람들이 늘어가고 있는 것 같다. '그 잘못은 주로 기독교에 있다. 불행하게도 기독교는 외국에 가서 그곳 사람들이 소중히 여기는 관습과 반대되는 태도를 취해 왔다. 그러면 모든 사람에게 상처를 주고 그들이 믿는 바와 적대 관계가 되며 아무와도 어울리지 못하게 된다. 근본주의자들의 교리 때문에 다른 믿음이나 다른 도덕성의 기준과 양립할 수 없다고 하는 것이다.' 그리고 빅터 퍼셀(Victor Purcell)은 그의 저서 「의화단의 난」에 이렇게 기록했다. '중국인의 사고방식으로는 선교사들이 그저 저주냐 구원이냐를 선택해야 한다는 가르침을 자기들에게 주입시키는 일에만 관심이 있는 것이라고 믿기 어려웠다.' 다른 말로 하면 중국인들은 선교사들에게 다른 목적이 있는데 그것을 감추려고 그런 메시지를 전하는 것뿐이라고 생각했던 것이다. 물론 첫 번째 비판이 옳고 중국인의 마음을 그런 식으로 해석하는 것도 어느 정도 일리가 있다. 그러나 기독교인은 하나님이 계시하시는 진리를 진심으로 믿으며 하나님은 오직 한 분이시라고 믿는다. 경배의 대상을 하나님이 아닌 것으로 대치하는 것은 우상 숭배의 죄이다. 기독교인은 죄에서 구원하는 분도 십자가에서 죽으심으로 인간의 구원을 확보해 주신 예수 그리스도 오직 한 분이시라고 믿는다. 그리스도를 통하지 않고는 하나님께로 나갈 수 있는 방법이 없으며 다른 이름으로는 구원을 얻을 수 없는 것이다. 기독교인은 모든 사람이 그분 안에서 자신을 발견하기 전에는 본성적으로 하나님을 떠나 있고 예수 그리스도를 떠나서는 이생이나 내세에서 소망이 없다고 믿는다. 그러므로 기독교인은 세상에 이러한 진리를 전하라는 그리스도의 명령에 순종해야할 의무가 있다. 왜냐하면 인류에게 있어서 금생과 영생의 복지가 그 순종에 달려 있기 때문이다. 그렇지만 그렇다고 해서 다른 사람이 믿는 바에 대해서 존중이나 이해심 없이 아무렇게나 전해도 좋다는 말은 아니다. 복음은 가장 재치 있고 예의 바르게 전해야 하며, 복음 전도는 삶의 예로 입증되어야 할 것이다.

테일러는 새로운 단체를 운용할 원칙을 세우면서 윌리엄 버거의 도움을 받았다. 긴 시간 동안 그와 함께 회의에 회의를 거듭하면서 자신의 선교 단체가 지향할 형태를 결정하였다. 발생할 수 있는 문제에 대해서 토론한 끝에 마침내 세인트 힐의 널찍하고 아름다운 버거의 집 뜰에서 CIM의 기초가 놓인 것이었다. 허드슨 테일러와 가까이 우정을 나누었던 사람이 또 있었는데 브리스톨의 조지 뮐러였다. 그는 믿음으로 고아원을 운영하면서 하나님이 얼마나 변함없이 신실하신지를 훌륭히 증거하고 있었다. 새 선교회는 그 선교의 방식에서 뮐러의 현명한 충고에 크게 영향을 받았다.

"중국 내지 선교회는 전혀 알려져 있지 않지요. 교회가 있는 것도 아니고 우리를 후원하는 다른 단체도 없습니다. 그래서 우리에게 필요한 것은 오직 하나님만을 의지하여 받아야 합니다." 테일러는 1865년 여름 버거와 잔디밭에 앉아 의논하면서 아마 그런 말을 하였을 것이다.

"그렇지만 어떤 방식으로든지 우리에게 무엇이 얼마큼 필요하다는 것을 사람들에게 알려야 하지 않을까요? 사람들이 알아야 도울 수 있지 않겠어요?" 버거의 질문이었다.

"아닙니다. 전혀 필요가 없었습니다. 제게 경험이 있거든요. 우리는 오직 기도로 하나님이 사람을 감동시키시도록 해야 합니다. 오직 기도만으로 말입니다. 간청이나 광고, 모금은 하지 않을 겁니다. 저는 하나님께서 이 방법을 존중해 주시는 경험을 했습니다. 하나님께서는 저에게 개인적으로 해주셨던 것처럼 아무리 큰 무리가 모여 있는 단체라도 틀림없이 해 주실 수 있을 겁니다."

"동감입니다. 그런데 수입이 필요한 것보다 적으면 어떻게 하지요? 빚을 지게 되나요?"

"아니, 빚을 지는 것은 하나님만을 신뢰한다는 우리의 기본 원칙에 어긋나기 때문에 절대로 안 됩니다. 하나님만을 의지하거나 모금 계획을 세우는 방침을 채택하거나 둘 중 하나만을 따라야 합니다. 두 가지 방법을 다 택할 수는 없습니다. 우리 수중에 돈이 없는데 소비하는 행동은 불신앙이라고 저는 생각합니다. 만일 그 돈을 써야하는 것이 하나님의 뜻이라면 그분은 그 돈을 주실 것입니다. 그때까지 기다려야지요. 제가 확신하건대 하나님의 방법으로 하는 하나님의 일에는 하나님이 공급하심이 결코 부족하지 않을 것입니다."

"그렇지만 실제 상황을 한 번 생각해 봅시다. 선교회 운영은 어떻게 하지요?"

"하나님께 기금을 달라고 기도할 것입니다. 우리는 결코 하나님이 우리 손이나 은행에 넣어 주시는 분량 이상으로 쓰지 않을 것입니다. 어떤 경우에도 수입 이상으로 소비하지 않을 겁니다. 이 때문에 동료 사역자들이 어려움을 당하기도 하고 틀림없이 사역에 제한을 받기도 하겠지요. 그러나 그렇게 해야 우리가 실제로 하나님만을 의지하며 사는 것이 될 것입니다. 제게는 그것이 신념과 행동이 일치하는 유일한 길인 것 같습니다."

"그런데 기독교 사회에서는 이러한 식으로 선교회를 운영하는 것은 좀 모험이어서 위험하다고 생각하지 않을까요?"

"그렇게 생각할 수도 있겠지요. 그렇지만 우리는 하나님께서 당신께 모든 책임을 지시게 하는 이런 방법을 존중하신다고 믿습니다. 동시에 우리도 우리에게 맡기신 기금에 대해서 비즈니스 세계의 회사에서처럼 확실한 청지기 역할을 해야만 합니다. 우리는 신자들에게나 선교회의 선교사들에게 완전히 책임 있는 태도를 보여야 할 것입니다. 그렇다고 해도 우리 선교사들은 선교회가 아니라 하나님 한 분만을 믿고 의지해야 함을 인식해야 할 것입니다. 우리 편에서도 우리에게 맡겨진 모든 기금에 대해서 성실하게 관리할 것입니다."

"이렇게 하면 선교회 안의 선교사들 사이에 불평등하다는 이야기가 나오지 않을까요?"

"전혀 그렇지 않습니다. 선교회에 들어오는 모든 기금에 대해서 필수적인 경상비와 사역비를 제외하고는 모든 회원 선교사에게 균등하게 나누어줄 것입니다. 제일 오래된 선교사나 가장 최근에 허입된 선교사나 똑 같은 액수를 받을 것입니다. 물론 분기마다 매번 다른 액수를 받게 되겠지만 하나님께서 당신의 자녀에게 모든 좋은 것에 부족함 없도록 해 주실 것입니다."

"그리고 먼저 그의 나라를 구하면서 우리는 모든 일에 가장 단순하게 사는 습관을 길러야 할 것입니다."

테일러는 벌써 이런 원칙대로 중국인들과 가까이에서 단순하게 살고 있었다. 그들의 문화적 습관을 따르고 그들이 입는 옷을 입으며 가능한 한 그들이 사는 식으로 따라 살려고 했다. 이제 자신을 따라오려는 선교사들에게도 같은 기준을 세워 놓은 것이었다. 허드슨 테일러는 개인과 마찬가지로 조직에서도 가능한 한 가장 단순한 것이 효율적인 것과 조화를 이룬다고 믿었다. 선교회는 조직으로서 사역의 성장이 요구하는 분량만큼 발전해 갔다. 사역은 어떤 경우에도 미리 틀을 정해 놓고 강요하는 형태가 아니었다. 러들랜드는 대장장이 청년이었는데 1864년 선교회에서 섬기겠다고 런던에 있는 허드슨 테일러에게 갔을 때 그 본부가 얼마나 실제적이고 단순하며 강렬했는지 매우 깊은 감명을 받았다고 했다.

선교회 본부는 영국이 아니라 중국에 두어야 한다는 생각도 매우 지혜롭고 중요한 전략이었다. 원래 국제적이었기 때문에 이렇게 정한 것이 아니었다. 처음에는 영국인뿐이었다. 테일러는 처음 계획할 때부터 다른 여지가 있다고 생각하지 않았다.

창립자는 CIM이 채택한 원칙과 실행 방법이 다른 선교 단체에 비해서 낫다거나 더 성경적이라고 주장할 의사는 전혀 없었다. 더 오래된 다른 단체에서 하는 방식을 비판한 것도 아니었다. 테일러는 다른 단체에 갈 후원이 CIM으로 바뀌어 오게 될까봐 매우 신경을 썼다. 그래서 자신이나 동료들이 다양한 교단의 교회에 초대를 받아 말씀을 전할 때 헌금 시간을 갖지도 못하게 했다. 이렇게 하는 것에 대해서 특별히 설명을 하지 않았지만 테일러는 이렇게 하는 것이 CIM에게 하나님이 주신 방법이라고 굳게 믿었다. 하나님은 허드슨 테일러와 CIM을 세우셔서 한 가지 사실의 기념비가 되도록 하셨는데 그것은 하나님의 신실하심을 철저하게 신뢰하면서 단순하게 믿음으로 사는 것이 가능하다는 것이었다. 허드슨 테일러는 파란만장한 역사의 한 세기 이상 동안 믿음의 효력을 충분히 시험하여 증명해 보였다. 거의 4,000명 가까운 사람들이 이 원칙을 따라서 살았는데 부족함이 없었다. 어떤 면으로든 원래 세웠던 근본 방침과 실행 원칙을 수정해야할 이유가 전혀 없었다. 하나님께서는 변함없이 많은 변화가 있는 현재의 상황에서도 당신을 믿는 단순한 믿음을 영예롭게 해 주신다.

케임브리지 신학자인 버나비는 「심연(Soundings)」이라는 책에서 "만일 하나님이 기도에 대한 응답으로 사건의 추이를 바꾸신다면 세상은 예측할 수 없는 곳이 될 것이다"라고 했다. 그러나 결정론자나 공산주의자에게가 아니라면 왜 세상이 예측할 수 있는 곳이 되어야만 하는가? 주권자이신 창조주께서는 CIM의 이야기가 말해 주듯이 기도를 들으시고 사건의 진로를 바꾸신다. C. S. 루이스는 마가복음 11장 24절에서 말하는 대로 믿고 구하는 것은 반드시 받는다는 말씀을 '가장 경이로운 약속'이라고 했다. 그리고 만일 우리가 구하는 것이 하나님의 뜻이고 우리에게 좋은 것이라면 그것은 어리숙한 것이 아니라고 했다. 이러한 확신을 가지고 선교회가 출범했다.

중국내지선교회(CIM) 선언

중국, 너무나 좋은 사람들로 이루어진 거대한 제국, 하지만 '소망도 없고 하나님도 없다.'
그리스도의 교회가 더 큰 규모의 행동을 취하지 않는다면, '매달 백만명이 예수 그리스도를 모른채로 죽어가는'현재의 비극은 지속될 것이다.
중국의 11개성과 만주, 몽고 두지역에 걸친 성마다, 사람마다 아무도 그들에게 오직 그리스도만이 그들을 구원할 수 있다고 말해준 적이 없다.
가는 것은 우리의 책임이며, 가지 않는 것은 우리의 죄악이다. 한편으론 우리의 책임이 막중함을 느끼지만, 또 한편으론 말씀 곳곳에서 우리를 격려하시는 은혜의 하나님을 체험한다.
그래서 우리는 조금도 주저함 없이 추수의 주님께 24명의 유럽인과 24명의 중국인 동역자들을 중국 내지로 보내주시며, 중국 내지 11개성과 변방의 한 번도 복음을 들어보지 못한 곳에 가서십자가의 깃발을 꽂을 수 있기를 간구한다.
우리는 하나님의 자녀로서 그 명령에 순종하며 오직 하나님의 공급하심을 의지하여 하나님의 일을 한다. 우리는 현지인의 복장으로 내지로 들어간다.
우리는 단지 성경이 하나님의 감동하심으로 기록된 것임을 믿고, 중국 내지에 들어가 아무것도 의지하지 않고 오직 성경이주신 약속만을 의지하여 기꺼이 그들의 믿음을 증거하기 원하는 사람은 누구든지 교파와 상관없이 모두 우리와 함께 일할 수있기를 바란다.

China Inland Mission s Appeal for China

China, that huge empire of such fine people, is without hope and without God.
Until the Christian Church takes action on a far greater scale, the present fearful toll of a million a month dying without Christ will continue.
Millions upon millions, in province upon provinceeleven provinces apart from Manchuria and Mongoliahave no one to tell them about Jesus who alone can save
them. Our duty is go, our guilt is that we do not.
Feeling, on the one hand, the solemn responsibility that rests upon us and, on the other, the gracious encouragement which meets us everywhere in the Word of God, we do not hesitate to ask the great Lord of harvest to call forth, to thrust forth, twenty-four European and twenty-four native evangelists, to plant the standard of the cross in the eleven unevangelized provinces of China Proper and in Chinese Tartary.
We came out as God s children at God s command to do God s work, depending on Him for supplies, to wear native dress and to go inland.
We decided to invite the co-operation of fellowbelievers, irrespective of denominational views, who fully held to the inspiration of God s Word and were willing to prove their faith by going to inland China with only the guarantee they carried within the covers of their pocket Bibles.

'중국내지선교회(CIM)'특징

1. 복음을 전혀 듣지 못한 중국 내지를 사역의 제일 순위로 삼는다. 중국 전체에 복음을 전하는 것을 목표로 한다.
2. 모금을 권유하지 않고, 빚지지 않으며, 오직 하나님의 공급하심만을 바란다. 재정에서 공동체적 믿음의 삶을 산다.
3. 중국인과 똑같이 중국 옷을 입고 변발을 하며 중국식 가옥에서 예배를 드린다.(동일시)
4. 중국 현지인 일군을 훈련시키며 자립, 자양, 자전의 현지화를 원칙으로 한다.
5. 선교사 선발 기준은 학력 혹은 목사 안수의 유무가 아니라, 영적인 자질이며, 단신 여성이나 그리스도인 전문인들도 선발한다.
6. 교파나 국적을 초월한 회원으로 구성한다.
7. 본부는 중국 현지에 위치하며, 선교사는 지도자에게 순종하고, 지도자와 선교사는 동일한 자격으로 함께 섬긴다.

Ref. to Daniel W. Bacon, From Faith to Faith, 1983

1. Priority is given to unreached inland provinces while seeking to evangelize whole of China
2. No solicitation of finance, or indebtedness; looking to God alone; pooling support in life of corporate faith
3. Identification with Chinese by wearing Chinese dress and queue, worshipping in Chinese houses
4. Indigenization through training Chinese coworkers in self-governing, self-supporting and self-propagating principles
5. Recruitment of missionaries not based on education or ecclesiastical ordination, but spiritual qualification; deployment of single women in the interior and Christian professionals
6. Interdenominational-International Membership
7. Headquarters on the field, director rule; leaders and workers serving shoulder to shoulder

Chapter 3

미지로의
전진

허드슨 테일러는 일생동안 깊은 기도의 기적 속에서 살았다. 하나님이 살아계신 분이고 전능하시며 기도를 들으시는 분이고 불가능을 가능하게 하시는 분이심을 이미 잘 알고 있었다. 그래서 자연히 그는 자기자신이 불가능한 것에 대한 열정을 가지고 있었다. 인간적으로 말하면 그가 세웠던 선교회는 이러한 특징을 지니고 있었다. 중국의 내지는 전 지역이 완전 미지의 세계였고 외국인에 대해서 적대적이었다.

A Passion for the Impossible

미지로의 전진

• • •

　허드슨 테일러는 일생동안 깊은 기도의 기적 속에서 살았다. 하나님이 살아계신 분이고 전능하시며 기도를 들으시는 분이고 불가능을 가능하게 하시는 분이심을 이미 잘 알고 있었다. 그래서 자연히 그는 자기자신이 불가능한 것에 대한 열정을 가지고 있었다. 인간적으로 말하면 그가 세웠던 선교회는 이러한 특징을 지니고 있었다. 중국의 내지는 전 지역이 완전 미지의 세계였고 외국인에 대해서 적대적이었다. 그럼에도 불구하고 테일러는 미리 앞을 내다보는 비전을 가지고 중국에서 다가갈 수 있는 지역에 부분적, 잠정적으로 복음을 전하기보다 모든 지역을 전체적으로 복음화 하겠다는 계획을 가지고 접근했다. 그것은 즉흥적으로 되는 대로가 아니라 깊은 생각 끝에 나온 계획으로 그는 그것을 조직적인 운동으로 펼쳐나갔다.

　1869년 1월에 일어났던 양저우 사건 직후, 테일러는 강 상류에 있는 안후이의 성도 안칭으로 두 명을 파송했다. 이제껏 아직 점령되지 않은 성으로 들어가겠다는 계획을 처음 행동으로 옮긴 것이었다. 그들은 9월에 또다시 폭동이 있어서 잠시 떠났지만 다시 돌아왔다. 12월에 카드웰이 장시에 있던 미국 감리교 선교회의 닥터 하트와 합류했다. 열한 성(省) 중 두 번째로 들어간 미전도 성(省)이었다.

　1870년은 1900년까지의 선교회 역사 중에서 가장 어둡고 어려웠던 해였다. 전진을 하려고 한 걸음을 내디딜 때마다 맹렬한 반발에 부딪혔다. 영국 매스컴이나 의회에서 양저우 사건을 탐탁하지 않게 보도한 탓으로 선교회에 들어오던 기금에 심각한 타격을 입었다. 그로 인해 믿음에 큰 시험이 왔다. 질병이 만연했고 얼마 되지 않는 CIM 선교사 중 몇 명이 죽어갔다. 당시는 아직 예방약이 없던 때여서 콜레라, 장티푸스, 발진티푸스, 말라리아 등이 모두 매우 두려운 질병이었다. 1868년 구이저우에서 천주교인들이 수백 명 살해당하자, 프랑스 군함이 난징에 나타났다. 외국인에 대한 반감이 극도에 달했다. 1869년에는 톈진의 성난 군중들이 신부와 수녀 20명을 절 터 위에 세워져 있던 성당 건물에서 학살했다. 그 사건 소식이 널리 전해지자 민심이 크게 동요되었다. 감정들이 격해져 있었기 때문에 테일러는 난징과 양저우에 있던 여자와 아이들에게 피신 명령을 내리지 않을 수 없었다. 중국 정부는 모든 외국 세력에 회람을 돌리기까지 했는데 그것은 선교 사역에 매우 불리한 것이었다. 그 회람이 영국 의회에 전해지자 실제로 어떤 의원들은 중국에서 영국 선교사들을 전부 불러들여야 한다고 역설했다. 다시 전쟁이 임박한 것처럼 보였고 중국인 성도들은 계속 위협을 당했다. 상하이에 사는 외국인들은 누가 공격해 올까봐 밤에 잠도 제대로 자지 못했다.

허드슨 테일러 자신도 가족이 죽음을 맞는 고통을 겪었다. 처음에 5살 난 아들이 죽었고 그 다음에 출산을 앞 둔 아내가 콜레라에 걸려 태아와 함께 죽었다. 그 나이 33세 밖에 되지 않았을 때였다. 그 극한 슬픔 속에서 테일러는 어떻게 계속 지도할 수 있었을까? 어떻게 자신이 겪었던 그러한 위험과 어려움을 가지고 다른 이들을 격려하였을까?

개인적인 슬픔과 리더십의 무게가 무겁게 짓누르고 있을 때, 테일러는 자신의 전 삶에 혁명과도 같은 새로운 하나님 경험을 하여 그 시기를 이겨낼 수 있었다. 사도 바울이 표현한 하나님의 말씀이 그를 새롭게 나아갈 수 있도록 힘을 주었다. "이

마리아의 무덤

제 내가 사는 것이 아니요, 내 안에 그리스도께서 사신 것이라." 패배한 자신의 삶을 그리스도의 삶으로 교환함으로써, 자신의 약함을 그리스도의 능력으로 대치시키는 것으로써 어떤 환경 속에서도 승리하며 살 수 있었다. 그리스도께서는 그 언제보다도 실제적으로 그에게 다가오셨고 그로 인해 서 슬픔 가운데서도 그 슬픔 위에 넘치게 부어지는 기쁨을 느낄 수 있었다. 그의 동료들은 그의 이러한 경험에 감화를 받아서 새로운 믿음의 모험으로 나아갔다. 그러는 동안 어린 교회들은 건강하게 자라가고 있어서 어떤 모임은 50명 이상이 되는 곳도 있었다. 항저우의 한 중국인 성도 모임에서는 자국민 선교회를 결성해서 중국인 사역자를 후원하는 일을 맡기도 했다. 그들은 서로 소식을 계속 주고받으려고 잡지를 발간하기도 했다.

허드슨 테일러는 자신의 시선이 목표한 바에서 비켜가는 것을 절대로 용납하지 않았다. 그는 지칠 줄 모르는 헌신으로 사랑하는 동료들을 섬겼다. 쉬지 않고 여행하면서 교대로 선교 기지를 방문하여 격려하고 권면했다. 충고하고 말씀을 전했으며 모두의 건강을 염려해 주었다. 한 번은 아픈 동료를 심방하기 위해서 800km 이상이나 떨어져 있는 거리에도 불구하고 찾아가기도 했다. 자기 외에는 할 수 없는 수많은 행정 일을 다 감당하면서도(타자기도 없던 시대에!) 그렇게 한 것이었다. 그러니 그가 병으로 쓰러지자 모두가 예견한 듯 아무도 놀라지 않았다. 테일러는 대리 대표를 세우고 회복을 위해서 가을에 영국으로 돌아갔다. 1871년에는 그 어떤 때보다도 더 광범위하게 여행하게 됨을 당시에 미리 알았다면 틀림없이 만족했을 것이다. 그는 런던에 체류하는 기회를 틈타서 처음으로 선교회의 본국 이사회를 조직하였다.

1873년에 상하이 이외의 다른 곳에 선교 기지가 새로이 11군데 문을 열었다. 카드웰은 양쯔강의 지우장(九江)에서 거주용 배에서 살면서 그곳에 근거를 두고 있었는데 장시에 있는 도시를 107군데나 방문하면서 성경을 나누어 주었다. 헨리 테일러는 양쯔강에서 황하 북쪽으로 여행하여 중국의 초창기 황제들이 수도를 세웠던 허난 성에 들어갔다. 그 다음 해 허드슨 테일러는 찰스 주드를 대동하고 후베이의 우창으로 가서 주드가 그곳에 정착하는 것을 도왔다. 그런데 여행을 하다가 갑판의 지붕창에서 떨어져서 척추를 다치는 사고가 있었다. 처음에는 거의 통증을 느끼지 못했는데 선교회에 급한 일이 생겨서 두 번째 부인과 영국으로 돌아올 때는 그 상처로 인해서 거의 불구가 다 되어 다시는 걷지도 못하게 되지나 않을까 염려가 될 정도였다. 그 길고 긴 6달 동안 테일러는 꼼짝 못한 채 침대에 누워 43군데에서 사역하고 있는 35명의 선교사와 60명의 중국인 동역자들을 생각하며 그들을 위해서 기도하면서 지냈다. 허드슨 개인이나 선교회의 미래는 참으로 암울했다. 이제껏 그렇게까지 낙심이 되던 때는 없었다. 돈도 거의 들어오지 않았다. 선교회를 후원하는 친구도 거의 없었고 강력한 목소리도 없었으며 사정해 볼 수 있는 단체도 없었다. 처음에 그렇게 열정적으로 지원했던 기독교계에서도 이제 CIM을 다 잊어버린 것 같았다. 비축해 놓은 재정도 없었다. 자, 선교회가 다시 살아날 수 있을까? 이렇게 위기의 순간이 닥쳐오니 선교회가 지녔던 원칙이 시험대에 올랐다. 그러나 "그 연약한 남자와 여자들 손에는 세상을 움직일 수 있는 지렛대가 있었다. 단순한 믿음과 기도라는 보이지 않는 지레 받침대를 손잡이로 잡고 있었다." 그들은 대담무쌍한 믿음으로 난국을 이겨냈다.

1875년 1월 21일자 크리스챤 호에는 '기도를 위한 호소'라는 허드슨 테일러의 글이 실렸다. 1500만 명이 넘는 중국인을 위해서 기도해 달라는 글이었다. 그 기사의 내용은 이러했다. '중국에는 성이 아홉 개가 있다. 한 성이 유럽의 한 국가와 맞먹을 정도의 크기로 인구가 평균적으로 1,700만에서 1,800만 명인데도 순수한 복음은 전무하다. 천주교 신부는 유럽에서 100

여명이 가서 살고 있지만 그곳에 사는 개신교 선교사는 한 명도 없다. 이제껏 중국 내지 선교회의 친구들 몇 명이서 이 아홉 성을 위해서 많이 기도를 드려 왔다. 작년 한 해 동안 이 내지의 성들을 위해서만 써달라는 헌금이 4천 파운 드 가까이 들어왔다… 이 글을 읽는 독자 중 하나님께 마음을 열고 잠시만이 라도 진지하게 기도를 드려주지 않겠는가? 하나님께서 적당한 사람 18명을 일으켜 주셔서 이 일에 헌신하도록 기도해 주지 않겠는가?' 이것은 절망적인 상황에서 드리는 믿음의 응답이었다.

한 달 후인 1875년 2월 21일, 어거트스 마저리라는 영국 영사가 한커우 에서 미얀마의 브하모로 가는 길에 윈난에서 살해당했다. 중국과 영국 사이 에 다시 전쟁이 일어나기 직전이었다. 선교사를 더 보내달라는 호소를 하기 에 그 이상 부적당한 시간도 찾기 어려웠으리라. 테일러는 이를 알고 다시 글 을 썼다. "어려움은 인간의 힘으로 극복해 낼 수 없는 것일 따름이다. 미얀마 전체가 소동 속에 있지 않은가? 마저리가 윈난에서 살해되지 않았는가? 최 근 중국 군대가 윈난으로 모여들고 있다는 소식이 들리지 않는가? 우리 형제 헨리 테일러와 그와 동역하는 중국인 전도자가 허난의 2,500만 인구 사이에 서 무슨 일을 할 수 있겠는가? 우리는 그 질문에 대답할 수 없다고 걱정하지 않는다. 단지 우리가 아는 사실은 그들 안에 거하시고 그들과 동행하시는 그 분께서 그곳에서 무엇인가를 하실 수 있다는 것이다." 테일러는 일어서서 불 가능한 일에 도전장을 내었다. 18명의 일군이 필요하다고 호소하자 60명이 지원했다. 그 중 9명이 그 해가 가기 전에 출항했는데 한 명은 미얀마로 갔 다. 다른 8명이 1876년에 떠났다. 그 중 몇 명이 뛰어난 선교사가 되었다.

1876년 5월 CIM은 이슬링턴에 있는 밀드메이 컨퍼런스 홀에서 첫 연례 집회를 열었다. 허드슨 테일러는 처음 십 년 동안 큰 진전이 있었다고 보고했 는데 다섯 성에 52군데 선교 기지가 세워졌고 교회를 28개 개척했다고 했다.

테일러는 완전히 회복되어 1876년 9월 7일 신임 여자 선교사 8명과 함께 다시 중국으로 떠났다. 당시 정치적 상황이 매우 어두워서 많은 사람들이 테일러를 매우 무모하게 생각했다. 무선 전신이 없던 시대여서 상하이에 도착하기 전까지 항해하는 동안에는 세상이 어떻게 돌아가는지 아무 것도 알 수가 없었다. 그가 영국을 떠난 지 6일째 되던 날 치푸 회담이 열렸고 그곳에서 중국 전역에서 외국인이 자유롭게 거주할 수 있다는 허가가 나게 되었다. 테일러는 그 사실을 상하이에 도착해서야 알게 되었다. 테일러는 이것을 "너무 빠르지도 않고 너무 늦지도 않게 오랫동안 닫혀 있던 문이 저절로 열렸다."고 고백하면서 믿음의 걸음을 내디딜 수 있도록 확증해 주시는 사건으로 보았다.

테일러는 중국의 서남부에 복음을 전하기 위해서 미얀마에 기지를 세우려는 계획이었기 때문에 스티븐슨과 솔타우를 브하모로 보냈다. 그들은 1875년 10월 도착했고 왕을 알현한 후 그곳에 거주할 수 있는 허가를 받았다. 그들은 샨족과 카친족 사이에서 의료 사역으로 급속히 유명해졌다. 그 다음 해 CIM 선교사들은 새로 허가 받은 자유를 마음껏 이용하여 온 데 다니며 대단한 활동을 벌였다. 볼러와 킹은 한커우에서 한강 상류를 따라 가서 처음으로 섬서(陝西)에 들어갔다. '중국 문화의 요람'인 산시(山西), 북서부의 간쑤, 장엄한 양쯔강 골짜기 위에 있는 서부의 거대한 쓰촨성도 전부 같은 해에 들어가게 되었다. 쓰촨과 섬서를 방문했던 개신교 선교사는 1868년 런던 선교회의 그리피스 존과 영국 해외 성경 협회의 제임스뿐이었다.

1877년 1월 주드와 브라움턴은 구이저우로 들어가려고 배를 타고 후난을 거쳐 여행을 시작했다. 그곳에서는 높은 산에서 내려오는 눈과 얼음이 차디차게 환영을 해주었다. CIM 선교사들은 처음으로 먀오족을 보았다. 그 딜에 아일랜드에서 온 매카시는 중국에서 미얀마를 동서로 넘어갔는데 그것은 사람들이 '어리석고 불가능하다'고 하던 여행이었다. 그는 혼자 양쯔강 상류로 가서 계곡을 지나 쓰촨으로 들어갔는데 충칭에 새로운 기지를 시작했다. 그후 남쪽으로 방향을 돌려 미얀마로 들어가는 길에 가로막고 있는 메콩강과 누강 계곡, 높은 산들을 건너기 전에 다리(大理)에서 멈추었다. 7달에 걸쳐서 5천 km를 여행해 가면서 계속 복음을 전하였다. 맥카시는 솔타우와 아담스와 함께 브하모에서 6달을 머물다가 영국으로 돌아가서 새로운 일군이 많이 필요하다고 호소하였다.

제임스 캐머런은 스코틀랜드 사람이었는데 대단한 여행가여서 사람들은 그를 '중국의 리빙스턴'이라고 불렀다. 그가 처음 한 여행은 양쯔강을 따라 올라가서 인구가 조밀한 쓰촨 평야를 지나 티벳 동부로 들어간 것이었다. 개신교 선교사로서는 처음으로 그 경로로 티벳에 들어갔는데 타쪤루에서 천주교 주교 신부를 만났다. 청두에서 30일을 여행해서 바탕에 도착하자 프랑스 신부가 영접해 주었다. 그곳에서 여행을 계속하여 세계에서도 해발이 가장 높은 축에 속하는 리탕까지 갔다. 그곳에 가기 위해서는 보통 평균 해발 3,000m 되는 길을 지나야 했다. 더구나 4,000m 내지 5,000m 되는 길도 열 군데나 되었다. 그 여행은 상상을 초월하는 고통이 수반되었을 것이다. 캐머런은 다시 남쪽으로 2달을 더 걸어 내려와서 브하모에 도착했다. 그는 가는 곳마다 사람들에게 그리스도를 알리려고 애를 썼다. 캐머런은 선교사로서 6년 밖에 사역하지 않았지만 중국의 18성 중 하나를 제외한 전 성과 신장, 몽골, 만주 그리고 하이난 섬을 전부 대부분 걸어 다니며 사역하여 그 누구와도 비교할 수 없는 공훈을 세웠다. 본국에 안식년으로 한 번 갔을 때는 의학 공부를 하여 의사 자격증을 땄다.

이 모든 용맹스러운 개척자들은 대부분 돌에 맞는 것 정도는 일상적으로 경험하던 일이었다. 양저우나 옌칭, 이창에서와 같은 폭동이 없으면 다행이었다. 그들은 모두 반복해서 죽음에 직면했다. 어디를 가든지 수치와 거절당하는 것을 인내했으며, 이루 말할 수 없는 곤경을 겪었다. 일정한 주거지가 없이 계속 복음을 전하면서 돌아다녔다. 주드는 구이저우에서 쓰촨을 지나 돌아올 때 해적에게 잡혔다. 그 해가 질 무렵 피시가 구이저우에서 열병으로 죽었다.

1876년 5월 상하이에서 초교파적으로 선교사들의 모임이 있었는데 인도의 알라하바드에서 열렸던 대회와 같은 형태를 따른 것이었다. 그들은 허드슨 테일러를 초대하여 연구한 것을 발표하게 했다. 사람들은 그가 이끄는 선교회의 선교사들이 오랫동안 순회하며 여행하는 것에 대해서 비판적인 말을 많이 하고 있었다. 그저 아무 목적 없이 다니는 것이고 시간과 정력을 낭비한다는 것이었다. 테일러는 그것을 잘 알고 있었다. 그래서 연구 제목을 '전도를 위한 순회 여행'으로 정했다. 그에게 맨 먼저 떠오르는 생각은 18명의 선교사가 필요하다고 호소한 이후로 그때 거론했던 9성에 모두 선교사가 들어갔고 성경을 나누어 주었으며 하나님의 말씀이 전해졌다는 사실이었다. 그래서 그 논문에서 다음과 같이 주장했다. CIM 선교사들이 넓은 지역을 다녔던 것은 지방 사역을 위해 꼭 필요했던 일이었다. 교회를 세우기 위해서 더욱 완전히 조사하고 더 집중적으로 사역하기 위해서 그렇게 시작해야 했다. 그는 순회 사역 또는 현지인 중심의 사역의 상대적인 장점에 대해서 토론하기를 거절했다. 그렇게 하려는 것은 마치도 땅과 바다, 산과 평야의 장단점을 논의하는 것과 같다고 했다. 비판과 그릇된 진술이 그를 향해서 쏟아지고 있었음에도 불구하고 그는 굳게 결심하고 논쟁을 벌이지 않았다. 사실 허드슨 테일러는 처음부터 현지인 중심의 교회를 꼭 그렇게 되어야 하는 전도의 열매로 간주했다. 그러한 현지 교회를 가는 곳마다 세우는 것이 그의 목표였다. 그 교회는 중국인 교회여야 했다. 외국 교회의 연장선상에 있는 지교회가 되어서는 안 되었다. 현지 교회의 지도자는 현지 중국인이어야 했고 교회도 외국 디자인이 아닌 중국식 건물이어야 했다. 그 해가 다가기 전에 허드슨 테일러는 선교사 12명과 중국인 사역자 20명을 최근 개척된 성으로 영구히 보냈다. 그러자 40명의 개종자가 모였다. 믿음이 입증되고 있었다. 처음 세웠던 목표가 거의 달성되고 있었다. 10년 이내에 중국 내지에 있던 11성에 모두 선교사가 들어가 복음을 전했다. 이것 자체만으로도 대단한 성취였다. 그러나 전도와 교회 개척이라는 중심 과업은 이제 막 시작된 것이었다. 더구나 일반적인 상황은 불안정했고 중국 내지로 들어가는 문은 그저 조금 열렸을 뿐 선교사들은 아직도 늘 추방의 위협을 안고 살아야 했다.

Chapter 4

보상 받은
믿음

중국 땅은 자주 기근의 망령에 시달렸다. 1877년은 인류 역사가 기록한 재앙 중에서 가장 큰 편에 속한 재앙이 있은 지 3년째 되는 해였다. 9백만에서 천3백만 명이 죽었다. 북부에 있는 허난(河南)과 섬서 성에 제일 희생자가 많았다. 터너와 제임스는 처음에 잠시 산시에 들렀었는데 1877년 남쪽 언덕이 봄의 아름다움이 언덕을 뒤덮었을 때 다시 돌아왔다.

A Passion for the Impossible

보상 받은 믿음
• • •

중국 땅은 자주 기근의 망령에 시달렸다. 1877년은 인류 역사가 기록한 재앙 중에서 가장 큰 편에 속한 재앙이 있은 지 3년째 되는 해였다. 9백만에서 천3백만 명이 죽었다. 북부에 있는 허난과 산시 성에 제일 희생자가 많았다. 터너와 제임스는 처음에 잠시 산시에 들렀었는데 1877년 남쪽 언덕이 봄의 아름다움이 언덕을 뒤덮었을 때 다시 돌아왔다. 그런데 북쪽에 있는 핑양과 펀저우로 올라가며 보니 기근 상황이 점점 더 심각해지고 있었다. 반면 아편에 쓰는 서양귀신비 밭은 이 만연한 불행과는 정반대로 매우 화려했다.

기근 구제가 무엇보다 우선이었고 통신 부재를 극복하기 위해서 네 군데 선교단체가 이 과업에 협력했다. 영국 침례 선교회 대표 티모시 리차드가 11월에 도착했다. 무려 3천만이나 되는 사람들이 이 재앙의 피해를 입었다. 날마다 수백 명이 죽어가서 흙으로 덮지도 못하고 웅덩이에 묻었다. 식인의 사례도 있었고 산에서 늑대가 내려와 약탈하는 사건도 있어서 더욱 공포스러운 분위기였다.

테일러 부인은 아이들 때문에 영국에 머물러 있었다. 15달을 떨어져 살다가 1877년 허드슨이 가족에 합류했다. 가족이 다시 만나니 매우 좋았다. 그러나 중국 북부의 기근 문제가 허드슨 테일러의 마음에 무겁게 자리하고 있었다. 만나고 인사를 나눈 지 얼마 되지도 않아 그는 아내에게 말했다.

"여보, 할 말이 있소. 놀라지 않기 바라오. 섬서에서 죽어가는 수백만 명을 잊을 수가 없소. 그들에게 무언가를 더 해주고 싶은 마음이 간절하오. 현재로서는 잘 알다시피 나 자신이 돌아갈 수는 없는 형편이오. 그러니 당신이 가주면 어떻겠소?"

"제가요? 어떻게 그럴 수 있어요? 아이들은 누가 돌보고요? 벌써 일 년도 넘게 헤어져 있었잖아요? 그건 그렇다 쳐도 여자 한 명이 가서 무얼 할 수 있겠어요? 중국 내지 그렇게 깊숙한 곳에 여자가 간 적도 없었잖아요?"

1878년 차이니스 밀리언스가 보도한 중국의 대기근 사진

그러나 함께 이야기를 나누는 가운데 테일러 부인의 마음에도 이것이 하나님의 뜻일지 모르겠다는 생각이 들었다. 용기가 없던 것이 아니고 다만 하나님께서 원하시는 일이라는 확신이 필요했던 것이었다. 그 확신이 오자, 부인은 지체하지 않고 떠날 준비를 했다. 작별을 위한 특별 예배도 드렸는데 그때 누군가 그녀에게 1,000 파운드를 선물로 주었다. 모든 의심이 사라졌다. 함께 전해진 편지에 이런 글이 있었다. "사업이 넉넉하지는 않지만 그리스도를 위해서 가족을 떠나는 부인께 이것은 적은 금액입니다."

상하이에서 테일러 부인은 다른 여인 두 명과 함께 가게 되었다. 프레드 볼러가 타이위안까지 가는 긴 여정 동안 일행을 에스코트 해주었다. 1878년 10월 23일에 도착했는데 여성 선교사로서는 조약항에서 그렇게 먼 내지까지 처음으로 들어간 것이었다. 그들은 즉시로 구제를 시작하였다. 중국 대사는 런던 시장 관저에서 그들의 사역에 대해서 매우 감사하다는 연설을 했다. 그런데 그 시도로 인해 깨닫게 된 중요한 사실이 있었다. 그것은 여성도 기혼이든 미혼이든 중국 내지에 거주하는데 넘지 못할 장애물이 있는 것이 아님이 증명이 된 것이었다. 선교회 리더들은 신속하게 다른 사람들도 섬서의 한 중 (汉中) (현 난정현–南郑县)으로 배치했다. 그곳에 부흥이 일어나서 교회가 조직되자 30명이 모이고 있기 때문이었다. 미혼 여성도 용기를 내어 주변 시골에 가보니 어느 곳에서나 따뜻하게 환영하는 것이었다. 다른 사람들은 멀리 북서부에 있는 간쑤성까지 갔다. 첫 여성 일행이 양쯔강 상류까지 거주용 배를 타고 2달 간 여행하여 쓰촨에 갔는데 그만 급류에 휩쓸려 배가 바위에 걸렸다. 그러나 멈추지 않고 계속 가서 그 성에 살고 있는 천만 여성들 사이에서 사역을 시작했다. 다른 여인들도 중국 서남부의 끝까지 더 멀리 갔다. 스위스인 조지 클락 부인이 윈난에 제일 처음 들어간 외국 여성이었다. 1881년 윈난 성 다리에 남편과 들어가 정착해서 살았다. 개신교 선교사가 들어갔던 서쪽 끝이었다. 그 마을은 웅장한 산맥과 아름다운 호수가 있어서 고국 스위스를 생각나게 하는 곳이었다. 그들은 2년 동안 다른 유럽인을 만나보지 못했다. 클락 부인이 아이를 낳다가 죽었을 때 제일 가까이 있던 의사는 6주를 가야 만날 수 있는 거리에 있었다. 5년 동안 그런 식으로 CIM의 여성 선교사들은 9성 중 6성에 정착했다. 외국 여인 중에서는 처음으로 들어간 내지였다. 그 여성 개척자들의 뒤를 이어서 더욱 많은 여인들이 고독과 위험을 감내하며 희생적으로 중국 여인들을 섬기기 위해서 그 내지에 들어왔다.

1879년 허드슨 테일러는 사역지 중국으로 돌아왔다. 가는 길에 네델란드를 들러 달라는 초대를 받고 헤이그와 암스테르담에서 연설을 하였다. 유럽 대륙에 처음으로 선교회의 필요가 알려진 계기였다.

허드슨 테일러는 일 년 이상 헤어져 있던 부인과 상하이에서 재회했다.

그러나 그의 병이 심한 것을 보고 의사는 그에게 북쪽 치푸로 가라고 명령했다. 그곳은 아름다운 만에 있는 해변 도시였다. 그곳에서 그의 건강은 신속히 회복되었다. 그곳은 완벽한 휴양지였고 선교사 자녀들의 학교를 세우기에 이상적인 장소였다.

치푸 여학교와 교사와 학생들

그래서 1881년에 들어섰을 때 W. L. 엘리슨이 찰스 주드의 위 두 아들을 가르치기 시작했다. 그때까지 중국에는 유럽 어린이를 위한 학교가 없었다. 개신교 기숙학교가 문을 열었다는 소식이 들리자 중국 전역에서 그 학교에 들어오겠다고 지원서가 쏟아져 들어왔다. 후에 치푸 스쿨로 불린 그 학교는 극동 지역에서 가장 좋은 명성을 지닌 외국인 학교가 되었다. 18세 이하의 CIM 선교사의 자녀들이 그곳에서 훌륭한 교육을 받았을 뿐 아니라 다른 선교 단체, 외교관, 사업가들도 그 학교를 후원했다. 1940년 일본군이 학교 건물을 전부 차출하여 군대 본부로 사용했다. 학교는 다시 치푸로 돌아오지 않았지만 그 이름만은 어디를 가든지 유지했다. 그 학교의 기록은 매우 자랑스러운 것이었다. 졸업생 중 20%가 기독교 사역에 헌신했고 그 중에서도 선교사가 된 사람이 많았다. 그 중 168명이 CIM 선교사로 들어왔다. 다른 학생들도 다 방면에서 두각을 나타냈다. 케네스 테일러는 영연방 공무원이었던 캐나다의 추밀 고문관으로 수상의 재정 고문이자 캐나다 은행 총재였으며 혼 앨리스터 그로사트는 캐나다 상원이었고 케네스 찰스 목사는 온태리오의 주교였다. 윌리엄 고포스는 맥길 대학의 경제학 교수였고 헨리 루스는 타임,

라이프, 포춘지의 전 편집장이었다. 더글라스 곤더는 캐나다 국유 철도의 부사장, 캐링턴 굳리치는 컬럼비아 대학의 중국어과 교수였으며 손턴 와일더는 작가요 극작가로 노벨상을 받았다. 리차드 해리스는 타임지의 극동 특파원, 해롤드 주드는 영연방 장교로 2차 대전 당시 군수성의 해난 구조 감사원장이었다. 그 외에도 저명한 학자, 의사, 법률가, 행정가, 건축가, 중역, 행정 관리자 등이 줄지어 있었다. 혹자는 선교사의 자녀들이 일찍부터 부모와 헤어져 혜택도 없이 부족한 것이 많을 것으로 상상했다. 보통은 그 반대였다. 하나님께서 특별한 방법으로 희생적으로 당신을 섬기는 종들의 자녀들을 돌보셨다.

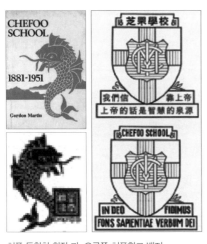

치푸 동창회 휘장 과 오른쪽 치푸학교 뱃지

1880년 젊은 의사와 그의 아내가 치푸에서 몇 달 동안 언어를 배운 후에 산시 수도 타이위안으로 갔다. 그 이름은 닥터 해롤드 스코필드였다. 그는 런던 대학에서 문학사와 이학사의 학위를 받고 나서 옥스퍼드 링컨 대학에서 장학금을 받으며 자연 과학 분야에서 최우등을 하였다. 그 후 세인트 바돌로뮤 병원에서는 자연 과학 분야, 해부학, 로렌스, 브랙근베리 의료, 주니어와 시니어 등 다섯 종류의 장학생이었고 금메달을 받았다. 그는 옥스포드의 래드클리프 여행자 협회의 상도 받았고 비엔나와 프라하에서도 수학했다. 터키 시베리아 전쟁과 러시아 터기 전쟁 때는 벨그라드의 적십자 병원 책임자로 있었다. 그후 영국으로 돌아와 세인트 바돌로뮤 병원의 가정의가 되었다. 그는 자기 직업에서 가장 유능한 젊은이로 알려져 있었고 그 앞에는 전도양양한 미래가 기다리고 있었다. 그가 29세에 선교사가 되겠다고 하자 모든 사람이 말렸다. 그러나 하나님의 부르심에 순종하려는 그의 결심을 바꿀 수 있는 것은 아무 것도 없었다. 단순하고 성경적 원칙을 고수하는 CIM에 끌려 지금 그 멤버가 되어 섬서에 있는 병원에 오게 된 것이었다.

닥터 스코필드는 첫 해에 외래 환자 1,527명과 입원 환자 40명을 진료했고 40번 수술했으며 3,204번 왕진을 나갔다. 1882년에 이 수치는 두 배가 되었다. 남자 인구의 50%가 아편을 피웠기 때문에 그가 진료하는 환자의 대부분은 중독자들이었다. 스코필드는 의료 사역만으로 만족하지 못하여 이미 잘 하고 있는 언어를 더 갈고 닦아서 거리에서 설교하며 직접 전도를 했다. 1883년 처음으로 믿음을 갖게 된 4명에게 세례를 주었다. 혼자 사역을 하다보니 늘 손이 모자랐다. 그때마다 본국의 대학에 있는 젊은이들 생각이 났다. 선교지에는 재능이 많고 좋은 교육으로 훈련이 잘 되어 있으며 인격이 갖추어진 젊은 사람들이 너무도 절실하게 필요했다. 그래서 그런 사람들이 사람들로 북적이는 중국의 도시에 와서 복음을 전하게 해달라고 기도를 시작했다. 그 기도를 들으신 하나님께서 영국 케임브리지 학생들의 마음을 움직이기 시작하셨다. 2년 후 그 중 4명이 바로 이 도시에 오게 되었다. 스코필드는 한 환자를 치료하다가 장티푸스에 감염되어 치명적인 상태가 되었다. 마지막으로 그가 남긴 말은 '이 3년 동안이 이제껏 내 생애에서 가장 행복한 시간이었다.' 그의 유해는 도시 근교에서 떨어져 있는 한신한 묘지에 묻혔다. 그러나 개척자로서의 그의 수고는 헛되지 않았다. 타이위안은 기독교 의료, 교육, 교회 사역의 중심지가 되었다.

마저리가 죽은 후 아무도 미얀마 국경 근처로 가려고 하지 않았다. 그러나 1880 스티븐슨과 솔타우가 브하모에서 대상(隊商)의 무리에 끼어 서쪽 미얀마에서 동쪽 중국으로 가는 3천여 km되는 여정을 시도했다. 이 여행을 하고 보니 중국이 복음에 열려 있고 일군이 절실하게 더 필요하다는 사실을 더욱 강조하게 되었다. 사실 이미 CIM 선교 기지가 11성에 70군데가 있기는 했지만 117일 동안 여행객은 두 군데 기지 밖에 지나가지 못했다. CIM 에는 선교사가 100여 명 뿐이어서 과업에 턱없이 부족했다. 외국인의 중국 여행은 그 이전 어느 때보다 더 안전하고 쉬워졌다. 영국 영사는 1880년 의회에 보고하면서 CIM 선교사들을 이렇게 인정해 주었다. "…그들은 가는 곳마다 어떻게든 해서 친구를 사귀었고 중국에 기독교를 바르게 전하는 방법을 보여주었습니다."

1881년 11월 선교사 8, 9명이 우창에서 모였는데 모두가 너무도 일군이 필요하다는 사실에 깊이 공감하였다. 그들은 신중하게 조사를 한 끝에 당장 필요한 인원이 남자 42명 여자 28명이라는 결론을 내리고는 CIM에 사역자를 70명을 더 보내 주시도록, 그리고 중국에서 사역하는 단체들마다 크게 확장시켜 주시도록 기도하기로 서로 약속했다. 은행 잔고를 보면 그렇게 대담한 걸음이 정당하다고 말해 줄 수 없었다. 오히려 거리가 먼 이야기였다. 그런데 그들이 모이고 있는 방의 벽에 말씀이 걸려 있었다. "비록 무화과 나뭇잎이 마르고 포도 열매가 없으며~ 외양간에 송아지가 없어도 나는 여호와로 인하여 기뻐하며 내 구원의 하나님을 인하여 즐거워하리로다." 선교회는 역사가 오래 되지 않았고 작았으며 가난했다. 어떻게 그들은 그렇게 많은 사역의 확장을 꿈꾸며 기도할 수 있었을까? 믿음의 관점에서가 아니라면 그것은 터무니없는 일이었다. 그것은 CIM을 하룻밤 사이에 유명하게 만든 사건으로 대단히 중대한 결정이었던 것으로 증명이 되었다.

영국에서 발간하는 CIM의 소식지였던 「차이니스 밀리언즈」 1883년 2월

자에 70명의 일군이 필요하다는 호소가 실렸다. 하나님께서는 즉시로 영국에 있는 어떤 사람의 마음을 움직이셔서 자기 가족 이름으로 3,000파운드를 헌금했고 조금 후에 또 1,000파운드를 추가로 헌금하였다. 1882년 9명이 새로 선교회에 들어왔고 1883년에는 18명, 1884년에는 48명이 더 선교회에 가입했다. 불가능이 실현된 것이었다. 더구나 선교회에 들어오는 헌금도 사역자가 늘어나는 것과 보조를 맞추어 계속해서 늘어났다. 선교회의 열렬한 후원자 중에는 닥터 앤드류 보너와 찰스 스펄전도 있었다.

이 시기에 무디와 생키가 영국에서 집회를 하고 있었다. 대학들까지도 그들의 전도에 영향을 받고 있었다. 1882년 11월 케임브리지에서 잊지 못할 8일 간의 선교 집회가 있었다. 그곳에서 깊이 영향을 받은 사람들을 열거하자면 케임브리지 크리켓 주장이었던 C. T. 스터드, 그는 영국에서 뛰어난 아마추어 투수여서 몇 번이나 호주와 영국이 경기할 때 뽑혔던 사람이었다. 스탠리 스미스는 케임브리지 조정(漕艇) 선수였고 몬태규 보챔프도 준남작의 후계자로 역시 8명의 조정 경기 선수 중 한 명이었다. 70명의 일군을 달라는 CIM의 호소를 듣고 대학의 서클들이 반응을 보이더니 이 스포츠 선수들도 관심을 갖기 시작했다. 윌리엄 카셀과 아서 폴힐 터너는 리들리 홀의 신학생이었는데 그 세 스포츠맨 친구들과 만나 선교적 관심을 서로 이야기하기 시작했다. 아서의 동생 세실은 기병대의 근위사단 장교였는데 황실 포병대에 근무하던 그의 친구 딕슨 호스트와 함께 그 다섯 명과 연결되었다. 그리하여 1884년 10월, 그들은 모두 중국에 선교사로 가겠다고 발표를 하였다. 사람들은 그 의외의 일에 마음이 사로잡혔고 신문은 그 사건을 머리기사로 내보냈다. 온 대학이 술렁였다. 그렇게 하여 그 유명한 '케임브리지의 7인'이 탄생하였다.

옥스퍼드와 케임브리지에서 사람들의 주목을 받으며 작별 집회가 열렸다. 전국적으로 비상한 관심과 공감이 모여진 사건이었다. 에딘버러 대학과 그 대학과 관련이 있던 의과 대학도 깊이 영향을 받아서 열정의 파도가 모든 스코틀랜드 대학에 퍼져나갔다. 교회 선교 협회의 유진 스톡 박사는 이런 글을 남겼다. "그러한 사람들이 중국에 선교사로 간다고 하니 그 영향력을 제어할 수가 없었다. 이전에는 결코 그러한 일이 없었고 금세기에 그렇게 기독교인들의 마음에 선교지에 대한 부담을 주고 선교사의 직무를 그렇게 고귀하게 느끼게 했던 사건은 없었다. 그러한 사람들이 CIM에 지원한 일은 허드슨 테일러와 그의 동료들이 이기적이 아닌 순수한 마음으로 중국과 세계를 위하여 탄원한 일에 대해서 하나님이 보상해 주신 선물이었다. 그들은 자기 단체만을 위해서 구한 것이 아니었다…"

1885년 2월 4일 런던 스트랜드의 엑세터 홀에서 이전에 볼 수 없었던 마지막 파송 예배가 있었다. 비가 쏟아지는 쌀쌀한 밤이었는데 모임이 시작되기 훨씬 전부터 집회 장소가 꽉 차 있었다. 케임브리지 재학생 대표 40명이 플랫폼에 나와 있었다. 그 모임의 보고가 나와 있는 차이나스 밀리언스는 5만 부가 나갔다. 스포츠 세계에서 그렇게 유명하고 사회적으로도 명성이 있던 젊은이 일행이 그렇게 한꺼번에 선교사로 파송된 일이 이전에 없었기 때문이었다. 중국에서도 마찬가지로 대단한 환영이 있었고 상하이와 텐진과 베이징에서 모임이 있었을 때 거의 모든 선교 단체가 모였다. 베이징에는 CIM 선교사가 없었는데 다른 선교 단체의 선교사 25명도 중국을 위해서 기도하겠다는 호소문에 서명을 했다. "우리가 모두 힘을 합한다면 하나님께서 당신의 능력으로 중국을 흔드실 것이라고 믿어지지 않습니까?"

7명 중 4명이 선교 기지가 세 군데 밖에 없는 산시로 파송되었다. 그 성에서는 전부해서 세례 교인이 50명뿐이었다. 시 목사는 이전에 유교 학자로 아편 중독자였는데 회심하여 핑양에서 사도적인 사역을 시작하였다. 그는 다섯 성에 아편 재활원을 45군데 열었고 그 사역의 열매로 많은 교회를 개척했다. 그 네 명은 스코필드 박사가 기도하며 섬기다가 죽었던 바로 그 타이위안으로 왔다. 그가 1883년 5월에 죽으면서 드렸던 기도에 대한 생생한 응답이었다. 케임브리지 일행이 도착하고 8달 이내에 새로운 기지가 네 군데가 더 생겼다. 신속하고 놀라운 전개가 시작되던 시기였다. 타이위안에서 허드슨 테일러와 제임스 스티븐슨, 그리고 그 케임브리지 선교사 네 명이 참여하여 가졌던 일련의 모임이 현저하게 훌륭하여 선교사들은 크게 격려를 받았다.

영국에서는 「선교사 일행, 그 헌신과 호소의 기록(The Missionary Band, A Record of Consecration and an Appeal)」라는 제목의 책을 출간하여 케임브리지의 7인이 선교사로 나간 일을 기념했다. 그 책은 나오자마자 15,000부가 금방 팔렸고 빅토리아 여왕께도 드리는 영광을 얻었다. 증보판이 「세계의 복음화(The Evangelisation of the World)」으로 나왔는데 조지 윌리엄스 경은 그 책을 영국에 있는 전 Y.M.C.A.에 보내어 선교 사역을 크게 촉진하였다. 로버트 스피어 박사는 선교사이자 정치가였는데 그 책이 성경을 제외하고 자기에게 가장 큰 영향을 준 것이었다고 공적

케임브리지 7인

장소에서 언급했다. 허드슨 테일러의 믿음이 값지게 보상받고 있었다.

"하나님께서 선교사님을 그렇게 놀랍게 사용하고 계시니 교만의 유혹도 있으시겠어요. 살아 있는 사람 중에 그런 영광을 받는 사람도 드물 것 같으니 말입니다." 스코틀랜드 교회를 지도하고 있는 분이 테일러에게 이런 말을 한

적이 있었다.

테일러는 다음과 같이 대답했다. "아닙니다. 저는 가끔 생각합니다. '하나님께서는 당신을 위해서 가장 작은 자, 가장 약한 자를 찾고 계셨나보다. 그래서 나를 발견하신 거지.' 라고요."

그 유명했던 일곱 명의 나머지 역사도 출중했다. 카셀은 중국 서부 교구의 첫 주교가 되었다. 호스트는 허드슨 테일러의 뒤를 이어 CIM의 2대 총재가 되었다. 스터드는 중국에서 몇 년 간 개척 사역을 하다가 인도와 아프리카에 선교회를 세웠다. 후에 WEC(World-wide Evangelisation for Christ)으로 알려진 단체이다. 다른 사람들은 중국에서 오래도록 뛰어나게 사역했다. 몬태규 보챔프 경의 아들도 아버지의 뒤를 이어 CIM 병원의 의료 선교사로 1940년까지 사역했다. 스탠리 스미스의 아들도 아프리카에 선교사로 가서 르완다 의료 선교회(C.M.S.)의 공동 설립자가 되었다.

Chapter 5

제한 받지 않는 믿음

CIM의 세 번째 10년 역사는 급히 확장되었던 처음 20년의 사역 후에 터를 견고하게 닦던 시기였다. 선교회의 매력은 언제나 단순성에 있었다. 초창기 선교사들은 커다란 한 가족이어서 관료적인 형식주의 같은 것이 불필요했다. 이제 선교사들이 많아지자 조직이 필요하게 되었다.

A Passion for the Impossible

제한 받지 않는 믿음
. . .

CIM의 세 번째 10년 역사는 급히 확장되었던 처음 20년의 사역 후에 터를 견고하게 닦던 시기였다. 선교회의 매력은 언제나 단순성에 있었다. 초창기 선교사들은 커다란 한 가족이어서 관료적인 형식주의 같은 것이 불필요했다. 이제 선교사들이 많아지자 조직이 필요하게 되었다.

1886년에 선교사들은 교파에 따라 대충 지역을 나누었는데 성공회 교구, 감리교 지역, 장로교와 침례교 지역 등이 필드를 나누어 담당했다. 각 지역의 고참 선교사들로 구성된 중국 이사회 고문들은 안후이의 수도인 옌칭에서 첫 모임을 가졌다. 제임스 스티븐슨이 중국 이사회의 대표자로 지명이 되었다. 새로이 영국의 뉴잉턴 그린에 본부를 두고 훈련원을 세웠는데 그렇게 하니 행정이 훨씬 강화되었다.

이제 중국에서 눈부시게 발전하는 사역에 대한 관심은 영국에만 국한된 것이 아니었다. 허드슨 테일러는 1865년 6월까지는 영국에서도 소수의 무리만 알고 있을 뿐 다른 나라에는 전혀 알려진 인물이 아니었다. 미국은 남북전쟁으로 여념이 없다가 바로 그 해에 전쟁이 끝났고 아브라함 링컨 대통령의 암살로 인한 충격에서 헤어나지 못하고 있었다. 그러나 20여년 후인 1886년에 허드슨 테일러가 하던 중국에서의 개척 사역이 미국에도 알려지게 되었다. 프린스턴 대학의 헨리 W. 프로스트(Henry W. Frost)와 D. L. 무디(D. L. Moody)의 초대를 받고 허드슨 테일러는 1888년 미국을 방문하여 노스필드 집회와 나이아가라에서 하는 성경 공부 컨퍼런스에서 말씀을 전하였다. 테일러는 처음에 도착했을 때 영국 이외의 곳에까지 사역을 확장할 계획이 전혀 없었다. 그러나 12주 후, 14명의 북미 신임 선교사들과 함께 중국으로 가는 배에 타고 있었고 그들은 모두 충분한 후원을 받고 있었다. 그 일은 테일러 자신에게도 놀라운 일이었다. 완전히 기대하지 않았고 예정에도 없던 것이어서 런던으로부터 심한 비판이 있었다. 그러나 런던 이사회도 결국 주님의 손이 이 일에 개입한 것이지 인간이 고안해 낸 것이 아님을 마침내 인정하게 되었다.

그 다음 해에 테일러는 스웨덴과 노르웨이의 초대를 받았다. 스웨덴에서는 소피아 여왕이 영접하여 몇 명이 비공식적인 모임에서 말씀을 나누었다. 독일과 핀란드에서도 관심을 보였는데 이러한 일련의 사건들로 인해서 결국 유럽의 그 나라들과 호주에도 이사회가 설립되었다. 호주도 이제 중국에 선교사를 보내기 시작했다. 헨리 프로스트는 북미주의 첫 본부 이사장이 되었다. CIM은 이미 교파를 초월한 단체였는데 또 이러한 식으로 국경도 초월한 국제단체가 되었다. 이것은 허드슨 테일러의 판단과는 거의 정반대가 되는 방향으로 흘러가 버린 것이었다.

선교회의 정식 멤버와 협력 선교사는 모두 합하여 30나라를 대표하고 있었다. 그 이후 국제적인 면모의 협력이 광범위하게 이루어지게 되었다. 서로 다른 나라의 사역자들이 한 기지에서 일했다 서로 다른 기술을 가진 의사들이 같은 병원에서 일하면서 각 나라에서 들어온 기금을 모든 멤버가 똑 같은 비율로 나누어 썼다. 선교회가 여러 나라의 선교사들로 구성되어 있었기 때문에 1,2차 세계대전 때에는 극도의 긴장을 극복해내기도 했고 서로 교파가 다른 멤버 사이에도 완전히 서로 믿고 존중하는 분위기가 있었다. 겉으로 다른 점이 많았음에도 불구하고 선교회 내에는 깊은 영적 일체감이 있었다.

최근 선교회는 케임브리지의 7인으로 인해 유명해졌지만 허드슨 테일러에게는 달라질 것이 없었다. 잠시 하고 있는 일을 쉬려고 하지도 않았다. 당시 60세였지만 아직도 믿음과 모험심으로 충만했다. 1886년에 첫 중국 이 사회에서 본국에 이러한 전문을 보냈다. "내년에 가능한 한 빨리 선교사 100명을 새로 보내 주시도록 합심 기도 요청" 이것은 이전의 호소들과 마찬가지로 재정이 늘어서도 아니었고 지나친 믿음으로 열광해서도 아니었다. 이미 전진하여 앞으로 나가고 있는 사역을 확고히 하고 교회들을 강하게 세우기 위해서는 그 숫자가 최소한으로 꼭 필요하였기 때문이었다. 불가능한 일이 이루어졌다. 100명을 위한 기도는 1887년 완전히 응답되었다. 그들은 이미 중국에 도착했거나 오고 있었다. 모두 6천 명이 지원했는데 그 중에서 102명을 뽑았다. 인원이 늘자 그에 따라서 수입도 그 해에 22,000파운드에서 33,700파운드로 늘었다. 총 금액에서 10,000파운드는 11명이 보낸 것이었는데 약간 초과된 사무실 비용도 그것에서 감당할 수 있었다. 그래도 가난한 사람들의 작은 선물들도 그에 못지않게 소중했다. 한 부인은 '저는 고기를 먹지 않고도 살 수 있지만 믿지 않는 사람에게는 복음이 없으면 안 됩니다.' 이 편지 내용을 읽게 된 사람 중 5명이 500파운드를 보내왔다. 처음 보냈던 사람은 이런 글을 함께 보냈다. '제가 이제껏 하나님의 사역을 위해서 드렸던 것은 양고기 한 조각의 가치도 안 되는 것이었습니다!' 1880년부터 6년 간 선교회의 멤버는 두 배가 되었다. 이제 아무런 수입의 보장이나 영향력 있는 기관의 보증도 없는데 100명이 더 들어온 것이었다.

1887년 빅토리아 여왕의 즉위 50년을 축하하던 해 선교회는 성년의 나이에 이르렀다. 여왕이 1837년 왕위에 올랐을 때 중국은 은둔의 나라였다. 개신교 선교사들이 갈 수 있었던 지역은 광저우에 제한되어 있었고 동인도 회사의 보호 아래에서 근근이 참으며 살고 있었다. 50년이 지났을 때는 중국 전체에서 복음을 전할 수 있게 되었다.

그 100명은 신속히 전역으로 흩어져서 사역에 대단한 추진력을 제공하였다. 홍수와 가뭄이 반복되어 백성들에게 재앙이 되었다. 선교회의 핵심 인물이 죽었고 그의 일을 충분히 이어서 할 만한 사람을 대체할 수가 없었다. 그러나 아무 것도 허드슨 테일러를 지체하게 할 수 없었다. 1889년 그는 다시 영국에 갔다. 헤이스팅스에 머무는 동안 '모든 피조물에게'라는 제목의 훌륭한 글을 썼다. 허드슨 테일러는 중국 전역의 복음화를 일생의 열정으로 지니고 있었는데 이것은 그것을 실현시키려는 계획의 윤곽을 그린 내용이었다. 그 글은 1890년 상하이에서 중국의 각 성을 대표하는 40기관에서 파견한 선교사 400명이 모여서 집회를 했는데 그때 전할 말씀으로 준비한 것이었다. 허드슨 테일러는 개회 예배 설교를 하면서 중국의 모든 지역과 시골의 작은 마을 구석구석까지 복음을 전해야 하는데 그것도 신속하게 해야 한다고 회중에게 도전했다. 현재 중국을 통틀어 개신교 개종자가 4만 명밖에 되지 않으니 그 숫자는 너무도 적은 것이라고 주장했다.(천주교인은 50만 명이었다.) 그러니 모두 본국에 호소해서 1,000명의 전도자를 모두 남자로 더 보내달라고 하자고 제안했다. 그 집회에서는 그 제안을 받아들여 모두 마음을 합하여 기독교 지역에 있는 모든 교회에 1,000명의 남자 전도자가 필요하다는 말을 전했다. 또한 이전 번역보다 훨씬 나은 새번역 성경을 내자는데 의견을 같이 했다. CIM의 프레드 볼러는 이전에 영사관이나 세관, 그리고 다른 학문분야에서 널리 쓰던 입문서를 발간한 적이 있었기 때문에 연합 성경 번역 위원회의 탁월한 멤버가 되었다. 1900년 그는 분석적인 화영(華英)사전을 편찬해 냈다. CIM의 R. A. 매튜스(R. A. Matthews)가 낸 표준 사전은 이 사전을 토대로 하여 쓴 것이었다. 후에 매튜스는 그의 학문적인 업적을 인정받아 멜번 대학에서 문학박사 학위를 수여받았다.

1,000명의 사역자를 보내달라는 호소는 영적으로 한창 부흥하고 있던 유럽 나라들로부터 열정적인 반응을 이끌어냈다. 중국에 있는 선교회마다

새로운 선교사들을 맞았는데 그 중에서도 CIM에는 가장 들어오는 사람이 많았다. 1891년 2월 17일, 스칸디나비아 이민자의 후손 남녀 35명이 한꺼번에 상하이 항구에 내렸는데 북미에서 온 일행 중 제일 그 규모가 컸다. 후에 15명이 더 왔다. 마침 하나님의 섭리로 본부를 이전에 빌려 쓰던 낡은 부지에서 새로 크게 확장 공사를 끝낸 새 건물로 막 옮긴 참이었다. 그래서 보강된 이 대부대를 맞이할 수가 있었다. 홍커우의 이 부지는 영국 사업가였던 아키볼트 오어 어윙이 자기가 하던 사업을 그만두고 중국에 선교사로 오면서 기증한 것이었다. 이 막대한 헌물은 그리스도의 손에 들렸던 오병이어처럼 세월이 지나면서 그 가치가 몇 배로 늘어났다.

허드슨 테일러의 소책자에 전 기독교 세계가 동요했다. 1892년 이제는 세계적으로 유명해진 이 개척 선교사는 영국의 케직 사경회에 강사로 초대받았다. 북미주뿐 아니라 호주와 유럽 대륙에서도 선교사들을 보내기 시작했다. 1890년 10월에서 1891년 3월의 그 다섯 달 동안에 상하이는 126명 이상 되는 신임 사역자를 맞이했다. 1,000명을 위한 호소가 있은 지 5년 뒤 추정해 보니, 모든 선교회를 통틀어 중국에 도착한 선교사는 약 1,153명이었다. 그러나 모두가 남자는 아니었고 그 중에서 672명이 여자였다.

CIM이 중국에서 사역을 시작한 지 30년이 지났을 때, 14성에 110군데의 선교 기지와 550명의 선교사, 그리고 4,000여명의 개종자가 있었다. 병원이 7, 약국이 16, 아편 중독자 재활소가 128군데 운영되고 있었다. 선교회 내에서는 90년대 초 질병에 걸린 사람들이 많았고 처음 개척자 중 몇 명이 죽었다. 래머뮤어 이전에 왔던 원저우의 조지 스토트, 래머뮤어 일행이었던 메도우 부인, 위대한 여행가 닥터 제임스 캐머런, 아담 도워드가 죽었다. 도워드는 8년 동안 내내 후난을 여행했는데 그곳에는 선교 기지가 한 군데도 없었어도 거의 모든 도시를 방문했다. 그는 죽었는데 후난을 위해서 기도했던 그의 기도는 아직 응답되지 않고 있었다. 마침내 후난의 문을 열었던 사람은 용감한 노르웨이 아가씨 제이콥슨 선교사였다.

1895년은 CIM 사역에서 전환점이었다. 1,000명의 호소가 있었던 상하이 컨퍼런스가 열렸던 때로부터 5년이 지난 해였다. 당시 선교회에는 매년 평균 70명의 사역자가 새로 들어오고 있었다. 1895년의 세례자 수는 신기록이었고 그 다음해에는 처음으로 네 자리 수가 되었다. 성경책의 판매 부수도 마찬가지로 증가했다. 윌리엄 카셀스는 중국 서부 교구에서 처음으로 주교로 임명을 받았다. 심지어는 황제까지 개신교의 선교 사역을 처음으로 인정하면서 11명의 의사 선교사들에게 쌍용 훈장(The Order of the Double Dragon)을 수여해주었는데 그 중에 CIM의 더스웨이트 의사도 있었다. 한 해 전에 서태후의 60세 생일에는 기독교를 믿는 중국 여인들이 그 일을 기념하기 위해서 우아하게 묶은 신약성경을 은(銀)상자에 넣어서 선물했다. 그 뒤 얼마 지나지 않아서 태후는 친히 성경전서를 주문했다.

이렇게 놀라운 진전에 만족하기는 일렀다. 전국적으로 외국인을 배척하는 운동이 일어났다. 1891년과 1893년 양쯔강 계곡에서 심각한 폭동이 일어났는데 정면으로 이 공격을 받았던 대상은 선교사들이었다. 1894년 중국과 일본 사이에 한반도의 종주권을 놓고 전쟁이 있었다. 그것이 1895년 4월 중국의 패배로 끝났다. 그러자 이 국가적인 수치로 인해서 도처에서 맹렬한 반발이 뒤따랐다. 북서부에서는 무슬림의 반란이 있었고, 리들레이 일행은 시닝에서 7달간이나 포위 공격을 당했다. 푸젠에서 성공회 선교사 9명이 살해당했다. 쓰촨에 폭동이 일어나서 어쩔 수 없이 선교사 65명이 그 성을 떠나야 했다. 폭동은 외국 세력의 공격적인 행동에 대항하여 일반 민중이 느끼는 감정을 표현한 것이었다. 중국인 성도들에게도 박해가 심해가기 시작했다. 더 좋지 않은 일이 일어났다. 1897년 독일 선교사 두 명이 산둥에서 살해당하자 독일은 그 보복으로 같은 성에 있는 쟈오저우(현 칭다오) 항구를 점령하였다. 독일의 행동은 다른 열강들에게도 실마리를 주어 1898년에 러시아, 프랑스, 영국은 모두 중국의 전략적인 항구를 점령하였다. 오직 미국만이 중국을 분배하여 나누어 먹던 그 일에 참여하지 않았다. 그러한 상황 때문에 중국이 기독교를 국제적인 강도떼와 동일시하게 되었던 것도 의아한 일이 아니었을 것이다. 뛰어난 정치가였던 리홍장은 태후에게 이 행위에 대해서 말할 수 없는 분노가 치밀어 오르는 일이라고 묘사했다. 더구나 아편 무역에서 나오는 이익은 당시에 4백만 파운드에 달했다. 영국은 비속하게도 중국이 고통을 대가로 치르고 있는 것에서 막대한 부를 취하고 있었다. 선교 사역은 어쩔 수 없이 선교사를 보낸 나라의 악랄하고 파렴치한 행동과 연관해서 받아들여질 수밖에 없었고, 선교사들도 그 비난에서 자유로울 수가 없었다. 천주교인들은 가끔씩 이해충돌로 인해 소송을 걸었다. 주변의 야비함 속에서도 개신교인들이나 천주교인들이나 똑같이 편안히 살았다. 선교사 중에는 복음을 맡은 자로서 지녀야 하는 성품이 결여되어 있어서 사려 깊거나 민감하지 못한 사람도 있었다. 사회적으로 변칙적인 사람들이 있었고 소소하게 불의한 사건들이 지속되어 사람들을 분개하게 했다. 그리고 개신교인과 천주교인이 늘 다투고 있던 것도 의심할 바 없이 거치는 돌이 되었다. 사람들이 그 둘 사이의 차이를 구별하기는 어려운 일이었기 때문이었다.

이러한 요인들 이외에도 일본이나 미국, 그리고 유럽의 위대한 과학 기술에 대해서 시기심을 가지고 있었기 때문에 그것이 미움과 악의를 조장하고 있었다. 황제와 그의 친구들은 오직 개혁만이 중국의 희망이라고 보았기 때문에 1898년에 개혁을 위한 칙령을 발표했다. 그 칙령에는 여러 가지 혁명적인 제안이 있었는데 그 중 하나는 모든 우상의 사당 문을 닫고 학교와 대학을 다시 열어야 한다는 것이었다. 이 칙령이 시행만 되었다면 느부갓네살 이래로 황제가 선언한 것들 중에서 가장 훌륭한 것이 되었을 것이다. 그 칙령을 전보로 전국에 내보냈을 때 그것은 모두의 화제가 되었다. 그러나 이것은 '살아 있는 노(老)부처'로 불리던 보수적인 서태후가 보기에 너무 지나친 것이었다. 태후는 쿠데타를 일으켜 황제를 체포하라고 명령했고 그는 잔여 재임 기간 동안 왕위를 지키기는 했지만 왕궁에 수감되어 살았다. 그 진보적이었던 칙령은 취소되고 그 다음해 태후는 신랄함과 증오가 가득 뒤섞인 일련의 포고문들을 발포하여 모든 대도시에 벽보로 붙여 놓았다. 반외국인 정서가 삽시간에 퍼졌다. 중국의 근대화를 원했던 개혁자들의 요구는 묵살되었다. 그러므로 그 후에 일어났던 폭발은 갑작스러운 것도 아니었고 예견하지 못한 것도 아니었다. 외국 세력이 부가했던 그 압박의 운명적이고 필연적인 결과가 중국에 영향을 미쳤다. 그것은 반 기독교적이기 보다는 반(反)외국인의 정서였다.

중국의 하늘을 어둡게 하고 있는 무거운 구름에도 불구하고 선교 사역은 계속되고 있었다. 1898년 테일러는 시골 지역으로 전진해 가자는 운동을 제안하며 5년 동안 결혼하지 않을 청년 20명을 보내달라고 했다. 첫 진출은 장시에서 이루어졌다. 후난에서 새로이 세 곳에 선교 기지를 열었다. 케직 사경회의 파송자인 닥터 찰스 인우드와 헨리에타 솔타우 양이 전진 운동에 종사하고 있는 사람들을 격려하고 힘을 불어넣기 위하여 중국을 방문했다. 같은 해 CIM에서 처음으로 순교가 있었는데 흑(黑)먀오족을 전도하던 플레밍이 구이저우의 팡하이에서 살해당했다. 1800년대가 다할 무렵 중국에서 일하던 CIM 사역자는 700명이었다. 지난 35년 간 13,000명이 믿음을 고백하고 세례를 받았다. 그런데 이제 사건은 비극적인 정점을 향하여 가고 있었다. 황궁의 칙령으로 민중의 감정이 들끓고 있었다. 1900년 1월 열강은 베이징에 단호한 전언을 보냈는데 자신들을 의화단이라고 부르고 있는 비밀 단체를 진압

해 달라고 했다. 그런데 그 의화단들은 이미 서태후의 호의를 받고 있는 상태였다. 2월, 8,000명의 군대가 그들과 힘을 합치게 되자 상황은 신속하게 악화되었다. 사건이 곧 터지려는 시점에 있었다. 선교사들과 중국인 개종자들은 이제 곧, 전에 없었던 고통의 세례를 받으려는 찰나에 있었다.

Chapter 6

새 세대의 비극

영국은 전쟁에 사로잡힌 가운데 20세기를 맞았다. 보어 전쟁이었다. 50만 가까운 남자들이 전쟁터에 있었다. 빅토리아 시대 사람들은 아침 식사 시간에 날마다 남아프리카에서 일어나는 사건을 걱정하며 신문을 들여다보고 있었다. 2월에는 마페킹과 킴벌리, 5월에는 블렘폰테인, 그리고 6월에는 프레토리아를 구해낸 사건들이 있었다. 패배한 보어인들은 그러한 지역에서 게릴라 전쟁을 하고 있었다.

A Passion for the Impossible

새 세대의 비극

• • •

영국은 전쟁에 사로잡힌 가운데 20세기를 맞았다. 보어 전쟁이었다. 50만 가까운 남자들이 전쟁터에 있었다. 빅토리아 시대 사람들은 아침 식사 시간에 날마다 남아프리카에서 일어나는 사건을 걱정하며 신문을 들여다보고 있었다. 2월에는 마페킹과 킴벌리, 5월에는 블렘폰테인, 그리고 6월에는 프레토리아를 구해낸 사건들이 있었다. 패배한 보어인들은 그러한 지역에서 게릴라 전쟁을 하고 있었다.

그러나 중국의 교회는 더욱 어둡고 우울한 옷을 입고 20세기에 들어서고 있었다. 3년 동안 가뭄과 흉작이 이어지자 도교 승려들은 그것을 외국인 때문이라고 비난했다. 이미 서양 국가들과 일본의 공격으로 절망 속에 있던 중국에 잇달아 오던 마지막 불행으로 기근이 든 것이었다. 중국 대중들의 울적한 분노는 더 이상 가두어 둘 수가 없었다. 의화단은 '노(老) 부처'의 지지를 받아 대부대(大部隊)를 모집하였고 증오스러운 야만인들을 중국에서 내쫓겠다고 약속했다. 리훙장의 중재 노력은 수포로 돌아갔다. 리훙장이 태후에게 의화단을 제지해야한다고 촉구하자 태후는 불같이 화를 내며 수석 참모에게 욕을 퍼부었다. 6월 24일 서태후는 중국에 있는 모든 외국인을 죽이라는 칙령을 발포했다. 그러자 즉시로 살해가 시작되었다. 베이징에 있던 외국인들은 모두 스스로를 방어하기 위해서 공사관에 집결했다.

7월이 되자 신문의 머리기사가 갑자기 바뀌었다. 남아프리카에서 오던 좋은 소식 대신에 '중국의 모든 외국인에게 닥친 죽음의 위협', '중국에서 대량 학살된 선교사들', '수백 명이 두려움 속에 죽어감' 등으로 장식되었다. 빅토리아 여왕이 다스리던 영국은 공포에 떨었다. 베이징은 바깥세상에서 고립되어 있었다. 그러한 폭풍이 몰아닥쳤을 때 CIM 선교사 700명은 대다수가 중국 내지에서 살고 있었다. 산시(山西)에서 가장 많이 죽었고 북으로는 즈리(直隸, 현 허베이성)와 산둥, 남으로는 저장에서 선교사들이 살해당했다. 살해당한 외국인 중에서 선교사 113명과 그들의 자녀 46명이 산시에 그 근거지를 두고 있었다. 산시의 성도인 타이위안에서는 7월 9일 많은 사람들이 무리지어 죽었는데, 악명 높던 성장 위시엔이 직접 내린 명령 때문이었다. 다른 사람들은 외진 곳에 떨어져있던 기지에서 죽거나 피난해 가다가 헐벗고 굶주리는 등 말할 수 없는 고통 가운데 죽었다. 산시에서 죽은 사람 중 어른과 아이를 합하여 64명이 CIM과 관련되어 있었다. 그 무시무시했던 해에 모두해서 58명의 CIM 선교사와 21명의 어린이가 죽었다. 살해당한 외국인의 총수는 천주교인 34명을 포함하여 188명이었다. 대학살이 더 퍼져나가지 않은 것은 리훙장과 다른 성장들 덕분이었다.

　나라 안의 통신이 완전히 두절되었다. 우체국이 전보를 보낼 수 없었기 때문에 그 무서운 비극의 소식은 매우 느리게 새어나갔다. 7, 8월 많은 선교사들이 안전한 곳을 찾아 고통스럽게 피난하여 가면서 그 위기는 최고조에 달했다. 어떤 여정은 기적의 연속이기도 했다.(일천 마일의 기적-A Thousand Miles of Miracle, 로뎀북스 간, 글로버 저) 6월에는 독일 대사와 일본 일등 서기관이 살해당했고 6월 21일에는 공사관을 파괴하라는 명령이 떨어졌다. 그들은 55일 동안이나 잡혀 있었는데 8월 14일 텐진에서부터 진격해 들어온 국제 연합군에 의해서 해방이 되었다. 연합군이 황궁에 도착하자 서태후는 궁정을 베이징에서 시안으로 옮겼다. 무서운 보복이 뒤따랐다. 외국 군인들은 옛 도시의 아름다운 왕궁과 사찰들을 불태우고 약탈했다. 한림원은 완전히 불타 없어졌고 그 안에 있던 소중한 보물들도 전부 파괴되었다. 결국은 리훙장이 다시 불러 협상이 이루어졌다. 그리하여 외국 열강들의 정착 이라는 어려운 문제를 성공적으로 협상할 수 있었다. 의화단의 난은 10월에 끝이 났다.

그 타격은 개신교 역사 상 세계 어느 곳에서 겪었던 것보다도 심한 것이었다. 많은 서양 사람들은 중국에서의 개신교 사역은 끝이 났다고 생각했다. 선교 단체 중에서 생명과 재산의 손실이 가장 많았던 곳은 CIM이었다. 그래서 당연히 연루되었던 영국과 다른 정부들은 피해 입은 사람들에게 충분히 보상해야 한다고 요구했다. 그리하여 무거운 배상금과 다른 벌금들이 중국 정부에 부과되었다. 그러나 허드슨 테일러는 그리스도께서 지녔던 것과 같은 정신으로 CIM이 잃었던 모든 것에 대하여 중국 정부에 아무런 보상을 요구하지 않겠다고 공표했고 그것은 CIM 이사회가 만장일치로 동의한 것이었다. 중국 정부에서 보상을 해주어도 받지 않겠다고 했다. 이런 결정을 하게 된 것은 중국 교회를 염두에 두었기 때문이었다. 개신교와 천주교를 통틀어서 3만 여명의 중국 성도가 대학살을 당했고 살아남은 자도 선교사들만큼이나 고통을 당했다. 그들에게는 정부가 외국인과 그 협력자들에게 준비한 보상을 받아내려는 유혹이 있을 수 있었다. 그러면 교회에 크게 해가 되는 결과가 될 가능성이 다분히 있었다. 어떤 진영에서는 이러한 CIM의 행동을 비판하기도 했지만 베이징의 영국 대사는 이를 호의적으로 인정하면서 존경과 위문의 뜻을 담아 CIM에 개인적으로 기부금을 주었다. 사람들이 가장 많이 살해당한 곳은 산시의 성도(省都)인 타이위안이었다. 그곳의 중국 외무성 대표는 선교회가 피해를 입은 기지마다 대단히 훌륭한 내용의 벽보를 붙여 놓았다. 선교회가 보상을 받지 않았던 이유는 인내와 용서라는 기독교인의 원칙 때문이었다는 내용이었다.(참고; 「순교한 선교사들의 마지막 편지」 – 로뎀북스 간, 2014년) 이 발표문은 그 성의 복음 전도에 큰 도움이 되었는데 그것은 아무리 많은 보상을 받았더라도 결코 이루어내지 못했을 유익이었다.

의화단의 난 때
순교한 CIM 선교사 58명과 21명의
어린이들을 추모하여 걸어 놓은 기념패

아울러 1898년 구이저우에서
순교한 윌리암 플레밍을 기념함.
"주께서 사망을 영원히 멸하시며,
모든 얼굴에서 눈물을 씻기시리라."
(사25:8)
중국 내지 선교회 동료들 바침 1901년
이라고 쓰여 있다.

1902년 황실은 마땅히 받아야 하는 징벌을 받고 베이징에 돌아왔다. 그 후 얼마 지나지 않아 서태후는 궁정에서 자주 티파티를 열었는데 서양인들이 그의 초대 손님일 때가 많았다. 이제 서태후는 외국인에게 잘 알려진 인물이 되었다. 같은 해 여성들이 산시로 돌아올 수 있게 되었고 선교회의 사역은 다시 평상시로 돌아오기 시작했다. 선교회의 창립 이래로 가장 혹독했던 시련을 그렇게 겪었고 극복했다.

그러나 의화단의 난이라는 위기는 68세였던 선교회의 창립자요 지도자에게 무서운 대가를 치르게 했다. 1899년 1월 테일러 부부는 충칭에서 열리는 서부 중국 선교사들의 집회에 찰스 인우드 부부를 안내하여 데리고 갔다. 테일러의 건강이 악화되어 여름을 치푸에서 보낼 수밖에 없었다. 그리고 9월에 테일러 부부는 호주와 뉴질랜드의 선교 본부를 방문했다. 1900년 뉴욕에서 4월에 열리는 초교파 선교사 대회에 참석했다.(허드슨 테일러가 갔던 1878년 밀드메이 집회에는 영국과 미국에서 37개의 선교 단체 대표가 참석했었다. 1888년에 런던 엑세터 홀에서 140단체의 1500명 대표가 모였을 때 사람들은 그 집회를 대단히 중요하게 생각했으며 유례없는 흥미를 보였다. 허드슨 테일러는 다시 한 번 교회의 저명한 강사들과 지도자들이 섰던 강단에 함께 선 것이었다.) 이 컨퍼런스는 카네기 홀에서 열렸는데 역사적으로 매우 대단한 집회였다. 미국 대통령이 개회식에 참석해서 대표자들을 환영했다. 집계에 의하면 50개 나라를 대표하는 100여개 선교 단체에서 1500명의 대표와 800명의 선교사들이 참석하여 청중이 총 18,000여명 이상이었다. 당시에 뛰어난 선교사들과 선교계를 대변할만한 인물들이 많이 참석하여 친밀한 우정을 나눈 자리였다. CIM에서는 10명이 대표로 참석했다. 허드슨 테일러도 그 중에 존경받는 인물로 있었는데 건강이 약화되어 쓰러지기 직전까지 쇠약해진 상태였다. 중국에서 오는 소식은 불길했고 아직도 폭풍이 몰아치고 있었다. 그래도 허드슨 테일러가 그 나라를 위해서 기도하자며 호소하던 강연은 청중에게 깊은 감동을 주었다. "하나님을 믿고 기다리는 일은 결코 시간을 낭비하는 일이 아니다."고 했던 그의 연설은 청중들이 결코 잊을 수 없는 것이었다. 세계를 복음화하기 위하여 "조화 있는 행동 계획"을 세우기를 희망하면서 그 집회는 막을 내렸다.

1901년 허드슨 테일러는 은퇴를 결정했다. 다음 해 그는 유명한 케임브리지 세븐 중 한 사람이자 산시와 허난의 책임자로 사역하고 있었던 D. E. 호스트를 후계자로 지명했다. 그 후 부인과 스위스에서 1,2년 행복한 은퇴 생활을 하던 중에 테일러 부인은 1904년에 죽었다. 이제 노병(老兵)은 중국으로 돌아가기를 사모했다. 그리하여 1905년 2월 허드슨 테일러는 마지막으로 극동을 향하여 떠났다. 그의 방문은 개선 여행과도 같았다. 6월 1일, 후난의 성도 창사에 도착했다. 이틀 후 조촐한 환영 파티가 있었다. 그 날밤, 허드슨 테일러는 갑자기 숨을 거두었다. 매우 고요한 죽음이었다. 그의 죽음의 장소가 후난이었던 것은 매우 인상적인 중요성을 가지는데 왜냐하면 후난이 내지에 있는 성으로서 마지막으로 복음에 문을 열었던 곳이었기 때문이다. 그 성은 아담 도워드가 아무런 보이는 열매가 없는 상태에서 8년간이나 성실하게 복음을 전하던 곳이었다. 1902년에는 선교사 2명이 그곳에서 살해를 당했다. 그런데 이제는 대여섯 개의 선교 단체가 사역하고 있고 부흥하는 교회가 일어나고 있었다. 그 마지막 날에 있었던 파티에는 각 단체의 대표들이 위대한 개척자에게 사랑과 존경을 표하기 위해서 참석해 있었다.

허드슨 테일러는 73세에 죽었는데 중국을 위해서 51년 동안 아낌없이 훌륭하게 사역하여 열매를 거두었다. 그를 '그 누구보다도 심했던 제국주의자'라고 비방하는 공산주의자가 있을지도 모르겠지만 허드슨 테일러가 중국의 일반 대중들을 위해서 사심 없이 드렸던 수고와 물질과 영적인 공헌은 그 기록이 스스로 증명해주고 있다.

1905년 6월 3일,
허드슨 테일러는 창사 선교사들을 만나고
그 날 주의 품으로 돌아갔다.

그의 장례 모습들

Chapter 7

그 후

일단 1900년 사건을 통하여 보수적으로 복고하려는 움직임이 세력을 잃자 중국에는 눈부신 진보가 있게 되었다. 자기 나라를 정복한 서양의 우수한 과학 기술을 무시할 수 없음을 깨달았던 것이다. 옛 중국은 기독교 국가로부터 오는 위협에 대항할 수 있는 힘이 없음이 증명되었다. 이것이 전환점이 되었다. 중세의 끝이었고 3천년의 역사가 끝나는 시점이었다. 교육계의 진보는 가히 혁명적이었다.

A Passion for the Impossible

그 후
· · ·

　일단 1900년 사건을 통하여 보수적으로 복고하려는 움직임이 세력을 잃자 중국에는 눈부신 진보가 있게 되었다. 자기 나라를 정복한 서양의 우수한 과학 기술을 무시할 수 없음을 깨달았던 것이다. 옛 중국은 기독교 국가로부터 오는 위협에 대항할 수 있는 힘이 없음이 증명되었다. 이것이 전환점이 되었다. 중세의 끝이었고 3천년의 역사가 끝나는 시점이었다. 교육계의 진보는 가히 혁명적이었다. 1905년 교육부가 신설되었다. 신문과 정기 간행물이 쏟아져 나왔다. 1904, 5년에 있던 러일 전쟁에서 러시아가 패배하자 유럽과 아시아의 새역사가 밀려 들어왔다. 우연히 이 전쟁이 주로 중국 땅에서 벌어진 것은 중국인에게 매우 유감스러운 일이었다.

　열강은 다시 중국에 진출하여 무역을 시작했다. 영국 하원은 원래 영국 동인도 회사가 시작했던 아편 무역을 중지해야 한다는 캠페인을 벌이기 시작했다. 아편이 중국에 들어와서 중국의 경제나 중국인의 도덕적 신체적 삶에 끼쳤던 악영향은 그 폐해를 잴 수 없을 정도로 파괴적이었다. 영국이 이 보다 더 악한 영향을 끼친 경우는 없었을 것이다. 매우 서서히 영국의 양심이 깨어나기 시작했다. 오랜 투쟁의 결과로 마침내 정부는 1913년 5월 7일 아편 무역을 중단하기로 결정했다. 중국을 위한 기도회가 1906년 한 주 동안 있었고 정부의 결정 바로 전인 1913년 4월 27일에도 기도의 날로 정하여 기억에 남는 기도를 했다. 그러한 기도들은 매우 의미심장한 것이었지만, 결코 너무 일찍 드린 기도라고 말할 수 없는 것들이었다.

　1900년 사건을 겪은 뒤의 분위기는 복음을 전파하기에 호의적이라고는 말할 수 없었다. 특히 중국을 완전히 종속시킴으로 격하시켰던 나라에서 온 사람들은 더욱 어려움을 느꼈다. 그런데 이상하게도 기독교에 대해서는 사람들의 태도가 바뀌었다. 갑자기 기독교인이 되는 것이 조심스러운 가운데서도 유행과 같이 되었다. 교육열이 높아져서 어린 사람들이 기독교 학교에 몰려들었다. 닥터 티모시 리차드는 이 교육적 진보와 중국에 제공한 새로운 삶의 교차로에 저명하게 연계되어 있던 이름이었다. 중국의 기독교인 비율은 매우 저조했는데 새 세기에 들어서서는 개종자의 수가 현저하게 증가했다. 기독교에 호의를 가지게 된 새로운 움직임은 쓰촨 성 서부에서부터 시작되었다. 부유한 중국인들이 교회 건물을 짓는 일에 기부를 하였고, 사람들은 당황해 하는 선교사들에게 무상으로 건물들을 제공하였다. CIM은 쓰촨과 다른 곳에서 괄목할만한 성장을 경험했다. 1885년 한 해에 세례자 수는 400명에 지나지 않았다. 1895년에는 700명이었는데 1905년에는 세례자 수가 2,500명에 달했고 계속해서 매년 그러한 수준을 유지했다. 그런데 개종자 중에는 다른 숨은 동기를 가지고 교회에 들어온 사람도 적지 않았다. 20년 후 이 '쌀 기독교인(rice Christian)'들은 교회가 더 성장할 수 없도록 하는 커다란 장애가 되었다. 또 하나는 새롭게 교육을 강조하다보니 교회 사역이 소홀해진 면이 있었다. 1900년 이전에도 상하이의 성 요한 대학을 비롯하여 기독교 대학이 몇 군데 있었다. 1900년 이후 서양 교육의 수요가 폭발적으로 늘어나자 수많은 기독교 학교가 생겼다. 선교사들 중 교육에 종사하는 비율이 높아졌다. 원래 강조되었던 기독교 선교는 이제 그만큼 강조하지 않게 되었다. 개종보다는 교육이 목표가 된 것처럼 보였다.

그러나 영적 부흥의 움직임도 중국 여러 곳에서 시작되었다. 조나단 고포스 목사는 대부흥을 겪던 한국에서 사역하고 나서 1908년과 1909년 그 메시지를 만주와 중국의 여러 곳에서 전하는 중에 큰 고통을 겪었던 산시를 방문했다. 그때 자기 삶의 혁명을 경험했던 중국인 가운데 왕치타이라는 젊은 전도자가 있었다. 그는 CIM의 알버트 러틀리와 동역하여 산시와 중국의 서북부 지역에서 하나님의 능력을 나타냈다. 그의 전도로 교회들이 새롭게 생명과 능력을 회복하는 대단한 결과가 있었다. 캐슬스 감독은 중국 서부 사역을 보고하면서 이 부흥 운동이 그 지역 교회에 끼친 심오한 영향에 대해서 따뜻한 감사의 말로 기록을 하였다. 그렇게 강력한 사역을 한 사람 중에는 또 안후이의 시밍즈와 장시의 야오 의사가 있었다.

· · ·

산을 타는 사람들처럼 선교사의 피 속에는 정복되지 않은 땅에 대한 열정이 있다. 바울은 그리스도의 이름을 부르지 않는 곳에서 그리스도를 전파하고 싶어 했다. CIM에게는 티벳이 그러한 땅이었다. 캐머런은 1877년에 처음으로 그곳을 방문하여 사람들을 놀라게 한 적이 있었다. 1888년에는 케임브리지 7인의 세실 폴힐 터너 부부가 시닝에 근거지를 두고 북서쪽에서 티벳 유목민에게 다가가려고 시도하였다. 그곳에서 한 몽골인에게 티벳말을 배웠는데 그는 헉과 가벳과 동행하여 라싸까지 갔던 사람이었다. 1892년 용감한 여인 애니 테일러는 시킴에서 티벳어를 일 년 배우고 나서 처음으로 동쪽에서부터 라싸를 목적지로 하여 티벳으로 들어갔다. 그 일행은 몇 번 씩이나 강도에게 습격을 당해서 지니고 있던 소유물과 가축 떼를 거의 다 잃었지만 용기 있게 모험을 계속하여 목적지 거의 가까이까지 갈 수 있었다. 1897년 폴힐 터너는 남쪽으로 이동하여 다젠루(현 쓰촨의 캉딩)의 경계 마을에 정착하였다. 그곳 인구는 티벳의 반 정도 되었다. 새로운 선교사들이 여러 번 그들에게 와서 그리스도를 전하겠다는 한 가지 목적을 가지고 길고 험난한 여행을 사방으로 다녔다. 도중 의화단의 난 동안에 잠시 활동이 중단되었던 적이 있었지만 곧 휴스턴 에드가가 그 일을 맡았다. 1904년에 처음으로 세례 받은 개종자가 4명 있었고 그 다음 해에는 8명이 세례를 받았다. 커닝햄이 에드가와 합세하자 바탕(巴塘)도 점령할 수 있었다. 1911년 혁명이 일어나서 다시 그만 둘 수밖에 없었지만 그 동안에 그들은 끊임없이 원근 거리에 있는 커다란 티벳 마을을 몇 군데나 다니며 훌륭하게 복음을 전할 수 있었다. 그 마을 가운데는 리탕도 있었다.

· · ·

중국 신장도 여행자나 개척 선교사에게 저항할 수 없는 유혹이 되는 지역이었다. 현재 신장으로 불리는 이 지역은 동서의 길이가 1,700km 정도이고 북으로는 러시아 남으로는 인도와 티벳을 경계로 하고 있었다. 1905년 이전에 야르칸트(중국식 명 사처莎车)와 카슈가르(중국식 명 카스喀什) 서쪽 끝에서 그 전체 지역에서는 개신교도로서 유일하게 스웨덴 선교사가 사역하고 있었다. 그 성은 대부분 황량한 사막이었고 주변은 매우 높은 산으로 둘러싸여 있었다. 오래 전 한 때 번성했던 도시는 지금 고비 사막의 모래 속에 묻혀 있었다. 현재는 인구가 몇 백만으로 줄었는데 중국인 터키인 몽골인 만주인 사르트인 힌두인들이 넓게 흩어져 있는 오아시스를 중심으로 모여 살고 있다. 주민들은 주로 이슬람교를 믿고 있다. 벌써 1888년에 CIM 선교사 두 명이 신장을 두루 다니며 6가지 다른 언어로 된 성경을 배포한 적이 있었다. 누군가 그곳에 거주하기 시작한 때는 1905년이 되어서였다. 그 해 조지 헌터는 하미와 티화라고도 불리는 수도 우루무치를 처음으로 방문했고 1906년부터 우루무치를 그의 근거지이자 집으로 삼았다. 헌터는 그곳에서 한 번의 안식년을 제외하고 40여년의 여생 동안 대부분을 그곳에서 살았다. 그는 완전히 그곳 사람들처럼 살았고 그곳 사람들은 키가 컸던 이 스코틀랜드 사람을 점점 더 사랑하고 존경하였다. 성경을 팔고 복음을 전하면서 쉬지 않고 여행한 결과 그는 중앙아시아에 대해서 그 누구보다도 많이 알게 되었다. 1907년 헌터는 권유를 받아 상하이에서 열리는 선교 백주년 기념 대회에 참

석하였다. 그러나 그곳에 있던 사람들은 아무도 그가 있었던 미전도 지역에 관한 그의 풍부한 정보와 경험에 귀를 기울이려고 하지 않았다.

헌터에게 상하이의 문명 세계 체재는 회의가 끝났던 2주간으로 족했다. 그 후 바로 자신의 고독한 변방으로 돌아가서 1931년이 될 때까지 나오지 않았다. 10년 간 거의 외국인을 만나지 않고 살았다. 단지 과학자와 여행객이 지나가다가 들렀

조지 헌터

을 뿐인데 그들은 온갖 종류의 주제에 대해서 중앙아시아에 대해서 가장 잘 알고 있는 이 유럽인에게 질문을 하였다. 학식이 있는 사람들은 그에게 경의를 표했고 누구라고 하면 세계적으로 알 만한 사람들도 이 평범한 선교사에게서 많은 것을 배웠다고 시인하곤 했다. 1932년 카슈가르의 영사는 그에게 조지 5세가 수여하는 영연방의 훈장을 전달하였다. 그 훨씬 이전에 유명한 여행가이자 북경 타임즈 통신원이었던 모리슨 박사는 다음과 같은 찬사를 남겼다. '한 영국인이 우루무치에 집을 지어 살고 있었는데 그는 CIM 소속의 G. W. 헌터였다. 그 지방에서 헌터 이상으로 넓은 지역을 여행한 사람도 드물 것이다… 그는 영국이 중국에 보낸 선교사 중에서 가장 뛰어나고 전략적인 개척 선교사의 반열에 드는 사람이다.'

• • •

남서부에서는 주드와 브럼턴이 1877년에 처음으로 먀오 족(묘 苗)족을 만났고 허드슨 테일러는 그들의 복음화를 위해서 기도를 시작했다. 제임스 아담이 1888년 안순에 갔는데 이 단순하고도 아름다운 종족을 만난 순간 그들에게 마음이 끌렸다. 1898년 첫 먀오 족족 개종자의 세례가 있었고 그 다음 해에 첫 교회당이 세워졌다. 중국에서 이제 그 역사상 처음으로 대부흥에 가까운 일들이 일어나기 시작했다. 250군데의 마을에서 많은 먀오 족족 사람들이 기독교의 가르침을 받으려는 열심을 가지고 안순을 찾아오기 시작했

다. 1902년에는 20명이 더 세례를 받았다. 믿음을 갖게 되자 주술사들은 마술 지팡이를, 백성들은 부적들을 전부 태웠다. 1903년 아담은 야생 멧돼지를 사냥하고 돌아오는 길에 산 속에서 다화먀오(大花苗)족 남자 일행을 만났다. 그들은 그 자리에서 코푸라는 자기 마을에 아담을 초대했는데, 그곳은 며칠씩 걸어야 갈 수 있는 거리였다. 3년이 못되어 250명 성도가 모이는 교회가 세워졌다. 1904년 대초원에 불이 붙듯이 윈난의 먀오 족족에게 복음이 퍼져나갔다. 그러자 그곳에서 사역하던 영국 감리교 선교사 사무엘 폴라드는 복음에 대해서 배우고자 자기를 찾아오는 수백 명을 다 감당

소수부족

할 수가 없었다. 감리교 지역에만 4천 명이 모이는 교회가 세워졌다. 1906
년 안순 지역에서 소수부족민 1,480명이 믿고 세례를 받았다. 처음 믿은 5
천 명 중에서 1%는 떨어져나갔다. 그러한 움직임은 서쪽으로 더 멀리 퍼져가
서 메콩 강과 누강 계곡에 사는 종족에게까지 전해졌다. 1907년 윈난의 먀
오 족족은 리수족에게 복음을 전했다. 리수족은 그 다음해 라후족에게 복음
을 전했고 1910년 먀오 족족은 코푸족에게 복음을 전하려고 시도하였다. 같
은 해 샨족과 장족은 리수족의 친척뻘 되는 노수족으로부터 복음을 전해 받았
다. 1906년 신자 수는 거의 2천 명 가까이 되었다. 선교사들은 우선 성경 번
역에 착수했다. 아담은 로마자로 번역을 했고 폴라드는 '폴라드 문자'를 발명
했다. 기독교를 받아들인 부족들은 그 삶에 혁신적인 변화가 있었다. 정령 숭
배와 술취함, 아편 흡입, 매춘이 없어졌다. 날마다 예배를 드렸고 예배당을
지었으며 성경학교를 세웠다.

1893년 프랑스에서 교육을 받은 세련된 여인이 CIM 선교사로 중국 산시
에 와서 7년 간 사역했는데 의화단 사건 때 간신히 죽을 고비를 넘길 수 있었
다. 1901년 밀드레드 케이블이 그 에바 프렌치와 함께 일하게 되었다. 그 두
여인은 산시의 휘저우로 가서 광범위하게 교육과 전도 사역을 하였다. 밀드
레드 케이블은 중국에서 1883년에 처음으로 문을 열었던 여학교를 다시 시

작했다. 1908년 프란체스카 프
렌치가 언니의 사역에 동참하였
고 '트리오'라고 알려진 그 세 선
교사는 남은 생애 동안 함께 사
역했다.

트리오

· · ·

　중국 교회는 20세기의 첫 10년 동안에 그렇게 대단한 확장과 성장을 보였다. 1910년 CIM은 조직이 갖추어진 교회를 611군데 세웠고, 성찬식에 참여하는 성도는 2만 명이 넘었다. 선교사는 모두 933명이었다. 그 10년 동안 창시자의 죽음이 있었고 D. E. 호스트가 비교적 젊은 나이로 지도자가 되었다. 이제 창시자가 죽었으니 그 단체도 머지않아 무너지리라고 예측하던 사람들도 많았다. 그들은 CIM이 테일러의 인품 위에 세워졌다고 믿고 있었다. 그것이 사실이고 그 선교회가 하나님이 세우신 것이 아니었다면 틀림없이 그들이 예측했던 대로 되었을 것이다. 그러나 지도자가 바뀌었어도 CIM은 그 성격과 전통에 아무런 변화가 없었다. 그 회원들은 여전히 믿음이 강했으며 아직 복음이 전해지지 않은 곳이라면 중국 어디라도 가서 하나님의 말씀에 견고하게 뿌리 내린 교회를 세우려는 열정으로 불타고 있었다. 그래야만 다가오는 폭풍우에 맞설 수 있는 강한 힘을 가질 수 있을 것이었다.

· · ·

　당시까지 해서 범기독교적인 모임 중에서 가장 중대했던 집회가 1910년에 에딘버러에서 열렸다. 영국과 미국에서 각각 500명의 대표가 왔고 유럽 대륙에서도 200명이 참석했다. 그들은 교회가 아니라 선교회에서 파송한 사람들이었다. 이번에도 CIM은 대표격으로 알려진 단체였다. 닥터 로버트 스피어가 개회 연설을 했고 닥터 존 모트가 '이 세대 안에 세계 복음화'라는 제목으로 폐회 연설을 했다. 그 집회 이후로부터 복음적인 선교사 그룹들은 연합하여 사역한다는 생각을 마음에 품었다. 진정한 영적 일체감을 인식하고 그러한 인식을 근거로 더 긴밀하게 연합하여 협력하려고 하였다. 이것은 실제적이고 성경적인 이상이었음에도 1910년에야 그러한 움직임이 새로운 전환을 맞은 것이었다. 교단의 교회 지도자들도 일치라는 개념을 받아들여 그것을 새로운 목표로 삼았다. 그들은 교회 연합과 같은 형태를 구상하기 시작하여 그에 수반되는 문제점들을 연구하는 위원회를 만들었다. 이 문제는 아직도 연구 중인 과제이다. 기독교 교회는 한 때 교파로 나뉘어 있었다고 하면 1910년 이후로는 더욱 심각하게 나뉘어 모든 교파 내부에 자유주의적 신학과의 분리까지 있게 되었다. 사실상 오늘날 교회를 분리시키는 요인은 교파가 아니라 신학적 자유주의이다. 그리스도의 인격과 사역에 중심을 두고 하나님의 말씀을 충성스럽게 따르는 것을 그 기반으로 하는 영적인 하나됨이야말로 분명히 신학적으로 정당한 근거가 있는 것이고, 모든 수단을 동원하여 육성하고 조장해야할 내용이다.

당시 에딘버러의 대표들은 매우 낙관적인 견해로 충만했다. 세계적으로 평화로웠고 세계의 미전도 지역은 기독교 국가들이 식민지로 지배하고 있거나 기독교에 호의적인 정부가 다스리고 있었다. 선교 단체들은 번성하고 있었고 모든 상황이 온 세상에 복음을 전하는 일이 빨리 끝날 수 있는 것처럼 보였다. 그 대표들은 이러한 희망이 실망으로 끝나고 온 세계가 연달아 재앙속에 빠져 들어가 기독교와 선교의 확장에 매우 불리한 방향으로 역사가 완전히 다르게 진행되리라고는 아무도 추측하지 못했다. 중국에서 20세기는 비극과 정치적 혼란으로 시작되었는데 마지막에는 혁명으로 그 십 년을 마무리하였다.

Chapter 8

흔들리는 제국

1910년 서양에는 거의 알려져 있지 않은 한 중국인이 런던의 웨스트엔드에서 납치당했다. 청 왕실의 대사관 관리는 선얏센 박사를 위험한 혁명가라고 생각하고 있었고 그것은 맞는 생각이었다. 벌써 1895년이라는 이른 시기에 왕좌를 개혁하려는 제안서를 내놓았고 중국 사회가 개혁되도록 돕는 일을 했다. 그래서 포틀랜드 플레이스에 있는 중국 대사관은 보초를 두고 그를 지켰다.

흔들리는 제국
. . .

　　1910년 서양에는 거의 알려져 있지 않은 한 중국인이 런던의 웨스트엔드에서 납치당했다. 청 왕실의 대사관 관리는 손문 박사를 위험한 혁명가라고 생각하고 있었고 그것은 맞는 생각이었다. 벌써 1895년이라는 이른 시기에 왕좌를 개혁하려는 제안서를 내놓았고 중국 사회가 개혁되도록 돕는 일을 했다. 그래서 포틀랜드 플레이스에 있는 중국 대사관은 보초를 두고 그를 지켰다. 손문을 다시 몰래 중국으로 보내어 안전한 곳에 두려는 것이 그들의 목적이었다. 손 박사는 1885년 중국으로 귀환하기 전 소년일 때 호놀룰루에서 세례를 받은 기독교인이었다. 후에 그는 일본과 베트남에서부터 혁명 정신을 들여와 도발하도록 시도했고 그로 인해서 중국에서는 비록 실패로 끝나기는 했지만 자주 봉기가 있었다. 그는 영국에 사는 중국인들의 지원을 얻으려고 런던에 간 것인데 그만 그곳에서 체포된 것이었다. 그런데 손 박사에게는 그 도시에 제임스 캔들리 경이라고 하는 의사 선교사 친구가 있었다. 그래서 그 친구에게 편지를 써서 창밖으로 던졌는데 다행히 잘 전달이 되었다. 손 박사가 잡혀 있다는 사실이 알려지자 방면을 할 수 밖에 없게 되었다. 그 후 그는 중국에 혁명을 이루겠다는 꿈을 가지고 살았다. 1911년 3월 광저우에서 대규모의 반란이 일어나 손 박사 측의 사람들이 72명이나 죽었다. 그래도 혁명의 열기는 우창, 상하이, 난징까지 번져나갔다. 그 혁명과 연관되었던 날은 1911년 10월 10일, 즉 쌍십절이었다.

　　서태후와 그의 아들은 이미 1908년 11월, 하루 사이로 둘 다 죽었다. 혁명이 일어났을 때 용좌에는 6살도 되지 않은 헨리 푸이가 앉아 있었다.

1644년에 시작되었던 왕조가 그렇게 무너진 것이었다. 손문 박사는 중국의 임시 대통령이 되어 1912년 1월에 선서를 하였다. 처음으로 기독교인이 중국을 다스리던 최고 책임자가 된 것이었다. 그는 이전에 한 번 이런 의견을 내놓은 적이 있었다. "중국의 각성은 로버트 모리슨이 성경을 중국어로 번역했을 때부터 시작되었다." 6달 후 손 박사는 정권을 원세개 장군에게 이양하였다. 그런데 그 새로운 시대는 옛 만주 왕조때처럼 기독교의 진전에 호의적이 아니었다. 만주 왕조가 정식으로 그 막을 내렸던 1912년 2월 12일 이후 무서운 공포 상황이 뒤따랐다. 사실 상 무정부 상태와 같이 되어버려서 그렇게 아름답고 풍요로웠던 중국의 도시들이 죄인과 무법한 사람들에 의해서 약탈당했다. 선교 단체들은 달아나지 않았다. 시안에서는 CIM 선교사 두 명과 여섯 명의 아이들이 살해를 당했다. 선교 기지들도 약탈당했고 선교사들은 구사일생으로 목숨을 건졌다. 영사는 선교사들에게 모두 철수하라고 충고했지만 대다수는 그냥 기지에 남아 있을 수 있었다. 사람들은 적십자 일을 하며 절망적인 피난민을 돌보고 있는 선교사들을 대적할 수 없었다. 가끔씩 선교사들은 서로 대적하고 있는 양 진영의 중재자가 되기도 했다. 이전과 같이 위기의 때에 이러한 섬김으로 좋은 인상을 심어 주었던 덕분에 많은 사람들이 기독교를 믿을 마음이 생기도록 하였다.

혁명으로 야기된 새로운 상황은 이제껏 복음 전파에 아직도 반쯤 닫혀 있던 문들을 넓게 여는 계기가 되었다. 관리 계층은 기독교에 관심을 보였다. 공무원이나 학자들이 선교사 집에서 여는 영어 성경 공부 그룹에 많이 참석하였다. 옛 유교의 윤리를 거부하고 난 뒤의 진공 상태는 채우기가 어려웠다. 전제 정치가 무너진 이후에 오는 방종과 무질서는 위협적이었다. 원세개 대통령은 1912년에 있던 취임 연설에서 "지금 나라에 가장 필요한 것은 한마디로 요약할 수 있습니다. 그것은 도덕성입니다. 어느 나라건 참과 거짓을 그 기저에서 가르는 영원한 진실성이 없으면 설 수가 없습니다."라고 했다. 기독교 교회는 기회를 잡았다. 중국 전역에서 기독교 문서가 그렇게 많이 배포된 적은 이제껏 없었다. 성경책도 수없이 팔렸다. 도시의 성벽이나 문에는 복음 포스터가 수없이 많이 붙어 있었다. 예수 그리스도의 기쁜 소식을 대중에게 전하려고 갖은 노력을 기울였고 그 반응은 대단했다. 1911년과 1912년 사이에 CIM 사역만을 통해서도 9천 내지 1만 명이 세례를 받았다. 성도 수가 1,000명이 넘게 되어 예배당을 확장해야 하는 곳도 몇 군데 있었다. 천여 명 되는 CIM 선교사들과 중국인 동역자 2,500명이 1,200군데의 센터에서 일하고 있었다.

그러나 이렇게 갑작스럽게 인기를 얻게 되자 어떤 면에서는 해롭기도 하였다. 기독교 학교가 급하게 배가되어 뛰어난 학문적 기준을 지닌 학교가 초등학교에서부터 대학교까지 생겼다. 그래서 수많은 중국의 젊은이들이 기독교의 영향권 아래에 있게 되었다. 가능한 최고의 교육을 받으려고 기독교 학교에 오기 때문에 그것이 점점 더 특권처럼 되었다. 좋은 기독교 대학이 다섯 개가 있었다. 역시 선교 단체에서 운영하는 것으로 의학과 과학에 중점을 두었다. 아름다운 북경협화의대(北京協和醫學院)는 주로 서양 의사들이 교수와 직원으로 있었고 매우 명성이 있는 대학이었다. 많은 중국의 장래 지도자들이 이러한 기독교 기관에서 교육을 받았다. "그러나 이 학생들은 개인의 구원 문제에 대해서 별로 관심이 없었다." 스티븐 닐 주교의 말이었다. "중국이 어떻게 새로워질 수 있는가?는 심각한 문제이다. 그들은 이해하고 있는 만큼만 그리스도께 충성하고 있다. 그렇지만 세례를 받았어도 교회에 대한 관심은 거의 없다." 기독교 학교의 교육은 교회 지도자보다는 정치 지도자들을 더 많이 배출했다. 그것은 확실히 기독교가 지닌 자유를 통속화하여 신생 교회의 믿음을 서서히 해치면서 공산주의가 오는 길을 닦아 놓았다.

CIM은 계속해서 뜻을 같이 하는 몇몇 다른 선교 단체들과 함께 교육보다는 직접적인 전도에 더 중점을 두고 복음을 전하였다. 교회들이 부속 초등학교를 운영하고 선교회에서도 몇 군데에 고등학교를 세웠지만 이것은 주로 성도들의 자녀를 위한 조치였다. 쓰촨에 있던 CIM 학교를 졸업한 제임스 옌(晏阳初)박사는 중국의 대중 교육에 뛰어난 개척자였다.

CIM은 기독교 지도자 훈련을 특히 강조하였다. 선교 대상 지역에 성경학교를 세워서 전도자와 목사들을 훈련하였다. 그리고 그들로 하여금 시골 여러 지역에 흩어져 있는 교회들에서 사역할 수 있도록 도왔다. 이것은 허드슨 테일러가 초창기부터 가지고 있던 계획이었다. 산시 성경 학원에서는 수백 명의 남녀 전도자들을 훈련하였는데 모두 자기들이 비용을 부담하였다. 드레이어가 첫 교장이었다. 닥터 켈러의 지도하에 '이동 성경 학교'도 있었는데 후난에 사는 2천2백만 주민을 전도하기 위한 노력의 일환이었다. '바이올라 전도단'이고 불리던 학생 순회 선교단이 그 성의 수로를 따라 상하로 오르내리면서 동시에 배우기도 하고 전도도 하였다. 그 일은 로스엔젤레스 성경학교(현 바이올라 대학)가 지원하였다. 저장, 쓰촨, 장시에도 비슷한 성경학교가 있었다. 여성 성경 학교가 산시에 생겼는데 그것은 밀드레드 케이블과 프렌치 자매가 운영하였다. 선교사들은 중국 교회의 미래가 지도력의 질에 달려 있다는 데에 인식을 같이 하였다.

의료 사역은 여전히 CIM 사역의 중요한 특징이었다. 창시자 자신이 의사였고 그 가치에 대한 확신을 가지고 있었다. 모든 병원과 약국은 높은 기준을 유지하고 있으면서 중국인들이 신속히 이용할 수 있는 최상의 서비스를 제공하였다. 1913년에 27명의 CIM 의사들은 주로 의료 혜택이 전혀 없는 외진 시골 지역에 9개의 병원과 68개 약국을 세웠다. 1913년 1월 15일 원세개 대통령은 개인적으로 중국 의료 선교사 협의회에 개인적으로 성명을 보내어 특히 국가의 후미진 내지에서 자선봉사를 하고 있는 의료 선교사들에게 감사의 말을 전했다. 또한 CIM은 다른 선교 단체와 협력하여 고아원, 공업 학교, 맹인학교 등을 운영했다.

1914년 중국에 있던 2백만 기독교인 중 5/6가 천주교인이었다. 그러나 일반적으로 말해서 개신교도들이 천주교인들보다 교육도 더 많이 받았고 더 영향력이 있었다. 1914년에 발발한 세계 제 1차 대전은 중국 선교 사역에 깊은 영향을 주었지만 아주 방해가 되지는 않았다. 일본은 서양 연합군 편에 섰고 독일로부터 쟈오저우(현 칭다오)를 손에 넣었다. 그러면서 중국이 수용할 수밖에 없었던 세계정세를 이용하여 중국을 완전히 박살낼 정도의 심한 요구를 하였다. 제 1차 세계 대전은 비기독교 세계에 큰 충격이었다. '이방 나라'들은 '기독교 국가'들이 서로 죽기까지 치열하게 싸운다고 생각했다.

그럼에도 불구하고 복음 전도의 기회는 넘쳐났다. 종교에 대해서 더 큰 자유가 주어진 것 같았다. 산시와 그 외의 지역에서 중국 '복음 협회'가 생겨났다. 셔우드 에디는 대학생들을 대상으로 훌륭한 전도 집회를 여러 번 열었다. CIM의 1914년은 역사상 가장 풍성한 열매를 거두었던 해로서 5천 명에게 세례를 주었다. 선교회와 일하던 중국인 전도자의 수는 1,700명 가까이로 10년 전에 비해서 두 배로 늘어났다. 그러나 반대 세력도 있어서 교회의 혁명적인 성상 파괴와 인습타파 후에 우상숭배로 돌아선 사람들도 있었고 공자를 숭상하는 유교도 다시 살아났다.

1915년은 CIM이 50년이 되던 해였다. 선교회는 거대한 반얀 나무처럼 중국 전역에 그 뿌리를 내렸다. 작은 씨앗에서부터 경이적인 성장을 한 것이었다. 그 사역자들의 내적인 구성은 영어권의 나라 전체에서뿐 아니라 핀란드, 러시아, 벨기에, 네델란드, 독일, 오스트리아, 스웨덴, 노르웨이, 덴마크, 스위스, 이탈리아, 시칠리 그리고 인디아에서 온 사역자들로 이루어졌다. 선교 기지와 전도소가 1,327군데였고 학교가 372개 있었다. 선교회 역사의 첫 25년 동안은 5,000명이 안 되는 사람들이 세례를 받았지만 두 번째 25년 동안에는 45,000명 이상의 세례자가 있었다. 은행 잔고 10파운드로 사역을 시작했지만 이제는 75만 파운드 이상의 헌금이 들어왔다. 이러한 사실을 설명하기 위해서는 오직 이 일이 하나님의 사역이어서 하나님이 시작하셨고 그분이 이끄셨으며 축복하셨다는 말 밖에 할 수 없었다. 허드슨 테일러는 믿음으로 시도했고 불가능한 것을 성취했다. 1865년에 중국 내지에는 교회가 없었다. 그러나 1915년에 보면 중국의 모든 성과 만주, 몽골, 신장에 많은 선교 단체의 교회들이 섰으며 수십만 명의 어린이와 학생들이 기독교 학교와 대학에서 교육을 받고 있었다. 병원을 많이 세워서 병자들을 돌보았고 많은 중국 젊은이들이 기독교 사역자로 훈련을 받고 있었다. CIM은 이러한 일을 이루는데 개척자의 역할을 하였다. 그러나 현재 이것들은 이 거대한 과업의 일부분일 뿐으로 완성에 도달하려면 아직도 멀었다. 아직도 수백만 명은 복음을 듣지 못했으며 교회들은 아직 신생아의 수준을 벗어나지 못했다. 교회가 성숙에 이르고 다가오는 환난의 때를 이겨내고 살아남기 위해서는 아직도 할 일이 많이 있었다.

Chapter 9

붉은 별의
출현

광범위하게 사역하고 있던 CIM의 50년 기념 이후의 시기에 닥쳐왔던 맹렬한 폭풍은 1866년 CIM 선교사 일행이
중국에 처음 도착했을 때 만났던 모진 비바람과는 비교할 수 없을 정도로 드센 것이었다.

A Passion for the Impossible

붉은 별의 출현

• • •

    광범위하게 사역하고 있던 CIM의 50년 기념 이후의 시기에 닥쳐왔던 맹렬한 폭풍은 1866년 CIM 선교사 일행이 중국에 처음 도착했을 때 만났던 모진 비바람과는 비교할 수 없을 정도로 드센 것이었다.

    공화국이 성립되고 첫 4년 동안 실패를 거듭하자 중국인들은 매우 실망했다. 1915년 원세개는 필사적으로 헌정 군주 체제로 바꾸고 스스로 황제가 되었지만 소용이 없었다. 그는 1916년에 죽었고 나라는 내전으로 들끓고 있었다. 중국은 회복되지 못했다. 옛 정권과 혁명가들 사이에 내전이 있었을 때 원의 행동은 다른 군벌들과의 전쟁을 야기 시켰을 따름이었다. 1917년 원이 죽고 나자 상황은 1911년 이래로 가장 심각했다. 어린 황제가 다시 즉위했지만 12일 동안 밖에 정권을 지속하지 못했을 뿐 아니라 더욱 광포한 적대감만을 불러 일으켰다.

    마침내 세계 대전이 종식되었다. 그러나 베르사이유 평화 조약은 중국에게 실망스러운 것이었다. 중국은 독일로부터 칭다오를 되돌려 받기를 희망하고 있었는데 그것이 대신에 적국 일본에게로 넘어갔다. 중국 대표들은 불쾌해 하며 회의장을 박차고 나갔고 조약에 사인하지 않겠다고 했다. 그리고 이러한 혐오감을 그 속에 지녔던 광저우의 손문이 새로이 혁명 정부를 세웠다.

    또한 유럽 전쟁의 결과로 공산주의가 나오게 되었다. 오래 전부터 조짐을 보이던 공산 혁명이 1917년 드디어 성공했다. 러시아는 즉시로 중국에 우호적인 손짓을 해 왔다. 다른 유럽 나라들은 아직도 중국을 식민지처럼 취급하고 있을 때여서 여론이 호의적으로 반응했다. 중국은 러시아를 의지하기 시작했다. 중국의 젊은이들은 러시아로 교육을 받으러 가고 러시아의 앞서 있는 군사 훈련을 받았다. 외국의 지시에 대한 저항의식이 일어나게 되어 일본 등에 배척 운동을 하기 시작했다. 베이징의 학생들은 중국의 권리를 침해하는 외국에 대항하여 데모를 했다. 학생들의 주도하에 있었던 5월 4일 운동은 매우 중요한 사건이었다. 그것은 본질상 지식인들의 운동으로 외국 문물을 배척하고 중국 문화의 부흥을 기치로 내세운 것이었다. 기독교도 외국인의 종교였기 때문에 중국 젊은이들의 눈으로 보면 사회적인 위신이 떨어지는 것이었다. 중국인에게 있어서 기독교는 늘 '외국인의 종교'이기는 했지만 이제는 그 용어에 새로운 의미까지 더해졌다. 그 운동은 점점 도시 계층 안에 국수적인 감정을 표출하는 것이 되었고 결국 1921년에는 중국 공산당의 결성으로 귀결되었다. 그리하여 중국의 종국적인 운명과 외국 선교 단체들의 운명이 결정되었다.

1921년부터 그 이후에는 새로 조직된 손문의 광저우 혁명 정부와 북부 정부 사이에 전쟁이 끊이지 않았다. 1922년이 되자 중앙 정부의 권위가 완전히 무너졌다. 하나의 정부 대신에 거의 20개 가까운 정부가 있었다. 그 시기 동안 6개의 다른 내각이 다스리려고 시도했다. 그 중 첫 두 개는 기독교인의 내각이었다. 그러나 온 나라가 군벌 세력의 손아귀에 있었다. 쓰촨 한 군데에서만 한 때 서로 싸우는 군벌의 파당이 넷이 있었다. 군인들이 중국의 18성에 메뚜기 재앙 때의 메뚜기처럼 넘쳐났다. 수백만 명이 무장을 하고 합당한 정부의 지원과 상관없이 스스로 살아내야 했다. 그러니 백성들에 의존하는 것 외에 다른 방법이 없었다. 군인들은 잔인한 무법자였고 강탈자였다. 중국의 백성들은 오랫동안 그 고통을 인내하며 끊임없는 압제와 두려움 속에서 살았다.

중국의 비극은 이것이 전부가 아니었다. 대체로 중국 전역이 셀 수 없이 많은 도적 떼와 산적, 그리고 탈영병들로 이루어진 강도들로 넘쳐나는 무법천지가 되었다. 약탈과 횡령, 노략질 등 사회가 온통 잔인함과 사악함으로 가득 찼다. 주로 공산주의자들이 이끌던 이 불법 군대는 시간이 지날수록 더욱 안하무인이 되었다. 무수한 중국인들을 살해하고 인질로 잡아갔다. 선교단체의 소유물을 포함하여 남의 건물을 제멋대로 파괴하였다. 모든 성이 같은 상황이었다. 암흑이 걷히지 않았다. 1923년 양쯔강의 상선들이 자주 공격을 당했다. 상하이에서 베이징을 왕래하던 그 유명한 블루 익스프레스호가 탈선되어 외국인 승객 135명이 인질로 잡혀갔다.

자연도 우호적이 아닌 것처럼 보였다. 홍수가 나서 수백만 명의 이재민이 나왔다. 1920년 북서부의 지진으로 10만 명이 살던 집을 잃었고 1925년에는 남서부 다리에도 지진의 참화가 있었다. 1920년 허베이 지역에 기근이 심각하자 CIM은 선교사 12명을 재난 구호를 위해서 파견하였다. 1922년까지 8성이 태풍을 비롯하여 콜레라, 페스트, 폐병 등 각종 질병의 영향을 받았다. 그 모든 것으로 인해 총체적으로 비참해졌다.

그 중에서도 가장 큰 저주는 아편 흡입과 중독자가 다시 늘어난 것이었다. 이 두통거리는 1916년에 완전히 없애지는 못했어도 어느 정도 잘 통제되었고 양귀비 재배도 하지 않고 있었다. 그러나 1919년에 다시 널리 재배하게 되고 아편 중독이 늘어나고 있었다. 그 결과로 비참함이 뒤따랐다. 이 재앙에 책임은 관리와 지주들의 탐욕에 있었다. 그들이 아편 수출의 9/10을 주관하고 있었는데, 그에 따른 부패는 엄청났다.

그렇게 불가능한 상황 아래에서 어떻게 선교 사역을 지속할 수 있었겠는가? 그러나 CIM은 불가능을 향하여 불굴의 열정을 가지고 제일 필요한 곳에서 그리고 끊임없는 위험이 도사리고 있는 면전에서 다양한 활동을 지속했다. CIM 선교사들은 이 특별한 시기에 중국인들과 친밀하게 지내면서 그 위험을 함께 했다. 기근, 홍수, 지진으로 크게 파괴된 현장에 직접 가서 구호 활동을 펼쳤다. CIM 선교 센터는 자주 전쟁 중에 약탈하는 군인들로부터 여인과 어린이들을 보호해 주는 그들의 피난처가 되었다. 1924년 외국인 6명이 살해되었고 어떤 이들은 납치당하여 보상금을 요구받고 있었다. 그 중 CIM 선교사도 있었다. 그들은 선교 기지를 부수고 약탈했다. 무질서가 만연해지면서 위험성도 더욱 높아갔다.

1919년 CIM 병원이 11군데 있었는데 란저우에 있는 병원과 나병 센터가 가장 최근에 지은 것이었다. 그 병원 이름은 보든 기념 병원이었는데 보든은 예일 대학을 졸업하고 중국 북서부로 무슬림 사역을 하기 위해서 오던 중 이집트에서 죽었다. 이 병원의 나환자 병동에서 그리스도를 고백한 무슬림과 티벳 사람의 수는 아마 중국의 다른 어떤 곳보다 더 많을 것이다. 1924년 허저우(河州, 현 린샤臨夏)에 또 다른 병원을 세웠다. 란저우의 북서쪽에 있는 허저우는 중국에서 제일 세력이 강한 무슬림 센터가 있는 곳이다. 선교 병원에는 거의 언제나 부상당한 군인들이 가득하여 매우 열매 있는 사역을 할 수 있었다.

세월이 지나면서 사회의 모든 계층 사람들 안에 남녀를 불문하고 놀라운 개종이 많이 일어났다. 그 폭풍이 몰아치던 1909년에서 1918년 사이에 선교사들은 전부해서 4만 명에게 세례를 주었다. 격동의 20년대에도 일 년 평균 세례자의 수는 5천 내지 6천 명을 유지하였다. 이런 식으로 그리스도를 고백한 각 사람은 하나님의 구원하시는 은혜를 개인적으로 받은 기적의 열매들이었다.

이렇게 다방면으로 주어진 전도의 기회에 더하여 CIM은 교회를 견고하게 하고 중국인 지도자를 훈련해야 한다는 목표를 잊은 적이 없었다. 1914

년 쓰촨 동부에 바오닝(현 랑중閩中) 예배당을 헌당하였다. 1916년 주교를 훈련하는 대학이 세워져 1922년에 캔터베리 성당은 하워드 모울을 주교로 임명하여 캐슬스의 조력자로 파송하였다. 산시의 중앙 성경 훈련 학원과 항저우와 난창의 성경 학원에서도 수백명의 평신도와 전도자들을 훈련하고 있었다. 후난에서는 닥터 켈러의 학생들이 독특한 사역을 지속하고 있었는데 1916년에 바이올라 전도단은 10만 가정을 방문했다.

교회들의 연합 집회가 각 성별로 1914년에 처음 열렸고 1916년에는 몇 군데 성에서도 그와 같은 집회를 했다. 1918년 간쑤에서 사역하고 있던 개신교 선교회들이 함께 보든 기념 병원에서 연합 집회를 열었다. 이 집회들에서 선교사들과 중국인들은 자립, 자전의 문제, 결혼과 장례식의 문제, 제 7일 안식교 문제, 방언 문제 등 교회를 번민하게 하고 있는 문제들을 함께 생각하기 시작했다. 교회에는 또 중국인과 선교사 가운데 탁월한 전도자와 교사들이 있어서 그들의 사역을 통하여 새로운 생명력의 유입을 경험하고 있었다. 안후이의 시밍쯔는 중국 전역의 교회들에서 환영 받고 있었고 딩리메이도 하나님의 종으로 널리 쓰임 받고 있었으며, 한편 CIM 선교사 제씨 그레그와 샬롯 티펫도 여러 성과 만주에서 중국의 여인들 사이에서 유용한 사역을 많이 하고 있었다.

특별한 일들을 해 낸 선교사들을 여기에서 언급하지 않을 수 없다. 수시 갈런드는 중국어로 점자 시스템을 고안해 냈고 프레드 볼러는 17년 동안 애를 써서 구약의 합동 개정판을 완성했다. 간쑤의 닥터 패리는 폐 페스트를 근절한 공로로 현지 당국의 감사패를 받았다.

1922년은 중국 교회의 역사상 특기할만한 해였다. 1910년에 있었던 에딘버러 대회에 이어서 1913년에 상하이에서 연석 모임이 있었다. 중국에 있는 개신교 집단을 대표하는 사람들이 위원으로 모였는데 그 중 1/3은 중국인이었다. 위원회는 정기적으로 모이다가 1922년에는 그 모임을 중화전국기독교협의회라고 부르기로 했다. 당시 중국에서 사역하고 있는 거의 모든 개신교 대표들 1,000명이 상하이에 모였다. 최소한 1/3은 중국인이었다. CIM은 중국에 가장 큰 교회 그룹을 가지고 있었는데 선교사나 중국인 양편을 잘 대표하고 있었다. 그 모임은 '외국 선교 단체'에서 '중국 교회'로 한 단계 발전하는 계기가 되었다. 자유 신학이 발생하여 위협하고는 있었지만 복음의 대표 주자들은 대체로 협회에서 발간한 〈기독교 메시지(The Christian Message)〉에 표현된 내용이 복음의 중심 진리에 공식적으로 충실하다고 만족하고 있었다. CIM은 이전부터 연합으로 하는 모임에 힘을 써왔고 이 일에도 열정적으로 참여하고 있었지만 '중화기독교회' 아래로 중국의 교회들이 합병하는 움직임이 있게 되자 몇 년 후에는 그리 열심을 내지 않게 되었다. 신학적인 문제는 그 즈음이 되어서는 정확해졌다. 이 조직은 CIM 교회들을 제외하고 성공회, 루터교회, 감리교회, 대부분의 침례교회 등으로 이루어져 있었고 중국의 개신교 그룹 중에서 두 번째로 큰 것이었다. 가장 큰 조직은 아직도 CIM과 연결된 교회들이었다.

공산주의자들은 1922년의 협의를 도전으로 간주하는 듯 했다. 교회에 대한 공격이 점점 더 심해졌다. 1923년에 보로딘이라는 러시아 선동가가 광저우 혁명 정부의 고문으로 중국에 왔는데 매우 노련해서 공산주의 선전이 최고조에 달했다. 반외국인 정서와 반기독교 문학 서적들이 홍수처럼 쏟아져 나왔다. 중국의 지식 계급은 이 선전에 탁월했다. 그렇게 인기가 좋았던 기독교의 교육 형태가 이제는 부분적으로 비난을 받고 있었다. 진리가 오류와 혼합되고 복음 전도와 제국주의, 기독교와 정치가 교묘하게 혼합이 되어 진지한 그리스도인조차도 어느 것을 믿어야 할지 알 수가 없었다. 97건의 소책자를 분석해 보면 36건은 기독교 교육에 대해서 반대하는 것이고, 34건은 기독교 일반에 대해서, 11건은 기독교인, 5건은 교회, 5건은 선교사, 3건은 예수 그리스도에 대해서, 2건은 기독교 문학에 대해서, 그리고 1건은 성경을 반대하는 내용이었다. 좌익이나 공산주의적인 성격의 정치 단체가 수없이 많이 생겨났다. 사람들의 마음이 기독교를 대항하도록 하는 목표를 가지고 온 나라 안에서 대중 집회를 하고 데모대도 조직하였다. 이렇게 외국을 배척하는 선전이 심해지자 자연히 교회가 영향을 받았고 어떤 이들은 외국의 선교 기관으로부터 독립을 선언하기 시작했다.

1924년 펑위샹 원수가 베이징을 점령했다. 그는 기독교인으로 바르게 행동하며 찬송을 부르는 군대를 이끌던 장군이었다. 중국이 비극을 겪고 있을 때 자신을 과시하던 이상한 인물들이 많이 있었는데 펑 장군처럼 그 정체가 불분명한 사람도 없었다. 광저우에서 공산주의 사상에 영향을 받은 폭동이 일어나 화재로 인한 재산 피해가 200만 파운드나 되었고 사람의 목숨도 많이 잃은 사건이 있었다. 이로 인해 소련 간첩들이 모두 추방당하게 되었음에도 불구하고 손문은 소비에트 러시아와의 조약에 서명을 하였다.

1925년은 CIM이 60주년이 되던 해였다. 그 60년 동안 선교회는 대학살, 혁명, 폭동, 그리고 줄기찬 반대를 이겨내고 살아남았다. 선교사가 은퇴하거나 싸움에서 죽거나 하면 그때마다 그 자리를 채울 사람들이 들어왔다. 그러나 아직도 1875년의 18명 중 2명, 1881년의 70명 중 12명, 1887년의 100명 중 17명이 살아서 필드에서 일하고 있었다. 하나님의 축복으로 1915년부터 10년 동안 54,000명이 세례를 받았다. CIM은 260군데에 중앙 선교 기지를 세워 사역하고 있었다. 조직된 교회가 1,238개 있었고 그 안에서 중국인 3,843명이 사역자로 있었는데 대부분 자원자였다.

지난 10년간 사역을 위한 재정 공급의 이야기는 참으로 주목할 만했다. CIM에 하나님의 언약의 말씀을 시험해 보라는 소명이 있었다면 전쟁과 세계적인 소용돌이가 있던 바로 그 시기에 그러한 경험을 할 수 있었다. 전쟁이 끝나갈 무렵 중국의 외환 시세는 매우 불리했다. 그러나 하나님께서는 그 불리했던 외환시세를 일반 재정을 더 많이 보내주시는 것으로 다스리셨다. 그 것도 경제 공황의 한가운데에서 그렇게 하셨다. 더구나 영국에서는 전쟁 중에 궁핍했음에도 불구하고 매우 많은 기부금을 계속해서 보내왔다. 1920년 영국에서 보내 온 헌금은 북미주의 두 배였다. 유럽에서 전쟁이 있던 5년 동안 하나님께서는 당신의 청지기들을 감동하셔서 50만 파운드를 기부하게 하여 사역의 개시 이래 그때까지 드린 헌금이 총 250만 파운드가 되었다. 그렇게 제 1차 세계 대전 동안에 들어온 돈은 줄어드는 대신에 실제로 두 배로 늘었다. 평화를 되찾게 되자 세계적으로 실업과 경제 불황 문제가 만연했다. 중국은 혼란 속에 있었기 때문에 환율이 너무 좋지 않아서 극동 지역의 사업 가운데는 망한 곳이 많았다. 인간적으로 말해서 천 명이 넘는 CIM 선교사들이 후원을 받아 유지하고 산다는 것은 경제적으로 불가능한 일이었다. 물론 멤버 중에 크게 시험을 받은 사람도 있기는 있었다. 1921년에 특히 그러했다. 생활비가 급등하여 극도로 내핍해야 했다. 그러나 1925년에 보니 창립 60주년이었던 1915년부터 지난 10년 간 하나님께서는 140만 파운드를 보내주셔서 당신의 선하심을 확인하게 하셨다. 선교사들이 대가족으로서 사는데 필요했던 것들이 모두 놀랍게 채워졌던 것이다. 하나님은 선교회를 세울 때부터 재정의 문제에 있어서 허드슨 테일러를 모질게 시험하여 준비시키셨다. 그러한 시련이 있었기 때문에 그의 믿음과 성격은 선교회를 세우고 이끌만한 힘과 내구성을 갖출 수 있었다. 그를 따르는 세대마다 역시 같은 식으로 같은 종류의 경험에서 배워야만 했다. 전통이 있었다는 것만으로는 충분하지 않다. 모든 멤버는 각자가 자기 몫의 믿음을 발휘하여 사는 법을 배워야 할 것이다. 이제는 그 믿음이 재정적인 것이 아닌 다른 측면에서 시험대에 오

Chapter 10

대대적인
철수

사람들은 1925년을 중국이 외세에 도전하던 해로 알고 있다. 끝까지 믿음을 지켰던 선얏센이 베이징에서 죽자 이제껏 잘 연합되어 있던 그의 정당에 균열이 생기기 시작했다. 공산주의자들은 이제 어떤 대가를 치르고라도 자기들만이 명령하는 위치에 있고 싶어 하는 것이 분명해졌다.

A Passion for the Impossible

대대적인 철수

...

　사람들은 1925년을 중국이 외세에 도전하던 해로 알고 있다. 끝까지 믿음을 지켰던 손문이 베이징에서 죽자 이제껏 잘 연합되어 있던 그의 정당에 균열이 생기기 시작했다. 공산주의자들은 이제 어떤 대가를 치르고라도 자기들만이 명령하는 위치에 있고 싶어 하는 것이 분명해졌다. 그러는 동안 쟝제스는 황푸 강의 서쪽 어귀에 있는 섬에서 학교를 세워 지도하면서 서서히 자기 세력을 키워나가고 있었다. 5월 30일 학생들을 선동하던 운동가 한 명이 상하이의 국제 거주 지역에서 영국 경찰에게 총살을 당했다. 이 사건이 도화선이 되어 나라 전역에 외국인을 신랄하게 반대하는 감정이 불타올랐다. 오랫동안 좌절하면서 극도로 참고 있던 중국인들의 감정이 갑자기 과격하게 드러났다. 중국 정부는 조약의 갱신을 요구했고 워싱턴 협정으로 베이징 협상의 길이 열렸다. 반외국인 감정에 불이 붙자 고난의 소문들도 늘어났다. 두 번째 혁명 세력의 주된 대상은 사회적인 환경이 아니라 외국인을 겨냥한 것이 분명했다. 그때 납치하고 죽이라는 명령이 있었다. 1925년에 선교사 여섯 명이 더 살해당했다. 선교사들을 향한 중상모략이 난무했는데 대부분 공산주의자들의 입김에서 나온 것들이었다. 선교사들은 날마다 오해와 허위 진술, 고의적인 악의 속에서 살았는데 그 고발들이 옳건 그르건 당시의 상황은 오직 예수 그리스도의 정신으로만 감당할 수 있는 것들이었다. 무한한 인내로 참아내지 않으면 도저히 견딜 수 없는 고통이었다. 캐슬스 주교는 1925년 죽기 바로 전에 이런 글을 남겼다. '우리는 사람들에게 멸시당하고 거절당한 그분의 자취를 좇아서 왔다. 아마도 이것이 우리를 향해서 비상한

미움과 들끓는 증오로 대할 때 우리가 배워야 할 교훈일 것이다.'

교회가 이러한 반 외국인 감정을 가진 것은 아니었다. 그보다 중국 교회는 중국 우선, 중국 선호의 견해를 가졌다. 중국인의 관점에서 사건을 볼 때 그것이 자연스러웠다. 중국과 서양 사이에 있던 관계의 역사는 최악의 해석이 가능한 것이었다. 중국이 전쟁에서 패배한 결과 양보해야 했던 일은 내지에 거주하고 여행하는 일이었는데 그것에서 맨 먼저 혜택을 받았던 대상은 기독교 선교 단체였다. 그것은 부인할 수 없는 사실이었다. 그러니 중국인들이 선교사를 외국 정부의 월급을 받는 대리인으로 '문화적 침략의 선봉'에 서 있는 사람들이라고 생각하기가 쉬웠던 것이다. 중국 그리스도인들에게 선교사들이 한 희생에 감사하기를 기대하기는 어려웠다. 가장 초라했던 선교 기지라도 그들에게는 부와 권력의 증거로 보였기 때문이었다. 한 선교사는 이렇게 기록했다. '우리의 처지를 상상해 보라. 우리가 섬기려는 사람들이 우리를 오해하여 배은망덕, 수치, 굴욕, 비난하는 것을 다 받아야 한다. 그리고 어떤 사람들은 우리를 미워하고 많은 사람들은 우리를 경멸하고 있다. 우리는 그리스도의 고난에 참예하면서 욕을 들으나 대신 욕하지 않는 법을 배우고 있다.'

공산주의의 입김이 드세어 지면서 군인들은 완전히 강도가 되어 백성들을 착취하고 그들에게 무법을 행하면서 고통을 주고 있었다. 환경이 그러한데도 불구하고 1925년에 CIM을 통해서 새로운 일꾼이 69명이나 중국에 온 것은 주목할 만한 일이었다. 사방팔방으로 반기독교 정서가 팽배해 있는데도 4,577명이 용감하게 대중 앞에서 그리스도를 주로 고백하고 세례를 받았다. 그 중에는 지방 관아에 근무하던 교양 있는 학자가 있었다. 그는 매력 있고 멋진 젊은이였음에도 자신이 구원이 필요한 것을 깨닫고 있었다. 그는 삶의 의미를 찾기 위해 모든 중국 철학을 섭렵했고 또 서양 철학도 깊이 연구를 했지만 그 결과는 실망뿐이었다. 손에 넣게 된 성경은 너무도 단순해서 자신의 박학하고 고전적인 취향에 맞지가 않았다. 그럼에도 불구하고 CIM 선교사와 몇 주 동안 성경을 공부하고 나자 확실한 믿음을 갖게 되었다. "왜 나는 이제껏 이런 이야기를 들은 적이 없었을까요? 중국에서는 왜 전에 이런 이야기를 가르치지 않는가요? 이것은 그 무엇보다도 놀라운 소식입니다." 슬픔도 사라지고 성경에 대한 편견도 사라져서 그는 성경을 탐독하였다. 몸이 부활한다는 진리를 받아들이기가 당연히 어려웠지만 그는 이제 자신의 이성을 믿지 않고 그 신비를 겸손하게 믿었다. 그는 중국을 위해서 고동치는 가슴을 가진 대표적인 사람으로 변화되었다. 산고를 겪으며 태어나려는 나라에서 의에 주리고 목마른 사람들이 많았는데 그 중에 한 사람이었던 것이다.

1926년 영국 해군은 양쯔강 어귀에 올라가 인구가 밀집되어 있는 완셴(万县, 현 충칭)시를 포격하였다. 많은 사람이 죽고 도시가 심한 타격을 입자 사람들의 분노는 더욱 타올랐다. 그래서 CIM 선교사들을 포함하여 외국인들에게 전부 도시를 떠나라고 명령하였다. 중국 내에 있던 교회들은 모두 어디에서나 모든 외국인과의 관계를 단절하기로 결정하였다. 공산주의의 사상으로 물들어 있던 신문에는 외국인을 비방하고 중상하는 기사가 난무했다. 상인이든 선교사이든 모든 외국인이 비난의 대상이었다. 펑 사령관은 '기독교를 믿는 장군'이라고는 했지만 모스크바에서 오랫동안 소련 이론을 배운 사람이어서 기독교보다는 공산주의에 가까운 사람이었다.

국내 상황이 도저히 용납하기 어려운 사정까지 이른 것을 보고 남부 군대는 계획을 세워 북쪽으로 행진하는 대장정을 8월에 시작하였다. 그들은 이제 무력으로 나라를 통일하려고 했다. 장제스가 대장이었다. 공산당의 창립 멤버였던 마오쩌둥은 그의 보좌관 중 한 명이었다. 그들은 재빨리 9월에 한커우와 한양을 점령했고 12월에는 우창이 그들의 수중에 넘어왔다. 이 운동에는 전국적인 시위행진과 배척 운동이 따랐기 때문에 외국 영사관들은 서부와 남서부에 있던 선교사들에게 모두 안전한 곳으로 피신을 하라고 충고를 하였다. 그러나 CIM은 200군데의 선교 센터에서 사역을 계속했다. 산적 떼가 창궐하던 허난에서도 마찬가지였다. 장쑤에는 복음을 전하며 사역하던 배가 두 척 있었는데 그 사역으로 그 이전 어느 때보다 성경책을 더 많이 팔았다. 양저우의 도서관에도 기록적인 숫자의 방문객이 있었고 성경도 300권이 팔렸다. 장시 남부에서는 언제나 군대가 행진하고 있었는데 군인들에게 설교하는 기회가 전례 없이 많았다. 교회를 조롱하던 사람들은 교회가 모일 때마다 거의 매번 사람들로 가득한 것에 놀랐다. 한 번은 그리스도의 복음을 전하는데 도시 안에 있던 모든 사관들이 출석해 있었다. 부족민 사이에도 지속적인 발전이 있었다. 저장의 원저우와 핑양에 오래 전에 세워졌던 두 교회가 중국인 리더에게 이양되었다. 그 두 교회는 합하여 90군데의 부속 교회를 시골에 가지고 있었고 두 교회에서만 그 일 년 동안 153명에게 세례를 주었다. 완셴의 그리스도인들은 비극이 있었고 맹렬한 박해가 있었음에도 불구하고 신실하게 남아 있었다. 재정적으로는 CIM이 넉넉하던 해였다. 처음으로 북미의 헌금이 영국보다 많았는데, 당시 영국의 불황이 최고조에 달해 있었기 때문이었다. 환경은 매우 불리했지만 세례자 수는 증가했다.

1927년이 되자 모든 눈이 남부 군대를 주목하고 있었다. 그들은 모든 것을 재빠르게 휩쓸며 정복해 나가는 것 같았다. 외국인 고문의 도움을 받으면서 현장에서나 고도로 조직화된 선전을 통해서나 그들은 저항 세력을 완전히 압도했다. 1월 3일 군대가 양쯔강을 건널 대 군중은 한커우의 영국 조차지에서 폭동을 일으켰다. 3월 21일 남부인들은 학살과 약탈이 난무하던 상하이시로 진입했다. 영국에서 국제 조계지에 방위군을 파견하지 않았더라면 그들도 같은 운명이 되었을 것이었다. 난징은 3월 24일 함락되었는데 외국인을 포함하여 많은 사람들이 살해당했다. 베이징에 있던 영국 대사는 내지의 선교사들에게 빨리 나오라는 전언을 보내라고 요구했다. 미국 당국도 비슷한 지시를 내렸다. 그러므로 1927년 4월 3일은 매우 암울한 날이었다. 중국에는 CIM 선교사가 전부 1,185명이었다. 어떻게 모두 철수할 수 있단 말인가? 어디에서 돈이 들어온단 말인가? 어디에서 그들을 모두 수용할 수 있겠는가? 멀리 외진 곳에 있는 선교사들에게 어떻게 철수해야한다고 설득할 수 있겠는가? 지도자도 없고 돈도 없으면 학교와 교회는 어떻게 될 것인가? 어떤 선교사들은 해안까지 나오는 데만 두 달이 걸릴 테고 도중에 만나는 위험도 만만치 않을 것이다. 그러나 결정은 내려졌고 한 시간 안에 가능한 곳은 편지로 먼 곳은 전보를 보내어 사역자들에게 정부의 지시를 따르라고 연락했다. 해안으로 가는 여비만 해도 거의 4천 파운드가 들 것이고 본국까지 가려면 또 만 파운드가 더 필요했다. 그런데 돈은 필요할 때 전부 준비되어 쓸 수 있었다.

그 해가 깊어갈 수록 구름도 더욱 몰려들었다. 선교회가 당한 물질적 손실은 막대했다. 그들은 선교 기지들을 빼앗고 약탈했으며 파괴했다. 쓰촨에 있던 허드슨 테일러 학교는 완전히 파괴되어 복구하려면 최소한 만 파운드가 필요했다. 양저우의 언어 학교나 카이펑에 있던 큰 병원은 완전히 소실되었다. 소유물의 손해액만 해도 5만 파운드로 집계되었다. 그런데 인명의 피해는 더 심했다. 모리스 슬릿처와 3살 난 그의 딸은 구이저우 선교 센터에서 피해 나오다가 산적들이 쏜 총에 맞아 죽었고 슬릿처 부인은 부상을 입고 동료와 함께 감옥에 붙잡혀 들어갔다. 조지 킹은 철수하는 선교사 일행을 인솔하여 돼지가죽으로 된 뗏목을 태워 강을 건너게 하려다가 빠져죽었다. 그는 여러 뗏목 중 하나를 다시 띄우려고 하다가 그런 비극을 맞은 것이었다. 그리고 카이펑의 휫필드 기니스는 중국 군인을 치료한 후에 그만 자기가 장티푸스에 감염이 되었다. 병이 극도로 심해져서 길이 멀지만 베이징으로 이송할 수밖에 없었는데 그만 베이징에서 죽고 말았다.

싸움은 참으로 치열했다. 선교사들은 전술 상 후퇴할 수밖에 없었다. 그러나 상하이의 D. E. 호스트는 포병 장교였던 이전의 경력을 되살려 침착하게 지휘를 하고 있었다. 그는 말 수는 없었어도 기지에 넘치는 유머 감각이 있다고 알려진 사람이었다. 그러면서도 특히 기도를 많이 하는 사람이었고 그렇기 때문에 지혜가 있었다. 한 마디로 위급한 때에 알맞은 지도자였다. 1927년 말, 그의 말을 그대로 따르던 사람 수는 선교사가 1,185명이었고 중국인 사역자는 4,000명이 넘었다. 1,287군데의 조직된 교회에 성찬에 참예하던 중국인 성도 수는 72,133명이었다. 280군데의 CIM 학교에서 6천명 이상의 어린이들이 교육을 받고 있었다. 이것이 다른 것들과 함께 '대적'이 파괴하려고 시도하던 사역이었다.

암울한 때였다. 향후의 전망은 더욱 어두웠다. 문제들은 산적해 있었다. 중국에서 사역하던 외국인 선교사들 중 반은 그때 중국을 떠나서 다시 돌아오지 않았다. 그들에게나 많은 사람들에게 중국에서의 기독교 사역은 종말적인 시험의 날을 맞았다고 본 것이었다. 그런데 한 CIM 선교사는 이렇게 기록했다. '장래에 우리는 이 1927년을 회상하면서 틀림없이 이 거대한 땅 중국의 선교 사역에 순수하고도 헤아릴 수 없는 진보가 있었던 해로 기억할 것입니다.' 이 예언적인 말은 반 기독 학생 1,000명이 교회를 부수고 연로한 중국인 전도자를 잔인하게 때린 사건이 있은 지 5일 밖에 지나지 않았을 때 기록한 것이었다.

Chapter 11

"공격하라!"

"본대는 항복했고 내 편 세력은 후퇴하고 있습니다. 대단한 상황이지요. 그런데 저는 공격하고 있습니다." 포크 장군이 1915년 마네 전투의 위기에서 조프리 장군에게 보낸 메시지였다. 포크 장군은 공격에 크게 가치를 두었기 때문에 부하들이 군대를 증강하지 않으면 질 것 같다고 할 때 그는 언제나 "공격! 공격! 공격하라!"고 명령했다.

A Passion for the Impossible

"공격하라!"

• • •

"본대는 항복했고 내 편 세력은 후퇴하고 있습니다. 대단한 상황이지요. 그런데 저는 공격하고 있습니다." 포크 장군이 1915년 마네 전투의 위기에서 조프리 장군에게 보낸 메시지였다. 포크 장군은 공격에 크게 가치를 두었기 때문에 부하들이 군대를 증강하지 않으면 질 것 같다고 할 때 그는 언제나 "공격! 공격! 공격하라!"고 명령했다.

기독교 선교의 첫 30년은 언제나 대적이 공격적으로 박해를 한 시기였다. 교회를 무너뜨리려고 공격을 하였지만 결코 성공하지 못했다. 물론 지역적으로 성공할 때도 있기는 했다. 그런데 그리스도인들이 다시 살아나서 공격적인 선교 정신으로 무장하자 교회는 지속적인 전진의 파도를 타고 미전도 지역을 점령하고 사람들의 마음에 그리스도께서 주(主)로 통치하시도록 도전을 하였다. 이것이 허드슨 테일러의 특징적인 정신이었다. 그는 CIM이 '언제나 전진해야' 한다고 믿었다. 상황이 가장 절망적으로 보일 때 그는 언제나 반복적으로 공격적인 태도를 취하였다. 교회나 선교 단체가 앞을 향하여 나가지 않고 이미 얻은 것들에 안주하면서 주도권을 잃으면 틀림없이 영적인 상실로 고통을 겪게 된다.

1927년은 중국에 있던 선교 단체들이 모두 힘들었던 해였다. 이미 선교사 5천 명이 중국을 떠났는데도 아직도 CIM 선교사 800명을 포함해서 많은 사람들이 해안 지역에 피난 나와 있었다. 공산주의자들은 기세가 등등하였고 반기독교 운동은 폭력의 정점에서 중국 교회를 측면공격하고 있었다. 기독교인들은 반역자이자 '제국주의의 앞잡이'로 고발을 당했다. 심한 모욕과

박해, 심지어 죽음까지 당했다. 여기저기에서 기독교를 억압하기 위해서 별의별 수단을 다 강구했다. 기독교 학교를 관장하는 정부 기관에서는 등록을 의무화 시켰고 신앙을 전파하는 것을 금했다. 중국의 지성인들은 기독교인으로서 애국자가 되는 일은 불가능하다고 결론을 내렸다. 의심할 여지없이 교회가 그 기초부터 흔들렸기 때문에 세상은 분명 교회가 붕괴될 것으로 생각했다. 사실상 거의 붕괴되려는 찰나에 있었다. 상황은 1900년보다 더 위험했다. 악마는 중국에 있는 그리스도의 교회를 무너뜨리려고 쥐어짜듯 공격하고 있었다. 그러나 허사였다 그는 또 패배하였다. 이제는 때가 무르익어 그리스도인들이 공격할 차례가 되었다.

이러한 움직임을 격려하는 일이 생긴 것은 아니었다. 내전을 하면서 현대식 무기 사용이 늘게 되자 나라 전체가 쑥대밭이 되었다. 1927년 양쯔강을 건넌 후 남쪽 군대는 저지를 당하였고 분쟁이 불거져 나왔다. 경쟁이 되는 정부들이 베이징, 난징, 그리고 광저우에 세워졌는데 그 외에도 다른 독립 당파들이 있었다. 전쟁 때문에 사람들은 이루 말할 수 없는 고통을 당했다. 1928년 영국과 미국은 난징의 장제스 정부를 인정했고, 내지의 여행 규제도 모두 풀렸다. 그런데 무법한 일들과 산적 행위는 여전히 고쳐지지 않고 있었다. 아편 재배는 1911년 이래 그 어느 때보다 여러 성에서 이루어졌다. 1928년에서 1929년까지 있었던 무슬림 반란 때문에 많이 죽었고 선교 센터 네 곳이 약탈당했다. 6명의 장군들이 의견의 일치를 보지 못했고 3월부터 중앙 정부가 반란군을 끌어들이자 국가가 통일될 것이라는 희망이 좌절되었다. 상황이 너무도 절망적이어서 중국인들과 선교사들 가운데 그 어느 때보다도 낙심해 있다고 고백하는 사람들이 많았다. 장티푸스도 창궐하여 그 해에 죽은 선교사들이 1900년 이래로 가장 많았다.

1927년에 내지에 있던 모든 선교사가 철수한 것은 아니었다. CIM 선교사 213명은 위험을 무릅 쓰고 내지에 있던 70군데의 선교 센터에 남아 있었다. 수시로 위험한 처지에 놓이면서도 그들은 사역을 계속해 나갔다. 1927년에 거의 3천명이 위험한 가운데서도 그리스도를 공개적으로 고백하며 세례를 받았다. 성경을 배본한 부수는 8백만 권으로 당시의 상황을 볼 때 경이로운 수치였다.

해안으로 피난해 있던 선교사들도 한가하게 있지 않았다. 상하이에서 일본인 67명이 그리스도께 돌아왔고 영국 방위군에게도 복음을 전할 수 있는 황금 같은 기회가 있었다. 그러나 그들의 머릿속에 제일로 들어 있는 생각은 장래에 대한 것이었다. 하나님께서는 어떤 목적으로 하나님의 교회와 선교회를 세우셨는가? 본국에서나 해안의 여러 곳에서 회의를 하였다. 어떻게 하면 중국의 현실 상황을 해결하겠는가를 고심했고 현재에서 배울 수 있는 교훈이 무엇인지를 함께 생각했다. 이러한 회합의 결과, 허드슨 테일러가 처음에 의도하였던 대로 '자립하여 스스로 교회를 개척할 수 있는 교회를 일으켜야 한다'는 것을 재확인하였다. 그래서 이러한 과정의 일환으로 교회의 행정을 신속히 중국 지도자들에게 이양하자는 결정을 하였다. 이렇게 하면 또한 선교사들이 새로운 지역에서 직접적으로 전도하거나 교회에서 특별 예배를 인도하지 않아야 할 것이었다. 이제 분명해졌다. 하나님께서는 선교사들이 자기가 했던 사역을 평가하고 앞으로 해야 할 활동에 대해서 새로운 근거를 찾도록 하기 위해서 사역하고 있던 기지에서 떠나게 하셨던 것이었다.

강렬했던 반외국인 정서가 가라앉고 정부가 영국과 미국에 우호적이 되자 선교사들은 다시 자기들이 있던 선교 기지로 돌아오기 시작했다. 그곳에 남아 있던 성도들은 놀랄만큼 확고부동했고 신앙이 깊어졌으며 성숙해 있었다. 이전에 비해서 더 성실했고 더 건실했으며 더 현명해졌다. 덜 의지했고 이전에 비해서 더 주도적이었다. 지도력의 은사가 드러나고 있으면서 선교사들과 성도들의 행복한 관계도 잘 유지되고 있었다. 위협하던 파도는 그저 해변 가에서만 찰싹거렸을 뿐이었다. 물질적인 손해는 영적 유익에 비하면 아무 것도 아니었다. 한 선교사는 '우리 중 몇 명은 심지어 부흥이 가까운 것으로 느끼고 있었다.'라고 썼다.

사람들도 더 친절했다. 그들은 복음을 들을 준비가 더 잘 되어 있었다. 기독교 서적도 쉽게 팔렸다. 1928년에 성경 협회에서 팔았던 성경 부수는 11,453,783권이었다. 이제는 전진할 때였다. 하나님께서는 선교회가 잃은 땅을 다시 찾는데 그치는 것이 아니라 '적진'을 공격하라고 부르고 계셨다. D. E. 호스트는 포크 장군의 정신을 가진 사령관이었다. 1929년 3월 일반적인 상황이 최악이었을 때 호스트는 본국에 전보를 보냈다. 2년 내로 200명의 남자 선교사를 보내달라고 호소한 것이었다. 중국의 미전도 지역을 자세히 조사해 보니 전진 운동에 성공하려면 보강 인원이 절실하게 필요하였다. 총재는 말했다. "그 일은 우리가 선교 단체로서 감당했던 일 중 가장 치열한 투쟁이 될 것입니다." 본국 전선에서는 이전에 베이징 부대의 포병 장교였던 매켄지 여단장이 기도 그룹을 조직했다. 그 기도 팀의 목표는 선교사 한 사람 당 12명의 기도 후원자들을 호위병으로 제공하자는 것이었다. 도전장은 던져졌고 접전이 시작되었다.

1929년이 다 되어갈 즈음, 200명 중 35명이 중국으로 왔다. 뒤이어 51명이 1930년에 그리고 1931년에 117명이 와서 모두 203명이 사역자로 온 것이었다. 사람들은 그 중에 84명만이 남자인 것에 실망하였다. 하나님의 섭리 가운데 홍커우 지역 이전 본부 건물이 1930년에 팔렸고 그 이익금으로 조계지에 새로운 건물을 크게 지었다. 그래서 때마침 1931년과 1932년에 많은 수의 선교사들이 들어오게 되었을 때에 모두를 수용할 준비를 막 끝내고 있었다. 그 해에 91명이 새로 들어와서 CIM의 선교사 총수는 1,326명이 되었다. 공격적인 행보는 그 속도를 늦추지 않았다. 1929년에 새로 18군데에 선교 센터를 세워 활발하고 다양하게 전도활동을 펼쳤다. 그리하여 군인, 아편 중독자, 승려, 죄수 그리고 티벳인들이 많이 주께로 돌아왔다. 그런데 1931년에 가장 주목할 만한 개종이 있었다. 장제스 대원수가 감리교회에서 세례를 받은 것이었다. 이것은 대단히 용기가 필요했던 사건이었다. 왜냐하면 공산주의자들과 자기가 이끌던 국민당의 대다수가 아직도 매우 심하게 기독교를 반대하고 있었기 때문이었다. 정치적으로는 실수가 많았지만 총통은 끝까지 신실한 그리스도인이었다. 정치적으로 청렴했고 개인적으로 흠 잡을 데가 없었다. 세계 어디에서도 국가의 원수가 그렇게 공공연히 그리스도인이라고 고백하고 부끄러움 없는 그리스도인으로서 행한 사람은 없었다. 1949년 그는 자신의 정부 인사들을 이끌고 타이완으로 망명하여 1975년 죽을 때까지 계속해서 온 세계의 공산주의와 싸웠다. 그는 끝까지 경건한 그리스도인이었고 국가장으로 치렀던 그의 장례식은 기독교를 증거하는 기회가 되었으며 타이완 전역에 깊은 인상을 주었다.

총재가 경고했던 것을 확인이라도 하는 양 그 200명을 보내달라고 호소했던 이후 몇 달 동안에 선교사가 8명이 살해 되었고 30명이 인질로 사로잡혔다. 남서부에서는 산적들이 약탈을 일삼았다. 어떤 무리는 CIM의 지역 책임자를 사로잡아 갔고 다른 무리는 선교사를 죽였다. 허난에서는 CIM 선교사 5명이 인질로 잡혀 있었고 많은 사람들이 강탈을 당했다. 간쑤에서 무슬림 반역에 이어서 기근이 뒤따르자 CIM에서는 조지 핀들레이 앤드류를 국제 기근 대책 기구의 사역을 지휘하는 책임자로 임명을 하였다. 그는 사역을 뛰어나게 잘해서 대영제국의 훈장(O.B.E.)을 받았다.

그런데 이 새로운 공세에 가장 큰 위협이 되는 세력이 있었는데 바로 공산주의자들이었다. 중국 공산주의 연방이 쓰촨 동부와 장시에 세워졌다. 압제와 고통을 당하던 인민들은 막스주의 선전에 강하게 영향을 받았다. 만일 붉은 군대가 잔인한 행위만 저지르지 않았더라면 아마도 30년대 중국은 틀림없이 공산주의 일색이 되었을 것이다. 장시 성이 제일 심하게 고통을 당했다. 공산주의자들과 산적 떼들은 서로 경쟁이라도 하듯이 폭행을 하였다. 시민이 150명이나 살해를 당했고 150만 명이 성에서 피해 달아났다. 가옥도 1,000가구 정도를 완전히 불태웠다. CIM 선교 센터가 32군데 있었는데 그 중 20군데가 약탈당했고 1927년 철수할 때에 보니 남아 있는 곳은 7군데 뿐이었다. 1930년 핀란드 협력 선교사 세 명이 살해당했고 공산주의자들의 혹사로 죽은 사람도 부지기수였다. 1930년 7월 공산군이 후난의 창사를 점령하여 온 도시를 약탈했다. 그들은 당시 CIM 성경 훈련 학교를 임시 본부로 사용했다.

이 시점에서 장제스 대장은 공산주의자들을 진압하기로 결정했다. 그러나 성공하기까지 4년이라는 시간이 걸렸고 그 4년은 매우 비극적인 일들로 점철된 세월이었다. 홍수 재해, 난폭한 강도 행위를 비롯하여 줄지어 만주가 침략을 당하는 등 참으로 1931년은 중국 정부에게 있어서 그 이상 굴욕적일 수 없는 해였다. 온 세계에 내비친 중국의 모습은 약하고 거대하여 다루기 힘들고 무질서한 나라이면서, 거대한 군대를 유지하느라고 나라의 자원을 고갈시켜 곤궁하였으며 나라를 평화롭게 하는 일에 완전히 실패한 나라였다. 선교 활동이 가능했던 일은 완전히 기적이었다. 오직 본국의 성도들이 몇 배로 기도한 것이 일을 지속할 수 있게 한 원동력이었다. 1869년 래머뮈어 일행 중 한 사람이 쓴 글은 1931년에도 해당되는 말이었다. '개척하는 일은 아이의 장난이 아니다. 사탄은 자기 손아귀에 있는 먹이를 빼앗기지 않으려고 할 것이다. 새로운 사역지를 개척하려고 하면 오직 그런 경험을 했던 사람만이 이해할 수 있는 어려움을 만날 것임을 각오해야 할 것이다.'

세계적인 경제 공황과 실업이 만연하던 시기에 새로운 일꾼 200명이 더 들어왔을 때 사람들은 선교회가 재정을 과도하게 긴축했을 것이라고 생각할 것이다. 그런데 선교회의 부유함은 투자액이나 유가증권에 있지 않았다. 1928년에 170,499파운드 들어왔던 헌금이 1929년에는 221,685파운드였고, 그 수치는 전년도의 합산보다 36,000파운드 많은 액수였다.

1932년 D. E. 호스트는 전진 운동이 잘 되어가고 있는 것을 보고 스콧틀랜드의 조지 깁스를 지목하여 총재 자리를 잇게 하였다. 그는 창립자가 죽은 후 그 소란스러웠던 30년 동안 CIM을 이끌었다. 그는 매우 중대한 시기에 그 자리를 떠맡았다. 그리고 이렇게 전통에 어긋남이 없는 발언을 했다. "현 중국의 상태에서 복음 사역이 전진하게 하기 위해서는 도전적인 태도가 필요하다고 생각합니다… 상황이 어렵기는 하지만 그럼에도 불구하고 우리 앞에 놓인 기회는 단지 선례가 없었을 뿐입니다. 모든 계층의 사람들에게 복음을 전할 수 있는 문들이 활짝 열려 있습니다. 중국 역사상 이렇게 많은 기회가 주어졌던 일은 없었습니다…"

Chapter 12

부흥

하나님은 사탄의 저항에 다른 대답을 가지고 계셨다. 그것은 부흥이었다. 선교사들이나 중국의 성도들에게는 오랫동안 부흥을 위한 부르짖음이 그 가슴 속에 있었다. 딱딱함, 메마름, 차가움이 교회를 괴롭히고 있었다. 열매가 많지 않았고 영적 성장도 느렸다. 교회 내부에 숨겨져 있는 죄들 때문에 주변 사회에 끼치는 영향력이 약해졌다.

A Passion for the Impossible

부흥

· · ·

하나님은 사탄의 저항에 다른 대답을 가지고 계셨다. 그것은 부흥이었
다. 선교사들이나 중국의 성도들에게는 오랫동안 부흥을 위한 부르짖음이
그 가슴 속에 있었다. 딱딱함, 메마름, 차가움이 교회를 괴롭히고 있었다.
열매가 많지 않았고 영적 성장도 느렸다. 교회 내부에 숨겨져 있는 죄들 때문
에 주변 사회에 끼치는 영향력이 약해졌다.

그러나 하나님께서는 중국 교회를 일으키기 위해서 친히 사용할 도구를
이미 준비 중이셨다. 1926년 반외국인, 반기독교 선전이 극에 달해 있었을
때 일본 전도단의 파젯 윌키스가 상하이에서 집회를 하여 베델 선교회에 관
여하고 있던 젊은 기독교인들의 가슴에 불을 붙였다. 그 중에 탁월한 사람이
있었는데 앤드류 기(중국명 지즈원 计志文)라는 우체국 관리였다. 그는 직
업을 그만두고 베델 세계 전도대를 조직했다. 후에 과학자이면서 괴짜 전도
자였던 존 성(중국명 宋尚节) 박사가 그 전도대에 합류하여 만주에서 윈난까
지 다니며 앤드류 기와 연합으로 강력한 집회들을 많이 인도했다. 후에는 서
로 헤어져 따로 사역을 했다. 시밍쯔는 이미 오랫동안 부흥 집회를 많이 인도
하고 있었다. 이외에도 유명한 전도자가 많았다. 마커스 청(중국명 陈崇桂),
전 해군 장교였던 레이랜드 왕(중국명 王载), 1900년 포위 당시 공사관 구
역에서 태어났던 왕밍다오(王明道), 치푸 사업가였던 찰스 리와 쟈위밍(贾
玉铭) 등이 유명했다. 워치만 니로 알려진 니튀성(倪柝生)도 많은 저서로 중
국 전역에 알려져 있던 사람이었다. 이 명민했던 젊은이는 '작은 무리(The
Little Flock)'라는 독립 교회 운동의 수장이었는데 선교 지도자들은 그 단

체에 대해서 혼란스러워 했지만 그 영적 세력은 중국 전역에 퍼져 있었다.

교회에 강력하게 메시지를 전하던 선교사들도 있었다. 노르웨이의 마리 몬센, CIM의 안나 크리스텐슨 등이었다. 모두 범국가적인 사역을 했는데 메시지는 근본적으로 동일했다. 숨겨진 죄를 드러내고 완전히 회개하도록 촉구했으며 돌이켜야 할 필요성을 강조했다. 그리스도의 피로 완전히 정결하게 될 수 있으며 모든 죄에서 구원받고 성령의 충만을 받을 수 있다는 내용이었다. 그 결과는 괄목할 만했다. 명목상의 그리스도인들이 진정으로 돌이켰고 사람들의 삶이 변화되었으며 교회에 새 생명의 기운이 흘러들어왔다. 성도들은 자연스럽게 전도를 했고 성도의 교제 가운데 기쁨과 사랑이 넘쳐났다. 어떤 선교사는 "새로운 형태의 기독교가 사방팔방으로 퍼져 있다."고 했고 다른 이는 "우리가 중국에 30년 이상이나 있으면서 오늘날 우리가 보고 듣는 것과 같은 일이 이 땅에서 일어날 수 있음을 믿지 못했던 것이 부끄럽다."고 고백했다. 중국 전역에서 상하이에 보고가 들어오고 있었다. 선교사들 사이에도 성령께서 변화를 일으키고 계셨다. 그들 자신도 남녀노소를 불문하고 중국인 성도들처럼 부흥이 필요함을 깨닫기 시작했던 것이다.

역사적으로 부흥이 있을 때마다 모조품과 같은 운동도 있어서 지나치게 나가면서 천박한 감상주의로 빠지는 경우가 많았다. '예수 가정'이라는 운동이 그러했는데 비성경적인 것을 강조하고 앞뒤가 맞지 않는 행동을 하여 많은 교회를 파괴하고 있었다. 후에 이 운동은 그들이 하던 공동생활을 살려 공산주의 치하에서 개선을 시도하기도 하고 몇 가지 좋은 면도 가지고 있었지만 초창기의 파괴적인 이미지를 씻는 일에는 결코 성공하지 못했다.

진정한 부흥에는 언제나 그 결과로 활발한 전도가 자연스럽게 따라온다. 특히 베델 전도단은 자기들이 방문하는 모든 교회에 작은 전도대를 조직하도록 하여 지도자를 보내고 그들의 깃발을 들게 하였다. 그 결과로 수백 개의 베델 전도단이 활발한 전도활동을 벌였다. 1933년에 관찰한 바로는 외국인 선교사들의 사역을 통해서 보다 자국민의 전도로 더 많이 교회가 성장하고 있었다. 곤란하다고 생각했던 자립, 자전, 자치의 문제가 영적 부흥의 결과로 해결되는 것이었다. 자립이 현 경제 상황에서 가장 어려운 문제였다. 불안하기도 하고 실패에 대한 두려움도 자연스럽게 있었지만 스스로 다스리는 자치의 문제에는 괄목할 만한 진전이 있었다. 중국 교회는 새롭게 주도력을 보이기 시작했다. 한커우에서 기독 신문을 발행하기 시작했다. 한커우와 상하이의 기독교 방송 회사는 세계에서 처음으로 온전한 기독교 방송국을 운영하였다. 산시에서 데이빗 양(杨绍唐)은 시험적으로 독특한 전도 방법을 개척하였다. 남녀를 선별하여 일 년 중 6개월간 함께 공부하게 하고 나머지 6개월 간 사역하게 하는 것이었다. 젊은 선교사들은 그 팀에 들어가서 배웠다. 그 영적 사역팀(灵工团)에서 배웠던 많은 사람들이 후에 중국 각지에서 뛰어난 사역자가 되었다. 중국 청년들 중에 사역을 위해 훈련받고 싶어 하는 사람들이 늘어나자 그 필요를 채우기 위해서 새로운 성경 학교들을 열었다. 쓰촨에서는 1929년에 처음으로 무슬림에서 개종한 중국인이 부주교로 임명을 받았다.

선교사들도 주도적으로 솔선하는 중국인 교회에 발맞추어 사역을 하였다. 1933년 9개의 성에 19군데 센터를 열었다. 중국의 지역 중에는 이전에는 오랫동안 안전하지 못했지만 현재는 평화로워진 곳들이 있었다. 텐트를 가지고 다니며 집회하는 일들이 늘어났고 그 일로 많은 열매가 있었다. 감옥에 들어가 전도했을 때 간수와 죄수가 함께 개종하는 일도 벌어졌다. 어린이와 청소년 사역에도 많이 힘을 기울였다. 학생이나 지성인 계층이 더욱 큰 관심을 보이고 있었다. 아편 중독자 재활 사역도 필요가 많은 대로 감당하고 있었다. 새로 온 200명 중에서 5명이 의사였기 때문에 의료 선교에 새로운 추진력이 붙고 있었다. 병원이 14군데 있었고 각 병원마다 부속 진료소들이 딸려 있었는데 그곳이 전도의 선봉 역할을 하고 있었다. 1936년에 창사에 허드슨 테일러 기념 병원을 개원했다.

리수 족을 필두로 한 부족민 사역과 성경 번역 사역이 힘을 얻고 있었다. 200명 중 6명이 중국의 신장으로 발령을 받아서 1932년에 몽골과 고비 사막을 건너 우루무치(티화)로 가는 역사적인 여행을 하였다. 베테랑 선교사인 조지 헌터와 함께였다. 탐험가인 스벤 헤딘이 그들의 여정을 구상하였다. 그들은 22일 간 3천km 가까운 길을 갔는데, 그 길은 대부분 길도 없는 거친 사막이었다. 그래도 안전하게 목적지에 도착했다. 그러나 곧 그곳에 일어난 무슬림 반란에 휩싸여 있게 되었다. 여섯 명의 일행 중 의사였던 에밀 피쉬바흐와 노장 퍼시 매더는 힘을 다하여 부상자를 치료하다가 열병에 감염되어 죽음을 맞았다. 전진 운동의 초창기에 그러한 일은 선교회 전체에 큰 쇼크였다. 그럼에도 불구하고 그 일이 있은 지 얼마 되지 않아 그 외딴 성에 새로운 센터가 세 군데가 더 생겼다.

· · ·

CIM 선교사들이 사역하던 선교 기지는 1936년에 1927년보다 104군데 늘었다. 그리고 이제 새로운 방법들이 등장하여 사용되고 있었다. 시청각 전도가 비약적으로 진보했고 매력적인 복음 전도 포스터들이 성문과 성벽에 붙어 있게 되었다. 신문을 통해서도 전도의 열매가 있었다. 대중 집회를 하기 위하여 확성기, 영사기, 스크린이 장비된 자동차도 동원되었다. 사람들은 이제 정치적 모임이나 공산주의와 반공주의자들의 강의에 익숙해져서 신중하고 사려 깊은 강의가 있는 선교 모임에 와서 들을 준비가 되어 있었다. 많은 사람들이 개종했다. 전문 간첩, 첩보원, 아편 중독자, 창녀, 도박

군, 군인, 승려, 남녀노소를 막론하고 모두가 그리스도를 찾고 있었다. 남녀노소, 빈부귀천, 강도, 학자의 구별이 없이 복음을 듣고 주께로 돌아왔다.

1936년 세례자 수는 8,841명으로 1926년보다 두 배로 늘어났다. 이 폭풍우가 몰아치던 10년 동안 모두 해서 6만 명이 세례를 받았고 CIM 교회의 성도 수는 모두 95,000명이 되었다.

Chapter 13

아무 것도
갈라놓지 못한다

12장에 기록한 성과는 중국의 고통이 절정일 때 이루어진 것이었다. 콜레라가 퍼져서 희생자가 15만 명이나 되었고 지진이 있었으며 가뭄으로 작황이 좋지 않았다. 그리고 일본 이 서서히 중국을 잠식해 들어오고 있었다. 1933년 일본군대가 상하이 근처에 상륙하여 차페이 지방을 공격했다. CIM이 신짜로로 본부를 새로 옮긴 뒤 6주 밖에 지나지 않았을 때였는데, 그때의 일본 포격으로 이전의 본부 건물이 부서졌다.

A Passion for the Impossible

아무 것도 갈라놓지 못한다

. . .

12장에 기록한 성과는 중국의 고통이 절정일 때 이루어진 것이었다. 콜레라가 퍼져서 희생자가 15만 명이나 되었고 지진이 있었으며 가뭄으로 작황이 좋지 않았다. 그리고 일본이 서서히 중국을 잠식해 들어오고 있었다. 1932년 일본군대가 상하이 근처에 상륙하여 자베이 지역을 공격했다. CIM이 신자(新闸)로 본부를 새로 옮긴 뒤 6주 밖에 지나지 않았을 때였는데, 그 때의 일본 포격으로 이전의 본부 건물이 부서졌다. 일본인들은 베이징과 텐진 마저 위협을 하였고 황하로 구부려져 구별된 5성을 손아귀에 넣으려고 고삐를 조여오고 있었다. 그리하여 그곳을 중국의 나머지 지역에서 완전히 떼어놓으려고 했다. 그러나 그 시도는 실패로 돌아갔다. 1934년에 일본군은 헨리 푸이를 만주국의 마지막 황제로 등극시켜 꼭두각시로 만들었다. 내몽고도 위협을 받고 있었다. 장제스 장군은 내부로는 공산주의자들이 그의 권세에 도전하고 밖으로는 일본국이 위협하는 등 진퇴양난에 빠져 있었다. 내전으로 너무 약해져서 그에게는 일본군의 세력을 대항할 힘이 없었다. 그가 실제로 다스릴 수 있는 지역이 점점 줄어가자 그는 무력으로 나라를 통일하려고 하지 않고 제한된 지역에서나마 더 나은 정부를 세우는 일에 집중했다. 그는 행정력의 공백으로 나라 안에 도덕적 타락이 심해진 것을 인식하고 새생명 운동을 일으켰다. 그 일에 개인적으로 선교단체를 초청하여 가까이서 협조해 주도록 부탁하였다. 비교적 평화로운 지역에는 눈에 보이는 진보가 있었다. 새로 도로를 만들고, 철로를 연장했으며, 승객에게 효율적인 항공 서비스를 제공했다. 통화도 안정되고 도시 계획도 하였다.

어려움을 겪고 있는 국가는 중국만이 아니었다. 독일은 나찌의 손에 떨어졌다. 에티오피아도 만주와 같이 엉뚱하게 침략의 희생자가 되었다. 이러한 일이 일어나도 국제연맹은 아무 제재도 가하지 못했다. 스페인도 전쟁으로 폐허가 되었다. 그러나 그중에서도 중국의 고통이 가장 심했는데 공산주의자들이 무장을 하고 나라를 재건하는 일을 방해했기 때문이었다. 장시에서 싸움이 끝나지 않고 질질 끌고 있었다. 그런데 공산주의자들이 점령한 지역에서 교회가 막사나 훈련장으로 쓰이고 있을 때에라도 기독교인들은 언제나 방법을 찾아서 예배를 드렸다. 1932년 CIM의 퍼거슨 선교사는 홍수 재난 구조를 하다가 공산주의자들에게 잡혀서 이 마을 저 마을로 끌려 다녔는데, 그들은 그 외국인을 공개된 극장 무대에 세워 놓고 사람들이 구경하게 했다. 그 가운데서도 퍼거슨은 모든 기회를 이용해서 담대히 그리스도를 전파했다. 한두 달 뒤 처형당할 때까지 그 일을 계속하였다. 같은 해 산적들은 치푸학교 졸업생이었던 간쑤 선교사를 살해하였다. 1933년은 쓰촨이 공산주의자들에게 약탈을 당하고 선교 사역이 중단 위기를 맞았던 해였다.

그 다음 해 중앙 정부 병력은 마침내 남부 장시에 있던 공산 진영을 무너뜨리고 그 성을 차지했다. 공산주의자들이 떠나자마자 교회들은 즉시로 전도대를 18개 조직했고, 선교기지를 30군데 세웠으며 그 성의 미전도 마을을 여기저기 다니며 전도하였다. 난창 성경 학교가 다시 열렸다. 그 결과 1936년 장시에서만 세례자 수가 1,100명이었다. 그 성은 공산주의자들이 다스렸을 때 가장 잔인하게 참해를 당했던 곳이었다.

남서쪽으로 후퇴하던 공산군은 안후이 남부 기지를 공략했다. 그곳에는 200명 선교사들이 올 때 멤버였던 존과 베티 스탬이 살고 있었다. 그들은 스탬 부부를 사로 잡아 고문하고 제국주의의 스파이로 몰아 죽였다. 그들은 용케 갓 난 딸을 숨겼고 친구들에게 마지막 편지를 전할 수 있었다. '우리가 가진 모든 소유물과 저축한 것이 그들 수중에 들어갔습니다. 그렇지만 우리 마음속에 하나님의 평안이 있어서 찬송을 드립니다. 주께서 여러분들을 축복하고 인도해 주시기를 빕니다. 그리고 우리를 위해서는 살든지 죽든지 하나님께서 영광 받으시도록 기도해 주십시오.' 그들은 칼로 스탬 부부의 목을 잘라 죽였다. 그들을 죽이지 말아달라고 애원하던 중국인 친구도 함께 살해당했다.

한 무명의 시인(역주 : 미국남장로회 쉬저우 선교사 해밀턴)은 북중국에서 살해자를 두려워하지 않는 선교사의 죽음에 대해서 아래와 같은 시를 남겼다. 스탬 부부는 그것을 집으로 보냈는데 그 편지가 도착한 날은 그들의 순교 소식이 전해지던 바로 그 날이었다.

두려움? 무엇 때문에?
영혼이 기꺼이 해방될 텐데.
고통에서 완벽한 평안으로 들어갈 텐데.
삶의 투쟁과 긴장을 끝내게 될 텐데.
그것 때문에 두려워?

두려움? 무엇 때문에?
구세주의 얼굴을 뵙는 것이 두렵겠어?
그 분이 환영해 주시고 은혜의 상처에서 빛나는
영광의 자취를 따라가는데
그것 때문에 두려워?

두려움? 무엇 때문에
번쩍, 쿵, 뚫린 마음

어둠과 빛, 천국의 예술이여!
상처 입은 그 분과 같이 되는 것.
그 때문에 두렵겠어?

두려움? 무엇 때문에?
돌밭에 피로 세례를 주는 일,
살아서 할 수 없는 그 일, 죽음으로 하게 될 텐데.
그것 때문에 두려워?

스탬의 갓 난 딸은 죽음을 피해서 사랑하는 중국인 성도의 손에 구원을 받았다.(『승리의 입성』 제럴딘 테일러 저, 로뎀북스 간, 2013년)

같은 해 가을 보스하트(Bosshardts)와 헤이만(Hayman)과 그레이스 엠블렌(Grace Emblen)도 구이저우에서 사로잡혀서 공산군의 인질이 되었다. 여성들은 곧 풀려났지만 헤이만은 보스하트와 함께 413일 간 공산군의 손에 잡혀 있다가 풀려났다. 계속 죽이겠다는 위협을 받는 가운데서도 그들은 언제나 끈질기게 그리스도를 증거했다. 헤이만이 먼저 풀려나오면서 보스하트에게 작별했을 때 보스하트는 "내가 담대히 예수 그리스도를 전할 수 있도록 기도해 달라"고 부탁했다. 보스하트는 147일이나 더 공산주의자들의 손에 붙잡혀 있다가 쿤밍 근처에서 풀려났다.

정부군에게 공격을 받아 절멸의 위협을 느꼈던 공산군은 1935년에 쓰촨을 통해서 피해갔고 티벳인들은 섬서성에서 북쪽으로 행진하여 옌안(延安)으로 갔다. 그들의 '대장정'은 하나의 긴 서사적 이야기였다. 그들은 가면서 줄곧 강탈했고 죽였다. 티벳 라마승이건 중국인 농부건 가리지 않았다. 그들이 다가오면 전령이 경보를 전하고 선교 기지는 신속히 철수했다. 그러면 그

들은 약탈을 하고 지나갔고 군대가 지나가고 나면 다시 주인이 들어왔다. 그
해 초 치푸 학생 70명과 그들의 보호자가 배로 치푸로 돌아가고 있었다. 그
들이 탔던 S. S. 퉁초우라는 배에 해적이 침입하여 이틀 동안 억류하였는데
매우 긴박하던 순간이었다. 안전한 곳은 아무데도 없는 것 같았다. 같은 해
신장이 러시아의 지배 하에 들어갔다. 밀드레드 케이블과 프렌치 선교사 자
매가 공산군에게 체포되어 몇 달 동안 잡혀 있었다. 케이블의 편지에는 '우리
는 사탄의 회오리 바람 속에 있습니다.'라고 쓰여 있었다.

　1935년은 일반적으로 상황이 매우 좋지 않았다.(특별한 예외가 세 번
있기는 했지만) 남자들 외에는 본국에서 선교지에 나오는 것이 허락되지 않
았다. 1936년 12월 장제스 장군이 직접 시안에 가서 반정부군의 반란을 해
결하려고 했을 때가 최악이었다. 그곳에서 장군은 공산주의를 지지하는 군
대에게 유괴되어 2주간 동안 포로로 잡혀 있었다. 온 나라가 마음을 죄고 있
었다. 그를 사로잡은 자들이 무엇이 필요하냐고 묻자 장은 '성경만 달라'고
했고 그들은 그 말을 들어주었다. 사로 잡혀 있는 동안 장은 일본에 대해서
더 강경한 태도를 취하자고 공산주의자들과 합의했다. 일이 해결되어 총통
은 성탄절에 풀려났고 사람들은 전국적으로 매우 기뻐했다. 1937년 초 공
산군은 의도적으로 일본군을 자극해서 황하를 건너 산시로 들어오게 했다.
일본군의 활동 영역이 넓어진 것이었다. 산시 침략으로 산시성 전역에서 선
교 사역이 일시적으로 중단되었다. CIM 선교사들이 살고 있던 도시들마다
포위되어 괴로움을 당했고 공산군이 물러갈 때까지 심각한 생명의 위협을
당했다.

　30년대의 세계적인 경제 공황은 주지의 사실이다. 1933년 북미 상황은
매우 심각해서 은행들이 문을 닫고 수천만 명의 시민들이 파산했다. 선교 기
금의 후원자들도 마찬가지로 고통을 당했다. 그럼에도 불구하고 CIM은 전

진을 계속했다. 궁핍하고 궁지에 몰리고 시험을 당할 때면 언제나 기적적인 공급을 경험하였다. 1932년에 새로운 후원자가 영국에서는 600명, 미국에서는 400명이 늘었다. 전체적으로 10,000파운드가 증액이 되었는데 그것은 중국에 신임 선교사 91명이 도착하던 해 마침 그것이 꼭 필요할 때 주어진 것이었다. 1934년에는 90명이 더 들어와서 CIM 역사상 회원 수가 가장 많았던 1,368명이 되었다. 그 다음 해의 수입은 총 159,252파운드로 1929년 이래로 가장 많이 들어왔다. 선교사들은 모든 사역과 그것을 유지하는 책임을 하나님께 맡길 수 있다는 사실이 다시 한 번 증명된 것에 놀라며 감사했다.

1937년 1월, 수년 동안 영국 편집장이었던 프랭크 휴턴(Frank Houghton)은 서부 중국 교구의 CIM 주교로 임명이 되었다.

그 해는 좋은 일들로 시작되었다. 몇 년 동안 지속되었던 내전이 처음으로 중단되었다. 공산주의자들은 자기들의 근거지인 섬서성 북부에서 비교적 조용히 있었다. 그런데 일본군의 압박이 그 강도를 높여가고 있었다. 7월 중국군과 일본군이 베이징 외곽에서 군사 훈련을 하다가 마르코 폴로 다리(노구교卢沟桥) 근처에서 총을 쏘았는데 일본군 한 명이 죽었다. 그래서 중일 전쟁이 시작되었고 그 전쟁은 37년에서 45년까지 계속되었다. 그 한 발의 총성은 39년에 시작되어 45년까지 지속되었던 제 2차 세계 대전의 전조였다. 탄피가 부딪히고 폭탄이 터지던 소리 때문에 교회의 소리는 거의 잠잠해졌다. 오직 긴박하게 필요했던 의료인들만이 휴가에서 돌아와도 좋다고 허락을 받을 수 있었다. 1937년 말까지 대부분의 성이 전쟁의 영향권 안에 들어갔다. 그렇지만 선교 사역을 심각하게 어지럽혔던 곳은 해안에 위치한 성들뿐이었다. 이제 모두가 질문을 던지고 있었다. "하나님께서 가지신 새롭고 기이한 목적은 이제 무엇일까?"

Chapter 14

위험한 기회

4,000년의 유구한 중국 역사 가운데 일본과 전쟁했을 때가 가장 심각한 기간이었다. 위기라는 한자말은 문자 그대로 '위험한 기회'라고 번역할 수 있다. 8년 동안이나 상상할 수 있는 모든 위험에 둘러싸여 있으면서 교회와 선교회는 이 전쟁의 기간이 이전에 없던 특별한 기회의 날들이었음을 확실히 경험했다.

A Passion for the Impossible

위험한 기회

● ● ●

4,000년의 유구한 중국 역사 가운데 일본과 전쟁했을 때가 가장 심각한 기간이었다. 위기라는 한자말은 문자 그대로 '위험한 기회'라고 번역할 수 있다. 8년 동안이나 상상할 수 있는 모든 위험에 둘러싸여 있으면서 교회와 선교회는 이 전쟁의 기간이 이전에 없던 특별한 기회의 날들이었음을 확실히 경험했다.

중국까지 가는 일만해도 충분한 위험이 수반되었다. CIM 선교사들은 어뢰의 공격을 당하기도 하고 바다에서 항공기의 포격을 받기도 했으며 죽음의 순간에 기적적으로 탈출하기도 했다. 일단 중국에 도착하여도 공중 포격, 주요 도시에서의 치열한 싸움, 군사 점령, 콜레라, 장티푸스, 홍수, 기근 등 온갖 위험을 만났다. 10명 이상의 CIM 선교사가 비행기 추락, 교통사고, 유행성 질병, 공중 포격과 같은 일로 생명을 잃었다. 그 중에는 감독이 2명 있었고 로랜드 혹벤이라는 영국 인사 담당도 있었다. 혹벤은 막 선교지를 돌아보려고 하던 중 미얀마 도로에서 사고를 만나 죽었다. 일본이 중국을 침략하여 사람들을 괴롭혔던 그 잔인함과 무모함은 선례가 없을 정도로 심한 것이었다. 파괴와 슬픔과 정신적 고통과 죽음은 이루 말할 수가 없었다. CIM 선교사들은 가능한 한 자기 기지를 떠나지 말고 머물러 있자는 의견에 한 마음으로 동의했다. 중국이 고통을 받을 때 함께 하여 고통당하는 자와 함께 하셨던 그리스도와 같은 사역을 하고자 했던 것이다. 그럴 때 그들이 하던 선교 운동이 모든 계층의 사람들에게서 존중을 받았고 새로운 위치에서 사역할 수 있는 기회가 되었다. 시계의 추는 행동할 때임을 가리키고 있었다. 마침내 교회가 그렇게 오랫동안 기다리던 황금의 기회가 온 것이었다.

1938년 초 전쟁이 산둥, 허베이, 산시 지역을 휩쓸었다. 상하이도 외국인 거주 지역 밖은 거의 파괴되었다. 난징이 함락되었다. 이어서 쑤저우, 카이펑, 안칭, 한커우, 광저우도 곧 그 뒤를 따랐다. 민간인의 고통은 말할 수가 없었다. CIM 선교 기지의 반 정도가 전쟁 지역 안에 있었다. 선교사들은 즉시로 피난민을 돌보기 시작했고 잔인하고 악랄한 일본군을 피해서 선교 센터에 들어왔다. 이곳에서 선교사들은 상처 받은 사람들을 치료하고 두려워하는 자들에게 보금자리를 제공하며 버려진 사람과 가난한 사람들에게 먹을 것을 주었다. 그들은 죽어가는 사람들과 가족을 잃은 사람들을 위로하였으며 고아의 친구가 되었고 그리스도를 모든 사람에게 알리는 기회를 가질 수 있었다.

1939년 허베이에 큰 홍수 재해가 일어나서 성의 1/3이 피해를 입었다. 텐진에 이재민이 24,000명이나 발생하여 재해 구조가 절실하였다. 닥터 스탠리 호잇을 임시 병원 책임자로 임명하였다. 중국군은 침략군을 방어하기 위해서 황하 둑을 일부러 부쉈는데 그 일로 인해서 허난에서 수십만 명이 집을 잃게 되었다. CIM 선교사들은 그곳에도 가서 복지 기구들을 만들어 도왔다. 세계적으로 붐비던 도시 상하이에서도 선교사들은 국제 구호 협회와 연합하여 148군데의 캠프에서 132,000명의 이재민을 돌보고 재활 사역을 했다. 난징에서도 또 다른 CIM 선교사가 그 도시 안에만 아편 중독자가 70,000명이 있는 것을 알고 훌륭하게 사역하였다. 중국 사람들은 모든 선교사들이 실제적으로 긍휼 사역을 하는 것에 깊이 감동했고 이것을 통하여 다른 어느 것보다 실제적으로 그리스도의 능력을 확신하였다.

일본군이 침입해 들어오자 현재에서 가장 대대적인 인구 이동이 있었다. 그들이 쳐들어오는 지역에서는 가정과 가게를 다 버리고 소유물 몇 가지만 챙겨서 무서운 일본군의 점령을 피해서 서부로 대장정을 떠났다. 빗방울이 홍수가 되듯이 처음에는 몇 명 되지 않았지만 점점 더 많아져서 결국 4천에서 6천만 명이 서쪽으로 이동한 것으로 추산하고 있다. 피난민은 공중에서부터 맹포격을 당하였고 식량부족으로 고생했으며 콜레라나 장티푸스 같은 병에 걸려 고통을 당했다. 아이들은 부모와 헤어졌고 가족 중에 젊은이들은 조상의 집을 떠나지 않으려고 점령지에 남아 있는 부모들과 헤어져야 했다. 각 성이 점령될 때마다 그곳 사람들은 미개발 지역이기는 하지만 아직 자유로운 서부 중국 쪽으로 밀려와 부대끼며 살고 있었다. 각종 중국 사투리를 들을 수 있었고 배운 사람들 사이에서는 영어가 대화의 매개체가 될 때가 많았다. 중앙 정부는 수도를 난징에서 충칭으로 옮겼다. 그런데 그곳에서 조차도 사람들은 비 오듯 내리는 일본군의 폭탄 때문에 죽음과 파멸의 파도가 밀려올 것을 알고 있었다. 옛 도시는 파괴되었지만 정부는 즉시로 그것을 근대식의 재건축에 착수했다. 충칭은 공동의 적에 대항하는 저항 세력의 상징이 되었다.

점령되었던 동부 지역의 교회들은 서부에 있던 교회들보다 더 크고 더 견고히 세워져 있어서 심하게 맹공격을 받아도 조금은 더 잘 견더낼 수 있었다. 그럼에도 불구하고 아직은 매우 절실하게 선교사의 도움이 필요했다. 1938년에는 상황이 아직 불안정하고 위험하기는 했지만 허베이 센터로 돌아갈 수 있었다. 일본군과 괴뢰 만주국군, 그리고 국민당 군대와 공산군들이 지방 곳곳에 출병하고 있었다. 그런데 오직 기독교인들만이 강도떼의 손에 죽고 있었다. 선교사들은 최근의 고난으로 인해 신자들의 믿음이 강해져 있음을 알아볼 수 있었다. 한 여인은 이렇게 간증했다. '지난 해 우리 집은 두 번이나 불에 탔어요. 아무 것도 건질 수가 없었지요. 6명 중 4명이 죽었는데 그 중 우리 오빠는 뜨거운 철판에 타죽었답니다. 며느리는 제 눈앞에서 총에 맞아 죽었고 하나 뿐인 손자도 발각되어 죽었습니다. 그렇지만 저는 예수 그리스도를 떠나지 않겠습니다. 그분을 비난하지 않을 겁니다.' 이러한 이야기들이 많았다. 기독교인들은 이런 노래를 배웠다. '누가 우리를 그리스도의 사랑에서 끊으리요? 환난이나 곤고나 핍박이나 기근이나 적신이나 위험이나 칼이랴? 아니, 이 모든 일에 우리를 사랑하시는 이로 말미암아 우리가 넉넉히 이기느니라.'

　신자들은 고난을 당하고 재산을 잃었어도 낙심하지 않고 예배당을 다시 세우고 전도 활동을 몇 배로 더 열심히 했으며 교회는 시험을 당했지만 오히려 그 결과로 자신들의 믿음이 강해졌음을 나타내 보였다. 그들은 대단한 기세로 회복해 나갔고 사람들은 모두 항상 변하는 환경 가운데서 교회만이 유일하게 변하지 않는 요인임을 인정하게 되었다. 복음에 대해서 새로운 관심이 생기고 성경 판매 부수는 새로운 기록을 갱신했다. 기독교인이 달아나야 할 때 결코 놓아두고 갈 수 없었던 소유물이 있었는데 그것은 자신의 성경책이었다. 산시 서부 외딴 산지에 교회가 있었는데 그곳은 빼앗겼다가 되찾고 하기를 반복하던 지역이었다. 한커우의 기독서회에서는 그곳에 있는 책방의 판매 주문에 맞추기 위해서 성경과 쪽복음서를 열흘마다 보내야 했다.

　일반적으로 겉으로 보기에는 선교 사역을 하기가 불가능하거나 매우 비호의적인 분위기였다. 그럼에도 불구하고 1938년 본국 이사들이 상하이에 모여서 세운 계획은 모두 전진 일변도였다. 하나님의 목적과 약속에 깊이 뿌리 내린 믿음을 가지고 그 회의에서는 선교를 향한 하나님의 위임 명령은 달라지지 않았고 그렇기 때문에 사역은 반드시 계속되어야만 한다는 것을 재확인했다. 그들은 사역의 모든 국면을 신중하게 검토하였다. 이전에 범했던 실수가 무엇인지도 발견했다. 조정이 필요한 부분은 진실하게 대면했다. 큰 인물들을 신임 선교사로 받아들이자고 하였다. 총재가 행정적으로 져야 하는 책임의 무게를 줄이기 위하여 처음으로 지역 책임자들을 세웠다. 그 회의는 선교회의 역사에서 새로운 시대를 열었던 분기점이었다. 신임 선교사들이 배치가 되었는데 여성 사역자들의 훈련은 전쟁으로 인해서 지연되었다. 그래서 3년 동안의 지난 전쟁 기간 동안 중국에 온 여성 선교사는 한 명 뿐이었다.

점령지 중국에서는 가능한 한 많은 선교사들이 점령지에서 아직 자유가 있는 중국 지역으로 이동을 해야만 하는 상황이었다. 내지로의 접근이 점점 더 힘들게 되었다. 서쪽의 목적지로 가기 위해서 위험한 길이나 돌아가는 길을 이용해야 했다. 하이퐁을 거쳐서 윈난 철도로 가기도 했고 싱가포르, 양곤을 거쳐서 미얀마 길을 택하기도 했다. 이것은 그렇게 여행한 사람들에게 결코 잊을 수 없는 경험이었다. 높고 웅장한 산맥에서 깊은 누강과 메콩강까지 구불구불한 길을 1,000km 정도 따라 내려가는 길은 장관이었다. 가는 길은 위험했고 배들이 파손되었으며, 열대성 폭우, 장기적으로 지연되는 여정, 홍수로 넘쳐나는 강, 의심스러운 여관들, 공습경보 등 모든 것들이 여행자들에게는 만화경과 같이 변화무쌍한 경험이었다.

상하이 본부에서는 중국의 점령지와 자유 지역에 있는 329군데의 선교 기지와 연락을 유지하려고 모든 노력을 기울였다. 날마다 들어오는 뉴스는 온갖 감정이 교차하는 내용들이었다. 비극, 희극, 기쁨, 슬픔, 두려움, 믿음, 평안, 놀람 등 모든 종류의 감정이 있었다. 1939년 하반기에 대충 집계된 세례자 수는 9,364명으로 기록적인 통계를 보였다. 아마 연말까지 하면 충분히 10,000명은 넘었을 것이다. 후난은 오랫동안 저항이 심한 성이었는데 CIM 교회에서만 1,000명 이상이 그리스도를 주로 고백하고 세례를 받았다.

재정적인 기적도 그에 못지않게 놀라웠다. 환율이 좋아서 1938년에 들어온 금액의 가치가 높아지자 증액된 비용을 해결할 수 있었다. 1939년 수

입은 10,000파운드가 늘었는데 중국 화폐로 환전하니 선교회 역사상 가장 많은 금액이 되었다. 그렇지만 가격이 치솟으니 생활비도 따라서 많이 들게 되어 선교사들은 극도의 내핍 생활을 해야 했다. 1939년 영국은 독일에 선전 포고를 했다. 그렇지만 오랜 전쟁의 부침(浮沈) 가운데서도 하나님을 향한 절대적인 믿음의 원리는 그대로 유효하였다.

조지 깁스는 1940년에 프랭크 휴턴에게 총재 자리를 물려주고는 얼마 되지 않아 죽었다. 그 해 5월 런던 본부는 런던 공습으로 심각하게 부서졌다. 대공습이 있었음에도 3년 후 퀸스 홀에서 열린 연례 모임에 800명이 참석했다.

10월에 태평양 지역의 상황이 너무 위험하여 선교회는 충칭에 임시 본부를 세웠다. 우선 지역 책임자 2명과 회계담당자가 먼저 옮기고 휴턴 주교가 1941년 2월에 합류했다. 이렇게 하나님이 인도하여 정리해 주지 않으셨다면 선교회는 12월 7일 진주만 공격으로 야기된 타격을 이겨내기 어려웠을 것이다. 상하이 조계지는 그 때 일본군에게 넘어가서 모든 은행의 예금이 묶여 있었다. 11월에 상하이로 보내게 되어 있던 5천 파운드가 12월 7일 이후까지 지체되고 있었는데 그것은 하나님의 섭리였다. 바로 그것을 사용하여 새로운 본부가 충칭에 서 사역을 시작할 수 있었다. 상하이에는 바로 써야 하는 기금이 충분히 남아 있었다. 진주만 공격 때 선교 현장에는 선교사가 950명 있었는데 250명은 점령지에 700명은 자유가 있는 중국에서 사역하고 있었다. 그런데 유럽이 전쟁 중이어서 세금도 많고 영국에서 중국으로 송금하는 액수에 제한이 있었는데도 영국에서 보내는 송금은 줄어들지 않았다. 우리는 이 사실을 하나님의 영광을 위해서 기록해야만 하겠다. 사실은 오히려 1941년에 8천 파운드가 증가했다. 중국 정부는 통화 억제 정책을 써서 완전히 비현실적으로 낮게 파운드와 달러를 바꾸어 주었다. 그래서 선교사들은 모두 심하게 고통을 겪었다. 모든 것을 다스리시는 하나님의 섭리로 인해서 대부분의 전쟁 기간 중 선교회의 기금에는 북미로부터 온 헌금이 크게 공헌을 하였다.

진주만 사건 이후에도 영국인이나 미국인을 즉시로 억류하는 일은 없었는데 치푸 학교의 패트릭 브루스 교장이 체포되어 6주간 잡혀 있었다. 결국 학생들과 직원들은 학교 건물을 일본군에게 내어주고 이사를 해야 했다. 그때 그들은 일본군의 호송을 받으며 이런 노래를 불렀다.

여전히 하나님은 보좌에 앉아 계시네.
그분은 당신의 백성을 기억하시네.
그분의 약속은 진실하며
너를 잊지 않으실 것이네.
하나님은 여전히 보좌에 앉아 계시네.

일본군의 점령때문에 수용소 안으로 옮겨진 치푸학교(『소년과 전쟁』 로뎀북스, 2009년)

새로 지정해 준 템플힐에서 71명의 여학생과 직원들은 6인 가족이 살도록 지은 집 한 채에서 비좁게 살았다. 남자 아이들도 마찬가지였다. 그래서 1943년 9월 웨이시엔에 있는 민간 수용소로 옮겼을 때 조금 한숨을 돌릴 수 있엇다. 그곳에서 1,800명이 공동생활을 하는 가운데 어린이들은 온갖 종류와 온갖 상태의 사람들 속에 던져졌다. 그러나 곧 사람들에게서 '세상에서 만날 수 있는 가장 멋진 소년소녀들!'이라는 평판을 받았다. 상하이의 CIM 선교사들은 상하이와 양저우 두 곳의 수용소에 배치되었다. 그곳에는 주교와 사기꾼들, 숙녀와 창녀들, 선교사와 상인들이 빈곤과 불결함, 불확실함과 꺼지지 않는 희망 속에서 거의 3년 동안이나 함께 살았다. CIM의 독일 선교사들은 제 1차 세계 대전 때와 반대 입장이 되었다. 이번에는 그들이 그리스도 안에서 형제인 미국과 영국 동료들을 실제적인 방법으로 도울 수 있었다. CIM 본부 건물은 처음에는 일본군 신병들을 훈련하는 곳이 되었으나 후에는 일본군 본부가 되었다. 선교회는 이제 전쟁 동안에 두 군데로 나뉘어 사역했다. 중립 국가의 선교사들은 일본군이 다스리고 있을 때에도 제한적이나마 사역을 계속할 수 있었다. 그러나 선교회의 주된 관심은 중국 서부에 집중되었다.

총재는 이렇게 편지했다. '우리의 주된 관심은 중국에서 복음이 진보하는 것입니다. 하나님의 목적 안에 우리가 해야 할 임무가 있습니다. 우리 하나님은 반대 때문에 주춤하시는 분이 아닙니다. 중국이 전쟁과 사회의 대 격변을 겪는 혼란 가운데 있지만 그분의 목적은 그대로입니다. 인간이 한 일은 전부 없어지지만 하나님은 파괴 가운데서도 또한「새 일」을 행하십니다. 현재 대단히 큰 어려움을 겪고 있고 우리에게 그 어려움은 더 심해만 갑니다. 그러나 하나님이 계시기 때문에 모든 것을 충분히 이길 수 있습니다. 이 사실을 기쁜 마음으로 붙잡고 담대한 믿음으로 비관적인 생각을 떨쳐버리고 소위 낙

관적이라고 부르는 그 어떤 힘보다도 더욱 정력적인 힘을 발휘합시다.'

서부 중국은 민족의 대 이동으로 완전히 달라졌다. 전쟁 물자의 수송이 빈번해지자 통신수단도 광범위하게 개선되었다. 쿤밍에서 충칭까지 이제 트럭으로 8일이면 갈 수 있었다. 이전에는 구식 교통수단으로 40일씩이나 걸리던 거리였다. 미얀마로 가던 길은 간쑤와 신장까지 수천 마일 더 연장되었고 다른 고속도로도 생겨서 윈난에서 티벳 국경까지 바로 갈 수 있었다. 항공편도 자주 있었고 편리했다. 1942년 미얀마를 통해서 바깥 세계와 연결되던 중국의 도로가 끊어진 이 후에도 술과 석탄을 가득 실은 트럭이 느린 속도로 고속도로를 다녔고 석유도 값비싼 상품이었다. 그래도 자동차들은 계속 다니고 있었다. 독일인의 사무실, 대학, 그리고 다른 교육기관이 점령되지 않은 중국의 11성에 널리 퍼져있었다. 윈난에 10개, 쓰촨에 10개, 그리고 구이저우에 6개의 대학이 있었다.

그런데 변경의 궁벽한 삼림지대에 사는 서쪽 사람들과 문화가 발달한 동부에서 온 교양 있는 사람들은 서로 만나 어울리는 것이 쉽지가 않았다. 서로 말을 알아듣는 것도 어려웠지만 제일 큰 문제는 세련된 동부 사람들이 위생 관념도 없고 문화적으로 뒤떨어져 있으며 보수적인 서쪽의 동포들을 무시하는 경향이 있다는 것이었다. 이러한 태도는 교회에서도 마찬가지였다. 일반적으로 수줍어하고 감정 표현이 거의 없는 서쪽 기독교인들은 강남에서 온 진보적이고 활동적인 동쪽 교인들을 받아들이는 태도가 미적지근했다. 서부의 교회 새로운 상황에 대처할 힘이 없었다. 현지 기독교인들은 난생 처음으로 기독교인이 어떤 모습이어야 하고 어떻게 처신해야 하는지에 대해서 자기 동포들에게서 그 모범을 보고 있었다. 해안 지역에서 온 기독교인들 중에는 공동체 안에 이사해 들어와서 기존 교회의 일원이 되어 무교회 지역을 전도하는 일에 열심을 내는 사람들도 있었다.

더욱이 근래에 들어서 믿음과 성령으로 충만한 지도자들이 중국에서 일어나고 있었다. 성경에 능통한 그들은 점령되지 않은 중국 전역에서 환영을 받았다. 묵덴의 제임스 텐, 섬서의 피터 옌, 창사의 마커스 정(陳崇桂), 난징의 칼빈차오(赵君影), 상하이의 앤드류 기(计志文) 등 그 외에도 여러 사람들이 정체된 교회에 새생명을 불어넣었다. 많은 교회가 부활과 같은 경험을 하고 있었다. 폐허가 된 구이저우 성도와 제 2도시 안순의 잿더미에서 새로운 교회들이 성장하였다. 구이양은 부패한 관리들이 아편에서 부를 축적하던 곳이었는데 이제는 대학과 정부 기관, 적십자와 고등학교가 있어서 두 배로 인구가 증가한 곳으로 변하여 자유 중국에서 매우 중요한 도시가 되었다. 안순도 사관학교와 농업 기지를 유치하였다. 자연히 선교지는 더 이상 CIM만의 사역지가 아니었다. 선교사들과 기관들이 계속 피난해 들어왔고 새로운 교회들도 생겼다. 영어 예배는 더 많이 배운 사람들의 관심을 끌었다. 많은 학생, 의사, 간호사들이 영어 성경 공부에 참석하였고 그곳에서 그리스도를 만났다. 성경도 많이 팔렸다. 그래서 성경 협회는 수요를 전부 충족시킬 수가 없을 정도였다. 오직 현지에 사는 주민들만이 아직도 여전히 반응을 보이지 않고 있었다. 그렇지만 그들 중에도 특별한 회심은 있었다. 서부 중국에 그렇게 좋은 기회가 있었던 적은 이전에 없었다. 어쩔 수 없는 환경이었고 소모적이어서 지치기도 했지만 그들은 활기차게 움직이고 있었다.

Chapter 15

강한 군대처럼

CIM은 초교파적인 단체였다. 그렇다고 해도 교파가 없는 것은 인정하지 않기로 했다. 각 회원 선교사는 자신의 교파나 교회에 충성하고 그곳의 파송과 후원을 받아야만 했다. 그렇다고 해도 서양의 교단을 중국에 세우려는 생각은 없었다. 이국적인 것이 아니라 참으로 중국적인 중국인의 교회를 세우려는 소망을 가지고 있었다. 서양인이 아니라 중국인이 지도하고 중국인의 돈으로 세우는 완전한 중국인의 교회가 되었으면 했다.

A Passion for the Impossible

강한 군대처럼

● ● ●

　CIM은 초교파적인 단체였다. 그렇다고 해도 교파가 없는 것은 인정하지 않기로 했다. 각 회원 선교사는 자신의 교파나 교회에 충성하고 그곳의 파송과 후원을 받아야만 했다. 그렇다고 해도 서양의 교단을 중국에 세우려는 생각은 없었다. 이국적인 것이 아니라 참으로 중국적인 중국인의 교회를 세우려는 소망을 가지고 있었다. 서양인이 아니라 중국인이 지도하고 중국인의 돈으로 세우는 완전한 중국인의 교회가 되었으면 했다. 이 일에 CIM이 언제나 성공한 것은 아니었다. 모든 선교 단체가 그렇듯이 자기가 세운 교회를 지나치게 지배하려고 하는 함정에 빠지는 적도 많았다. 그런데 선교지에 서양의 각종 군소 교단을 이식하는 것이 중대한 잘못이라는 사실을 교회 지도자들은 뒤늦게야 인식하였다. 공산주의자들은 이제 중국에 각종 교파를 소개하겠다고 구별하는 일에 흥미가 없었다. 그것은 모두 외국인이 교회를 주관하려는 제국주의적 궤계라고 생각했다. 이제 기독교가 백인만의 종교가 아니고 유럽 나라들의 세력을 확장하려고 하는 것과는 거리가 멀다는 사실을 알려야 했다. 그러한 책무를 중국의 교회가 맡아야 했다. CIM은 아마도 다른 단체보다 먼저 이 원리를 깨닫고 1928년부터 진지하게 삼자 원칙을 실행하려는 노력을 기울여왔다. 전쟁이 일어나자 교회가 완전히 독립해야 할 필요성이 더욱 긴급하게 대두되었다.

　자유 중국에서는 선교사와 교회 지도자들이 자주 함께 모여서 실제적으로 관련된 문제들을 의논하였다. 교회들은 선교회가 순수하게 교회가 완전히 자립할 수 있도록 가능한 모든 방법으로 도우려는 것을 확실히 보고는 깊은 신뢰를 보였다. 허난은 4/5가 점령되지 않고 있었는데 일본군이 1941년 공격하여 많은 사람들이 자기 집에서 쫓겨났다. 교회당과 선교 기지가 폭탄을 맞고 화재로 불타고 약탈을 당했지만 교회는 모든 활동을 계속 유지했고 스스로 사례를 주면서 목사가 활동하도록 하기 시작했다. 1943년 홍수로 인한 작황의 실패로 무서운 기근이 닥쳤다. 그리고 그 해 겨울 강한 눈보라가 그러지 않아도 쇠약한 사람들을 덮쳐서 한 도시에서만 2천구의 시체를 거리에서 거두는 일도 있었다. 또한 5월에 황하 둑이 무너져서 40만 명 이상이 거리로 나앉았다. 열병이 재발하고 불황이 겹쳤으며 일본군이 또 쳐들어오자 백성들의 삶은 더 비참해졌다. 그렇지만 그 모든 재앙 앞에서 교회는 전혀 흔들리지 않고 다른 성의 고통당하는 성도들을 향해서 너그러운 동정심을 보이면서 그리스도인으로서 사랑을 나누고 하나가 되어야 함을 깊이 인식하고 있었다.

안후이의 교회들은 용기 있고 능률적으로 책임을 나누어 졌다. 그곳에서 사역하던 첫 25년간은 성과도 느리고 실망스러웠다. 도시 안에 겨우 5개 그룹이 있었고 근교 전도소도 6군데 밖에 없는데다 내용적으로도 매우 힘이 없고 연약했다. 그러나 두 번째 25년 동안, 도시 안에 교회가 40개로 늘어났고 근처의 시골에도 전도소가 60군데에서 모이고 있었다. 사실 푸양이 그 100 교회의 중심이었다. 이렇게 눈부신 발전이 있었던 것은 열정적으로 전도와 성경 교육 프로그램을 만들어 실행했고 십일조의 의무를 강하게 강조했던 결과였다. 1943년 예닐곱 명의 목사 안수가 있었고 성도들도 너그럽게 헌금했다. 그 다음 해 푸양에 있던 여덟 구역은 연합하여 하나의 모임이 되었다. 그래서 1945년 선교사들이 떠났을 때 교회는 전진할 태세가 되어 있었다.

1942년 6월 일본군은 2달 간 끊임없이 폭탄을 퍼부어대다가 새로 만든 철로를 부수고 식량과 원자재를 약탈하려는 목적으로 장시까지 더 깊이 진군했다. 그들은 5군데 마을에 있던 선교 부지를 약탈하고 완전히 불태웠다. 연로한 성도들은 피하지 못하고 생명을 잃었다. 한 때 영적 생명과 증거의 산실이던 도시의 다섯 교회는 완전히 잿더미가 되어버렸다. 성도들은 믿지 않는 이들의 조롱을 받으면서도 대부분 믿음을 굳게 지키고 있었다. 한 마을은 건물이 90% 이상 파괴된 중에서도 500명의 성도들이 부서진 건물 하나를 찾아서 계속 모여 예배를 드리고 있었다. 교회는 그렇게 스스로의 힘으로 성장하고 있었다. 여러 센터에서 교회는 건강하게 독립된 형태로 자라가고 있었다.

이웃의 저장 성 교회 이사회는 교회의 소유와 행정에 관한 모든 책임을 담당하였고 선교사들의 사역을 지원하는 계획을 세우기로 합의했다. 원저우, 핑양, 원링도 용기를 내어 독립하였다. 원링에 있던 53군데의 마을 교회 중에는 예배당 건물이 매우 훌륭한 곳이 많았다. 그들은 선교사들이 곁에서 조언하며 돕는 것을 환영하였다.

북서부의 성들에도 공장을 짓고 유정(油井)을 개발했으며 정부 기관이 생기고 각종 교육 기관도 출현했다. 이제껏 수세기 동안 시안에서 란저우, 그리고 고비 사막에서 중앙아시아까지 옛 비단길을 따라서 끊임없이 교통수단의 이동이 있었지만 그래도 최근처럼 버스와 트럭이 다닌 적은 없었고 머리 위로 비행기가 다닌 적도 없었다. 심지어 철로도 건설 중이었다. 쑤저우(현 쥬취안), 란저우, 톈수이가 가장 그 영향을 많이 받은 도시였다. 그 지역 교회들은 리더십이 약해서 피난민들이 기독교인으로서 새로운 생명력과 에너지를 가지고 밀려들어왔을 때 감당할 힘이 없었다. '예수 가정' 운동은 중국 내에서 이곳에 가장 심하게 악영향을 끼쳤다. 그들은 큰 소리로 기도하고 몸을 떨며 병적으로 흥분하는 등의 육체적 정신적 강박 관념에 사로잡혀 있었고 심한 반외국인 정서를 가지고 있어서 공공연히 선교사들을 욕해대고 있었기 때문에 여러 곳에서 교회를 찢어놓았다. 그랬기 때문에 1944년 이전부터 세워져 있던 70개의 교회들이 하나가 되어 단일 교회 연합체를 형성했던 사건은 대단히 의미가 있었고 그 날은 특별한 날이었다. 그 교회들은 세 군데의 선교 단체에서 한 사역의 결과를 대표하고 있었기 때문이었다.

남서부에서는 쿤밍으로 가는 미얀먀 노정을 따라서 고무적인 발전이 있었다. CIM 예배당에는 '강 아래쪽' 성도들로 넘쳐나고 있었다. 대학 교수, 우체국장, 그 외 사람들이 교회의 일에 매우 활동적이었기 때문에 현지 성도들을 지도자의 위치에서 밀어내는 경향이 있었다. 안순에 있던 교회는 매우 잘 성장해서 스스로 목사를 초대할 수 있었고 선교사들은 다른 곳으로 가서 또 달리 필요한 일을 할 수 있었다.

· · ·

1943년 10월 CIM의 중국 이사회가 충칭에 모여서 '하나님의 목적을 위한 교회의 구심점'이라는 주제를 가지고 회의를 하였다. 역사적인 의미가 있는 모임이었다. 아직 전쟁이 언제나 되어야 끝날지 아무도 모르고 있었지만 이사들은 모두 함께 전후에 취해야 할 정책에 관해서 머리를 맞대고 의논을 하였다. 마침내 그 자리에서 선교회는 교회에 보조적인 도움을 주는 기관으로 봉사하기로 했다. 선교회의 선교사들은 현지 교회의 리더십 아래에서 현지 교회를 협력하는 보조자로서의 한계를 지키기로 합의를 본 것이었다. 이 결정으로 인해 교회와 선교회의 관계는 의미심장한 전진이 있게 되었다.

그런데 전쟁은 아직 그 끝이 보이지 않았다. 전쟁이 없는 지역에서는 아직도 할 일이 무척 많았다. 특히 의료 사역은 무한대로 뻗어나가고 있었다. 카이펑 병원에서 쫓겨난 의료진들을 수용하기 위해서 바오산을 새 병원 장소로 정했다. 바오산에 적당한 부지를 찾을 수 없자 대신 다리에 짓기로 했다.

다리는 매우 아름답고 7세기의 탑이 세 개나 있는 역사적인 도시였다. 몇 달이 지났을 때 병원 직원들은 하나님의 손길이 그렇게 인도해 주신 것을 알게 되었다. 맹렬한 공습 때문에 바오산이 완전히 파괴되었던 것이다. 쓰촨에서 하는 이동의료 전도에 열매가 많았다. 란저우는 간쑤의 수도였는데 나환자 병원이 중국인, 무슬림, 티벳인, 소수부족민들에게 지속적으로 좋은 복음의 증거가 되었다. 도시 내에 새로 지은 진료소에서는 다른 병도 치료했다. 의사들이 싸워야 하는 전염병 중에는 콜레라, 페스트, 장티푸스, 악성재귀열 등이 있었다. CIM 의사가 19명이 모두 붙어서 환자들을 돌보고 있으면서도 의사도 부족하고 의약품도 늘 부족하였다. 정부도 한 보고서에 '모두가 의료의 도움이 필요한 전쟁 지역에서 용감하게 자기 자리를 지키면서 최선을 다했다.'라고 하며 그들의 봉사를 인정했다.

Chapter 16

강한 자가
많지 아니하며

휴턴 주교가 처음 충칭에 도착했을 때 정부에 있는 기독교인 5명이 찾아왔다. 그리고는 CIM 선교사가 공무원과 학생들 사역에 전적으로 헌신하게 해달라고 부탁하였다. 사역에 필요한 것은 전부 공급해 주겠다고 약속하며 '하나님께서는 최근 중국에서 위대한 일을 행하고 계시는 것'이라고 했다. 총통을 비롯한 다른 기독교인들의 사례, 전통적인 상황이 크게 달라지고 있는 것, 참된 만족을 추구하는 것 등, 이 모든 일들이 중국의 엘리트 계층으로 하여금 기독교 복음에 열린 마음을 갖도록 기여하고 있었다.

A Passion for the Impossible

강한 자가 많지 아니하며
• • •

휴턴 주교가 처음 충칭에 도착했을 때 정부에 있는 기독교인 5명이 찾아왔다. 그리고는 CIM 선교사가 공무원과 학생들 사역에 전적으로 헌신하게 해달라고 부탁하였다. 사역에 필요한 것은 전부 공급해 주겠다고 약속하며 '하나님께서는 최근 중국에서 위대한 일을 행하고 계시는 것'이라고 했다. 총통을 비롯한 다른 기독교인들의 사례, 전통적인 상황이 크게 달라지고 있는 것, 참된 만족을 추구하는 것 등, 이 모든 일들이 중국의 엘리트 계층으로 하여금 기독교 복음에 열린 마음을 갖도록 기여하고 있었다. 그 언제보다도 더 많은 공무원들이 성경을 읽고 있었다. 인민 정치 위원회(People's Political Council)의 일곱 위원 중 여자 한 명을 포함해서 세 명이 기독교인이었다. 한 고급 관리는 '지금이 복음을 전할 수 있는 절호의 기회이다. 할 수 있는 대로 힘껏 가능한 모든 일을 하자!'며 서둘렀다. 베이징의 한 기독교인 교수는 '그들은 희망하며 도움을 바라던 모든 것이 없어졌기 때문에 우리에게 왔다.'고 했다. 중국은 기로에 서 있었고 그것은 다시 오지 않을 기회였다. 이 기회를 어떻게 잡는가에 따라서 중국의 미래가 전체적으로 달라질 것이었다. 충칭에서는 수많은 정부 관리들 가정에서 성경 공부 모임을 열고 있었다. 그 아내들이 기도 모임과 친구들의 교제 모임을 주선하여 선교사들이 그곳에서 말씀을 전하고 있었다. 이런 말을 하는 사람도 있었다. '나는 기독교인이 아니지만 우리 백성이 하나님을 믿지 않으면 우리나라가 결코 번영하지 않을 것이라고 믿습니다. 전쟁이 끝나면 중국에 기독교가 많이 발전할 것입니다.'

재무부의 어니스트 인(尹任先)씨는 성숙하면서도 열심 있는 기독교인이었다. 1942년에 그는 정부 기관 직원들의 어린 자녀들을 위해서 성광(聖光) 학교(Holy Light School)를 세웠다. 그는 CIM 선교사 중 유자격자를 초대하여 교사로 섬기도록 했다. 당시 학생은 280명이었고 대부분 정부 고관 가정의 자녀들이었다. 그 중에 믿음을 갖게 되어 중국의 교회와 사회 속에서 뛰어나게 공헌한 사람들이 있었다. 학교는 대학과 정부 관리들이 살던 지역에 위치해 있었는데 그곳에서 정기적으로 예배도 드리고 집회도 열었다. 장성들과 성의 고위층, 그리고 다른 고관들도 그곳에서 예배를 드리곤 했다.

교육부는 1938년 일본군이 공격해 왔을 때 모든 대학에게 서쪽으로 옮기도록 명령했다. 도서관도 전부 대학을 따라갔다. 대학 하나는 다른 도시로 옮기다가 폭격을 당했다. 학생 중에는 90일이나 걸어가서 목적지에 도착하기도 했다. 이렇게 피난한 학생들은 동정과 찬탄의 대상이 되었다. 현지인들에게는 이국풍 옷을 입은 학생들이 외국인처럼 보였다. 지금은 안락하고 사치스러운 도시들을 일본인이 차지했지만 그들은 그곳에서 온 사람들이었다. 반면 이곳은 휑뎅그렁한 절에 시설도 조야(粗野)한 서부였다. 학생들은 교수들과 함께 중국 문화의 정수를 만들어 내었다. 대학 외에도 연구 기관, 사관학교, 공군 훈련 학교, 그리고 자동차 기술학교 등 모두 아직 점령되지 않은 자유 지역으로 이동을 했는데 매우 근접하기 어려운 지역으로 가기도 했다. 쿤밍은 1938년 6월에 인구가 백만 명까지 늘어났는데 그곳에서 세 대학을 합하여 만든 서남 연합 대학(South West Union University)에서 폴과 메이다 콘텐토가 사역을 했다. 집을 개방해 놓고 잊고 있었던 위로의 분위기에 영어 성경 공부를 하자 학생들이 매력을 느끼고 찾아왔다. 한 때는 그렇게 거만하고 반기독교적이던 젊은이들이 찾아와 기독교를 알고 싶어 하며 밤을 새워 교제하는 것이었다. 대학에서는 교수들이 공공연하게 기독 학생 모임들을 만들어 선교사들과 중국인 설교자들을 오라고 했다. 수많은 학생들과 교수들이 영어 예배에 참석했으며 뒤떨어져 있고 무뚝뚝한 현지인 교회와 관련을 맺기도 했다. 강을 경계로 이남에 살던 대다수의 학생들은 이전에 보지 못했던 역동적인 기독교를 보고 좋아하는 것이었다. 이전에는 중국의 지식인을 전도할 기회를 지금처럼 가진 적이 없었다. CIM 선교사들은 20개의 도시에서 전적으로 또는 부분적으로 학생 사역을 했다. 많은 학생들이 믿게 되었고 열정적인 그리스도의 증인이 되었다. 쿤밍에서만 2백 명이 세례를 받았다. 이러한 움직임은 전쟁 후에 놀라운 성장으로 이어졌다. 대학은 고등학교 보다 불가지론, 무신론의 분위기가 있어서 그리스도인이 되는 것이 더 어려웠다. 그래서 선교사들은 고등학생 사역에 힘을 쏟았다. 부모에게서 멀리 떠나 여러 가지 유혹에 노출되어 있던 학생들 대상으로 선교사들이 하던 캠프, 방학 성경 학교, 성경 공부 모임들은 그들에게 인기가 있었다.

14년 전 캘빈 차오(赵君影)는 기독교인으로 대학을 졸업하면서 하나님께서 중국의 대학에 임해 주시도록 기도를 시작한 적이 있었다. 이제 그는 자기 기도가 응답되고 있는 것을 보았다. 그의 지도력에 영향을 받아서 168명의 대학 대표들이 1945년 8월 충칭 외곽의 산 속에서 집회를 했다. 대부분 최근 예수를 믿고 그 삶이 변화된 기적의 간증이 있는 학생들이었다. 그들은 영구적인 학생 기구를 시작하자고 합의를 했다. 7명의 학생과 CIM 선교사 한 명을 포함한 7명의 고문을 상임 위원으로 선출하여 조직을 만들고 월간 소식지를 출간하기로 했다. 집회의 끝에는 80명이 일어서서 그리스도를 위해서 자기 일생을 드리겠다고 서원했다. 그 집회를 볼 때 대학 가에 진정한 부흥이 있었고 수백 명이 철저한 믿음을 갖게 된 것을 알 수 있었다. 성경을 사랑했고 기도 모임을 위해서 넓은 장소가 있어야 했다. 산시의 한 대학에서는 날마다 새벽에 일어나 산에 가서 기도하는 학생들이 30명이나 되었다.

그런데 전쟁이 끝나지 않고 질질 이어지고, 경제 상황은 점점 더 절망적이 되어갔다. 인플레이션이 파국적인 국면으로 접어들고 있었다. 식량이 심각할 정도로 부족했는데 그로 인해 가장 고통을 받은 그룹은 선교사 자녀들이었다. 선교사들은 전쟁에 지쳐 있었다. 그들을 한숨 돌리게 해주는 사람은 아무도 없었고 휴가를 보내러 피서지에 가는 일은 아예 불가능했다. 휴가 허락을 받은 사람도 소수뿐이었다. 선교회가 살아남은 일이 기적이었다. 중국은 세계에서 물가가 가장 비싼 곳이었다. 그래도 하나님은 하나님만이 하실 수 있는 방법으로 물질적인 필요를 공급하셨다. 선교사를 파송하는 본국에서 들어오는 헌금 액수가 눈이 휘둥그레질 만큼 증가했다. 선교사들이 꼭 가지고 있지 않아도 괜찮은 물건을 사치품 값으로 팔 수 있었고 중국의 믿는 친구들은 아낌없이 나누어 주었다. 최악의 상황이 닥치자 하나님께서 개입하셨다. 1944년 파운드와 달러의 구매력이 너무 낮아지자 선교사 연합회는 해당 기관에 긴급하게 도움을 구했다. 정부는 이전 환율을 네 배로 높이는 일에 동의했는데 그것은 기도의 응답이었다. 정말 아슬아슬한 순간에 이런 식으로 구원을 받은 것이었다.

1944년은 또 다른 면에서도 선교회에 극한 어려움이 있었다. 선교사 여덟 명이 목숨을 잃었는데 그 중 세 명은 비행기 사고 때문이었다. 희망으로 시작했다가 절망으로 끝났던 해였다. 우선 일본은 봄에 쳐들어와서 허난, 안후이, 장시에 있던 선교사들을 전부 강제로 추방했다. 군대가 후난을 거쳐 지나가면서 구이저우 수도와 미얀마 길을 위협했다. 그래서 충칭까지도 위험한 상황이었다. 충칭에서는 여러 교단에서 온 헌신자들로 결성된 중국인 전도팀이 범도시적으로 다양한 형태의 전도를 활발하게 하고 있었다. 급박하게 새로운 위기가 닥쳐오자 이 그룹은 자유 중국의 그리스도인들에게 3일 동안 금식 기도를 하자고 소집했다. 그들은 자기들의 행동을 총통에게 알렸다. 일본군이 이른 겨울에 내린 눈으로 구이양을 공격하다가 멈추었다. 그것은 거의 기적이었다. 그들은 미안마까지 갈 수가 없었고 다시는 그런 위협이 반복되지 않았다. 후에 총통은 한 기도회의 장소를 공공연히 언급하며 그 기도가 일본군의 전진을 저지하는 역할을 했다고 했다.

12월 영국 대사관은 최악의 사태를 대비해서 반드시 필요하지 않은 사람들은 인도로 철수하라고 제안했다. 당시 총재가 병가로 부재중이어서 존 신톤이 필드의 실행 이사장으로서 매우 어려운 결정을 내려야 하는 처지가 되었다. 그는 철수하라고 명령했다. 깔림퐁에 새 학교를 마련하여 치푸 스쿨 아이들을 제일 먼저 떠나게 했다. 스무 명 남짓의 CIM 선교사들이 충칭에서 쿤밍을 거쳐 캘커타로 산맥을 넘는 비행기를 탔다. 말은 이렇게 쉽지만 실제 여행은 그렇게 쉬운 일이 아니었다. 충칭에서 쿤밍으로 데리고 가려고 아이들을 태웠던 비행기는 비행장의 경보 발령으로 착륙을 할 수 없었다. 계속 상공을 맴돌다가 마침내 안전하게 비상착륙을 했는데 탱크에 기름이 다 떨어져 있었다. 히말라야를 넘을 때 난류(亂流)가 너무 심해서 군용 비행기가 추락한 사고가 많아 걱정했었지만 모든 철수를 안전하게 끝낼 수 있었다. 인도에서는 영국이나 미국으로 데려다 줄 배를 기다리며 잠시 유쾌하게 지낼 수 있었다. 몇 사람은 중국을 떠나지 않고 있었는데 본부에서는 그들을 북서부로 가도록 하였다. 그래서 그 해 말에는 북서부, 쿤밍, 쓰촨을 제외하고는 중국에 선교사가 없었다. 동부에는 중립 국가의 선교사만 남았다.

1944년 12월은 유구한 중국 역사상 가장 암울한 때였다. 전쟁이 7년 반이나 계속되어 전국이 우울한 기분에 휩싸여 있었다. 패전이 불가피해 보였다. 그런데 그때 일본의 전세(戰勢)가 기울기 시작하더니 그 다음 해 말에는 모든 전쟁이 끝이 났다. 유럽에서는 처음 독일이 패전하여 5월 8일 승전하였다. 일본군은 필사적으로 인도로 진군해 들어갔지만 격퇴를 당했고 일본 열도는 폭탄 세례를 받고 있었다. 미안마가 탈환되어 중국으로 가는 길이 다시 열렸다. 1945년 7월 26일 포츠담 회담에서 일본에 항복을 제안하였다. 아무 응답이 없자 미국은 8월 5일 히로시마에 원자폭탄을 떨어뜨렸다. 3일 후 러시아가 일본에 선전 포고를 하면서 만주를 침략했다. 황제였던 헨리 푸이는 러시아의 볼모가 되었다.(그는 풀려난 뒤 자기가 황제로 다스리던 베이징에서 정원사가 되었다.) 일본이 두 번째의 항복 요구도 거절하자 이번에는 나가사키에 원자폭탄을 투하했다. 일본은 항복하였고, 장기간 끌던 전쟁도 끝났다.

중국에서 공산군 게릴라들은 전략적으로 매우 좋은 위치에 있어서 일본군의 항복을 자기들이 재빨리 받아내었다. 치푸는 점령이 되었다. 중국 국민당 군대는 동부와 만주에서 미국 운송 비행기의 도움을 받아서 주요 도시로

서둘러 갔으나 공산주의자들이 이미 기회를 선점하여 되찾을 수가 없었다.

수용소에 선물을 떨어뜨리던 낙하산
(「소년과 전쟁」로뎀북스, 2009년)

웨이시엔의 포로들은 비밀리에 라디오에서 세계정세가 돌아가는 상황을 듣고 있었다. 그런데 갑자기 8월 17일 초록, 크림색, 노란색 낙하산이 B29 비행기에서 수용소의 하늘을 가득 채우며 떨어져 내리자 200여명의 아이들과 어른들은 기쁨을 감출 수가 없었다. 낙하산병 중 한 명은 치푸 졸업생이었다. 상하이에서도 갇혀 있던 사람들이 다치지 않고 풀려났

다. 중국인 친구들은 억류되었던 400명을 초대하여 잔치를 베풀어 주었다. 그들은 넘쳐나는 그리스도인의 사랑에 둘러싸여 있음을 느꼈다. 모두가 기뻐했고 교회의 일을 가까이서 함께 지속적으로 하고자 하는 소원을 서로 나누었다. 사람들은 모두 그 경험에 만족했고 기쁨에 겨워 감격했다. 그리고는 다시 사역을 시작하기 전에 꼭 필요했던 휴가를 갖기 위해서 본국으로 돌아갔다.

일본군이 쫓겨나 신자로의 선교회 본부를 되찾았기 때문에 충칭 직원들도 가능한 한 빨리 상하이로 돌아왔다. 이제 업무와 재건의 임무가 시작되었다.

Chapter 17

모든
부족에게

전쟁은 끝났다. 일본은 패배했다. 그런데 또 금방 내전의 신호탄이 다시 터졌다. 공산주의자들은 만주에서 주된 승리를 쟁취했다. 그들은 이미 중국 북부를 넓은 부분 점령하고 있었다. 중앙 정부가 세워질 전망은 그리 밝지 않았다. 경제는 다루기 힘든 상태였다. 비효율과 부패로 인해 인플레이션이 위험한 수준에까지 이르렀다. 인플레이션에서 무법이 나온 것은 피할 수 없는 일이었다. 온 중국에 무법이 판을 쳤다. 일본을 이겨서 안도하던 일은 잠시뿐 백성들의 사기는 한량없이 곤두박질쳤다.

A Passion for the Impossible

모든 부족에게

. . .

전쟁은 끝났다. 일본은 패배했다. 그런데 또 금방 내전의 신호탄이 다시 터졌다. 공산주의자들은 만주에서 주된 승리를 쟁취했다. 그들은 이미 중국 북부를 넓은 부분 점령하고 있었다. 중앙 정부가 세워질 전망은 그리 밝지 않았다. 경제는 다루기 힘든 상태였다. 비효율과 부패로 인해 인플레이션이 위험한 수준에까지 이르렀다. 인플레이션에서 무법이 나온 것은 피할 수 없는 일이었다. 온 중국에 무법이 판을 쳤다. 일본을 이겨서 안도하던 일은 잠시뿐 백성들의 사기는 한량없이 곤두박질쳤다. 선교사들이 중국을 위해서 세웠던 장기 계획은 그 전망이 비관적이었다. 아직은 상황이 완전히 불가능한 것은 아니었지만 매우 어려운 상태인 것만은 틀림이 없었다. 그러나 아무것도 선교사들을 단념하게 하지는 못했다. 그들은 다시 중국에 쏟아져 돌아와 어떤 어려움이 닥쳐와도 맞설 준비를 하고 있었다.

1946년 12월 골든게이트에서 상하이로 떠나는 전 미군 수송선(S. S. Marine Lynx)의 승객은 전부 선교사들이었다. 여자와 아이들이 4층으로 된 한 선창을, 남자들이 다른 층의 선창을 사용하면서 항해했다. 배에서 맞는 크리스마스는 보통 크루즈 여행에 있는 즐거움 같은 것은 없이 생소했다. 1947년 1월 중국에 돌아오자 모든 것을 잊고 기뻐할 수 있었다. 배를 타고 온 선교사들은 최소한의 휴식을 취한 뒤 거의 잠시도 지체하지 않고 중국 전역의 선교 센터로 퍼져나갔고 마린 링크스호는 또 더 많은 선교사들을 태워왔다. 중국으로 돌아오는 고생스러운 대이동이 잘 진행되고 있었다.

＊ ＊ ＊

전후 조사 결과 세계에 성경의 뿌리가 없어서 강한 교회가 없는 부족이 2천 종족 이상이 있었다. 그러한 곳은 보통 구석진 외딴 곳이고 접근하기 어려운 곳이어서 개척적인 정신을 지닌 선교사가 필요하였다. 서부 중국, 미얀마, 태국, 베트남, 라오스의 깊은 산지에 이러한 사람들이 150부족 이상 되었다. 이들 소수부족은 중국의 평야에서 안전하게 잘 살고 있다가 중국인의 압력으로 서서히 그 산지로 옮겨가던 중이었다. 소수부족 인구는 중국에만 1,500만 명이었다.

훌륭하게 부족 사역을 개척하던 선교사들이 겪었던 고난은 대단히 감동적인 이야기들이다. 구이저우의 안순에서 시작하여 윈난으로 들어갔고 미얀마 국경을 지나는 경로를 거치면서 곧 적어도 여섯 부족에게 영향을 미쳤다. 리수, 노수, 라후, 그리고 먀오족 사이에 크고도 강한 교회들이 세워졌다. 이 장에서는 중국의 소수부족에게 복음을 전하던 역사를 요약하여 이야기하려고 한다.

J. O. 프레이저는 공학도이자 음악가였는데 22세이던 1910년 윈난에 왔다. 오자마자 리수족을 사랑하게 되었는데 그들도 그에게 마음을 열어주었다. 1910년은 핼리 혜성이 나타난 해였기도 했지만 '하나님이 성냥불을 댕기시자 리수 숲이 불타올랐다. 바람이 불어와 그 불길이 9일 간이나 북쪽으로 번졌다'는 간증이 있는 해이기도 했다. 우리의 '복음'은 놀라운 속도로 퍼져나갔다. 프레이저는 '프레이저 문자'를 고안해서 리수어 성경의 번역을 시작했다. 신약은 1938년에 번역이 완성되었다.

앨린 쿡 일행이 번역 작업을 이어받자, 프레이저는 가르치고 목회하는 사역에 전념하였다. 1916년 장기간의 진통과 수고, 기도의 노력을 들인 끝에야 진정한 의미의 돌파가 일어났다. 수많은 리수족이 우상 숭배에서 돌이켜 그리스도를 믿게 되었고 새신자를 가르치고 교리 교육을 시키고 목양하는 일과 어린 교회를 세우는 일은 참으로 벅찬 일이었다. 리수족 선교사들은 1918년 자기 종족에게 전도해서 700여 가정을 주께로 인도했다. 그리하여 초기부터 시작하여 세례 받은 사람 수가 6만 명이 되었다. 성경 말씀을 강조하며 날마다 성경을 가르치는 일에 큰 힘을 기울였다. 우기에는 늘 정기적으로 성경 학교를 열었다. 그리스도인들은 점차로 글자를 깨쳤고 은사와 능력

리수족 지도자 메도메파가족

을 십분 발휘했다. 리수 지도력이 활짝 꽃이 피었 다. 존 쿤은 1928년에 리수 마을에 갔다. J. O. 프레이저는 1929년에 결혼했다. 그런데 9년 후 프레이저는 그 능력과 경험이 완숙하여 절정에 이르렀을 때 산지를 다니던 도중 악성 말라리아에 걸려 죽고 말았다. 사람들은 그를 '리수인의 사도'라고 불렀는데 합당한 명칭이었다. 존 쿤이 프레이저의 뒤를 이어 지도자가 되었고 이소벨 쿤은 저서를(나락 위의 둥지 − 산비 그 이후의 이야기 2008 년 로뎀북스 간) 통해서 리수 사역이 세계인의 관심을 끌게 했다. 1943년 리수 교회는 완전히 자치적으로 운영해 나갔다. 각 교회는 자기들이 뽑은 집사가 있었고 이들 중에 중앙 교회 위원회가 결성되어 지역 전체를 다스렸다. 리수 복음 잡지가 1944년 처음 발행되었다.

• • •

노수족은 윈난의 북쪽에 흩어져 살았는데 구이저우를 통해서 티벳 국경 근처의 독립 시캉(현 쓰촨 남서부) 노수와 연결이 되어 있었다. 그들은 육체적

으로 리수족보다 힘이 세고 건강했지만 교회는 그렇게 튼튼하지 못했다. 노수어 신약 성경은 1941년에 완성되었지만 전쟁 때문에 1949년이 되어서야 교회에서 사용하기 시작했다. 30개 있던 노수 교회의 중심은 싸라오우였는데 천 명이 앉을 수 있는 큰 교회였고, 그곳에는 성경 학교가 있었다. 장로 집사 설교자 60명이 그곳에서 일 년에 두 번씩 열리는 단기 성경학교에 참석했다. 그리스도인들은 너그럽게 헌금했고 그 성에 있는 다른 중국 교회보다 더 일찍 '삼자' 교회의 이상을 실현하고 있었다. 1937년 성경학교에서 죄를 고백하면서 부흥이 일어났다. 눈이 오던 시기였는데 하나님의 불이 떨어진 것이었다. 그 해에 교회에 72가족이 새로 들어왔고 그 다음 해에 94가정이 더 들어왔다. 2년 후 기도의 영이 싸라오우(撒老塢, 노수)와 싸푸산(洒普山, 먀오)에 있는 소수부족 신자들에게 쏟아졌다. 그 다음 해 3월 연합 부족 성경 학교가 싸라오우에서 열리고 있을 때 부흥의 성령께서 모인 사람을 전부 만지셨다. 삶이 변하고 기쁨이 넘쳤다. 이것은 단지 감정의 폭발이 아니었다. 왜냐하면 그 영향이 지속적이었고 그 운동력이 퍼져나갔기 때문이었다. 1940년에 쿤밍 성경학교의 창치청과 댄 스미스가 특별한 모임을 열어서 전도의 열정에 새롭게 불을 지폈다. 젊은이들이 크게 무리지어 무법한 시골지역으로 가서 복음을 전하고 117가정을 그리스도께로 인도하였다. 두 남자가 하나님의 부르심에 응답하여 시캉의 독립 노수 친족에게 가서 개척 사역을 하였다. 축복은 북서 윈난의 먀오족에게로 흘러갔는데 1940년이 중요한 해가 되었다. 존성의 쿤밍 집회에서도 많은 사람들의 가슴에 열정을 불러 일으켰다. 그 결과 기도와 금식 그리고 전도를 위해 아낌없이 드리는 헌금이 있었다. 가을에 80명이 세례를 받고 성찬 식탁에는 500명이 둘러앉았다.

이 때 쯤 술과 무법으로 악명 높던 카친 족으로 가는 길이 열렸다. 복음을 위해서 심는 씨앗으로 좋은 것 같아 보이지 않았지만 막상 심어보니 매우 생산적이어서 풍성한 추수를 거두게 되었다.

. . .

　부족 사역이 시작되었던 구이저우에서도 사역이 계속 잘 진행이 되고 있었다. 피시 의사가 안순의 부족민을 위해서 첫 의료 책임자가 되어 1915년에 병원을 개원했다. 구이저우의 부족민은 대부분 먀오 족족 일파였다. 그들이 완전히 변화된 삶을 살게 되자 중국인도 1,000가정이나 우상을 부수고 그리스도인이 되었다. 피시는 거친 구이저우의 산지를 여행하면서 환자를 1,200명 돌보았고 아담은 서로 다른 다섯 부족 남녀 194명에게 세례를 주었다. 아담은 갑자기 집에서 번개를 맞아 죽었는데 그것을 미신을 믿는 사람들이 하나님의 심판으로 생각하여 1935년까지 사역에 심각한 걸림돌이 되었다. 하나님은 이유안 존스라는 웨일즈 젊은이를 보내주시어 먀오 족 교회에 신선한 생명의 흐름을 가져왔는데, 그것은 먀오 족의 여인들이 18개월 동안이나 부흥을 위해서 기도한 것에 대한 응답이었다.

　먀오 족 사역은 6~7천 명의 신자가 있는 코푸가 중심지였다. 그 교회는 맹인을 위한 기술학교를 자랑스러워했는데 충분히 그럴만한 것이었다. 자기들 언어로 신약 성경과 찬송가도 가지고 있었다. 성경 학교가 매년 5개월씩 항상 지속되고 있었는데 이웃 노수 교회도 학교의 시설을 함께 이용하고 있었다. 복음 덕분에 먀오 족족은 지식이 늘어났고 영적으로 계몽이 되었다.

루디아 성경학교, 여자 성경학교(「나락 위의 둥지」 로뎀북스 간, 2008년)

주로 CIM이 중국 남서부의 부족 사역에 대해서 부담을 가지고 있었지만 다른 선교 단체도 참여하는 부분이 있었다. 1940년에 CIM에서는 선교사 40명이 6개의 다른 부족을 대상으로 사역하고 있었다.

1942년 일본군은 미얀마를 침략하고 중국 국경을 넘어 누강까지 진군했다. 리수 선교사들은 간신히 피해서 죽거나 포로가 되는 것을 면했다. 교회 중에는 점령된 곳도 있었고 선교사들이 일시적으로 고립되어 연락이 끊긴 적도 있었다. 미얀마 길은 중국의 마지막 생명선이었는데 길이 끊겨서 피난민이 당황하며 쿤밍으로 줄지어 올라오고 있었다. 오크플랫(피아찌 말리핑)의 사역은 방해받지 않고 지속되었고 위험한 상황이 지나가자 모든 것이 정상으로 돌아왔다. 리수족을 위한 우기 성경 학교도 평소처럼 열렸고 소녀들을 위하여 처음으로 열린 성경학교에서 여학생들은 공책과 연필만 가지고 와서 수료 시험을 치를 준비를 하고 있었다. 졸업식에서는 모두가 자랑스러워하며 졸업장을 받았다. 학교가 끝나면 그들은 자기가 살던 산마을로 돌아가서 자기들이 배웠던 것을 가르쳤다. 1937년애 실패했던 연합 부족 성경 학교를 1941년에 다시 시험 삼아 열었다. 따꾸 학교에 10부족의 대표들이 모였다. 2년 후에는 참석자가 37명 모였고 학생들은 자기 공책에 강의 개요를 받아 적었다. 그 해 처음으로 12명의 남녀 졸업생을 배출했다.

1947년 미국에서 소수 부족을 위해서 특별히 만든 인쇄기를 쿤밍에 보냈다. 부족민 사역자들에게 사역을 위해서 필요한 문서들이 심각하게 부족했다. 그 석판 인쇄기로 필요한 자료를 많이 복사할 수 있었다. 그래서 곧 교리 공부, 리수 합창집, 태국어와 먀오 족어 독본과 찬송가 등을 만들어낼 수 있었다. 리수 신약 성경이 인도에서 도착하자 상하이는 기뻐 만세를 불렀고 그 책들은 신속하게 전부 팔렸다.

1940년에는 리수족의 일족인 윈난의 뚤리족에게 다가가려고 애를 썼으나 아무 열매가 없었다. 10년 후, 윈난 서부 높은 산 위에 사는 이 부족을 여러 번 찾아갔다. 몇 명이 그리스도를 믿었지만 아무도 가르칠 사람이 없어서 그들은 미성숙한 채로 남아 있어야 했다.

1949년 초 내지여서 통신도 어렵고 공산주의의 위협도 만만치 않았지만 48년도에 온 신임 선교사 중 9명이 중국 서부로 갔다. 그 중 어니와 머티 하임바흐가 흑먀오 족족 가운데 있는 이전의 팡시에 선교 센터에 마침내 도착했다. 그곳은 1899년 첫 CIM 순교자가 죽었던 곳이었다. 아무 선교사도 이 부족에게 가지 못했던 세월이 12년이나 되었어도 그곳에는 비록 깜빡거리기는 하지만 간증의 빛이 있었고 신실한 핵심 신자들이 있었다. 그것을 하임바흐 부부가 발견한 것이었다. 그러나 슬프게도 선교사들은 1951년 철수해야 했다. 흑먀오 족 족에게는 또 교사들이 없었다.

공산 정부는 1950년에는 중국 전역을 효과적으로 장악하고 있었다. 그 해 누강 상류에서는 불확실하여 의심을 하는 가운데 싸우면서 새해를 시작했지만 2월 성경학교에는 참석 학생이 98명이었다. 그것은 기록적인 숫자였다. 교회 성장이 자발적이며 자생적으로 이루어지고 있었다. 변화하는 사회에서는 복음과 교회만이 유일하게 변하지 않는 요인이었다. 8월 성경 학교에는 리수 교사들이 30명 참석했는데 찰스 피터슨과 존 쿤이 도와서 2주 동안 교제하며 새로워지는 경험을 했다. 리수 지도자들도 그 해에 단기로 열 번 이상 성경 학교를 열었는데 많은 어린이들이 배우러 왔다. 11월은 전통적으로 추수와 세례가 있는 달이었다. 그 해에 100명이 세례를 받았다. 그런데 부족 사역을 하던 선교사들에게는 시간이 얼마 없었다. 그 해가 그들과 함께 보낸 마지막 성탄절이었다. 이들은 천성적으로 뛰어난 음악가들이었다. 그 800명이 아카펠라로 부르던 '할렐루야' 합창은 참으로 영광스러웠고 중국에서 부족을 위해 수고하던 외국인 선교사들에게 영원히 잊지 못할 대미(大尾)

를 장식해 주었다.

　오빌 카슨은 리수족 사역자였는데 누강을 건너 미얀마 영토에 사는 리수와 마루 카친 족 사역을 시작하라는 명령을 이미 받고 있었다. 1950년 카슨 부부는 비행기로 홍콩과 양곤을 거쳐서 므이뜨끼이나로 갔다. 그들은 곧 리수족을 만났는데 그들 중에 아는 사람도 있었다. 구무는 미얀마에 있는 원 리수 마을이었다. 그런데 기근으로 황폐해 있었다. 신자들도 어디론가 이사를 가고 없었다. 몇 해 전에 이들은 우상을 숭배하며 살았었는데 중국에 참 하나님을 가르쳐 주는 선생님이 있다는 말을 듣고 남자 세 명을 보낸 적이 있었다. 그들은 얼음 위 눈이 쌓인 누강 계곡을 건너다가 몸이 얼어붙어 목숨을 잃을 뻔 하기도 했다. 누강 유역의 반점 언덕에서 그들은 복음을 듣고 믿었다. 그리고 곧 그 메시지를 가지고 자기 종족이 사는 미얀마로 돌아갔다. 결과적으로 리수 부족 안에 활발한 기독교 공동체가 생겨났고 리수 지파인 마루족에게도 복음이 전해졌다. 구무는 여러 작은 예배당의 영적 중심지가 되었다. 첫 세 명의 구도자 중에 마가는 리더로서 10년 동안 많은 사람들을 그리스도께로 인도했다. 그런데 그만 말라리아에 걸려서 죽었다. 1950년에는 사방에 기독교인이 있었다. 카슨부부는 짧은 방문 동안 될 수 있는 대로 많은 리수족, 마루족, 그리고 사가족을 방문하여 말씀을 더 완전하게 가르쳤다. 그들은 사가 마을에 근거를 두고 있었는데 그들 위로는 히말라야의 해발 4천m 되는 산봉우리들이 솟아 있었고 6백여m 아래로는 격류가 거품을 내며 소용돌이 치고 있었다. 그곳 신자들은 카슨부부를 위해서 임시처소를 지어주고 음식과 우유를 공급해 주었다. 리수와 마루 성도들과 교제를 나누며 즐겁게 함께 지냈던 7주간이 지나고 카슨 부부는 떠나야 했다. 사가어 성경 번역을 시작했지만 미완성인 채로 남았다.

　선교사들은 중국 내의 다른 소수부족에 대한 복음 전도 사역도 마찬가지로 끝내지 못했다. 그저 손꼽을 정도의 부족에게만 복음이 효과적으로 전해진 것이었다. 그리고 이제 선교사들은 중국을 떠나려는 찰나에 있었다. 누가 이 과업을 이어서 수행하겠는가? 상하이에서는 헌신적인 기독 학생들이 큰 집회로 모여 자기네 백성인 150개의 소수부족이 복음을 기다리고 있으니 어떻게 할 것인가 하는 도전을 받고 있었다. 윈난과 구이저우의 소수부족에 대한 조사 결과를 중국어로 번역하여 나누어 주었다. 중국인 성도 가운데 몇이서 윈난에 가서 부족 사역을 하겠다고 헌신했다. 그러나 어렵고 문제가 많은 그 일은 지속되지 못하였다. 그리고 얼마 되지 않아 그 사역은 침묵의 장막에 쌓이게 되었다.

부족 교회 자체도 공산 치하에서 엄청난 고난을 겪은 것으로 알려져 있다. 많은 지도자들이 감옥에 끌려갔는데 그곳에서 죽은 사람도 있었다. 그 중에는 미얀마로 피해 넘어가서 새로운 공동체를 세워 정착했다. 태국 북부에서 사역을 하게 되자 리수 성도들은 가끔씩 자기들의 외국인 선교사를 도우러 미얀마에서 넘어왔다. 아카 성도들도 그렇게 했다. 라후 기독교인들도 미얀마에서 문제가 생기자 국경을 넘어서 피난해 왔다. 미얀마의 리수 교회는 매우 강했다. 존 쿤이 한두 번 그곳을 방문하여 목양을 할 수 있었다. 태국 북부에서는 앨런 크레인이 리수 성경전서를 마무리하고 있었다. 1963년에 그도 미얀마에 들어가서 구약을 전부 개정 감수했다. 리수 지도자들이 그 일을 도왔다. 리수 교회는 1965년에 리수족 역사상 처음으로 나오기로 되어 있는 신구약 성경을 고대하면서 1963년부터 성경을 전부 공부하는 성경학교를 시작했다. 한 부족 안에 잘 형성된 교회로서 신구약 성경을 전부 손에 쥐게 된 것이 50년 만이었던 것이다. 온 산에 흩어져 헤매는 양과 같은 나머지 149 부족은 어떻게 할 것인가?

Chapter 18

정복되지
않은 땅

신비의 땅 티벳은 사탄을 숭배하고 버터 넣은 차를 마시는 라마승의 왕국으로 접근이 어려운 지역이었다. 라싸가
수도였고 포탈라는 고대부터 있던 달라이 라마의 왕궁이었다. 그런데 그 수도까지 가보았던 사람도 별로 없었고 그
왕궁의 문턱을 넘은 사람은 더더욱 없었다. 겹겹이 이어지는 높은 산맥이 왕국의 천연 요새가 되어주었다.

A Passion for the Impossible

정복되지 않은 땅

...

신비의 땅 티벳은 사탄을 숭배하고 버터 넣은 차를 마시는 라마승의 왕국으로 접근이 어려운 지역이었다. 라싸가 수도였고 포탈라는 고대부터 있던 달라이 라마의 왕궁이었다. 그런데 그 수도까지 가보았던 사람도 별로 없었고 그 왕궁의 문턱을 넘은 사람은 더더욱 없었다. 겹겹이 이어지는 높은 산맥이 왕국의 천연 요새가 되어주었다. 고지에 나 있는 길이 눈에 쌓여 있을 때 걸어가려면 제아무리 용맹스러운 여행객이라도 걸음이 느려지고 숨이 가빠왔다. 국경 지역에서 유목민들이 텐트를 치고 살았는데 사나운 티벳 사냥개가 어떤 침입자라도 허락 없이 들어오면 갈기갈기 찢어버릴 태세로 지키고 있었다. 더 깊이 들어가 보면 봉건 시대의 옛 성과 허세를 부리는 두목들이 있는가 하면, 방심하는 여행객을 약탈하려고 기다리는 강도들도 있다. 티벳인은 천성적으로 말을 잘 키우는 민족이어서 말이 무역의 주요 상품이다. 그들이 무모하게 말을 타는 모습을 보면 매우 스릴이 있다. 그들은 짠바(糌粑)라는 조악한 보리를 주식으로 하는데 그것이 황폐한 자갈밭이 생산해 낼 수 있는 전부이기 때문이다. 티벳 사람들은 그 짠바와 야크 젖, 양고기를 먹고 산다. 종교는 불교라고 하지만 정령숭배에 더 가까운 것이다. 가정마다 아들 한 명이 사제로 헌신하는데 그래서 나라 전체가 이 위안 없는 종교의 손아귀에 굳게 매여 있다.

...

과거에 이 땅에 어떤 일이 있었는가? 닥터 카메론이 신중하게 중국 국경을 넘어 티벳으로 넘어간 것은 1877년이었는데 그의 뒤를 따라 갔던 CIM 선교사들이 여럿 있었다. 1897년 폴힐 터너는 다젠루(打箭炉, 현 캉딩)를 근거지로 삼았는데 티벳 국경의 그 황량한 도시는 선교사들이 모두 중국을 떠날 때까지 CIM의 센터로서 역할을 했다. 주민은 중국인과 티벳인 그리고 그 혼혈들이었다. 국경에 있는 대부분의 마을들처럼 그곳도 부도덕, 아편 중독, 관리의 부패로 악명이 높았다. 선교사들에게는 그곳이 티벳인들에게 복음을 전하는 근거지로 삼기에 알맞은 장소였다. 불요불굴의 삼총사, 휴스턴 에드가, 로버트 커닝햄, 그리고 노르웨이의 학자이며 번역가였던 데오 소렌슨은 티벳 여행이나 전도, 티벳에 관한 그들이 가진 지식에 필적할 사람이 없었다. 그 세 사람은 엄격하게 자유 여행을 금지하는 법이 생기기 전까지 리탕, 바탕, 데이지 부첸, 간쯔 그리고 다우 등 티벳 내부에 있는 마을들을 자주 방문했다. 에드가는 매년 평균 3천km 이상씩 여행을 했다. 자주 집을 떠나 해발 5천m 가까이 되는 눈 덮인 산길을 넘어 다녔고, 무거운 발걸음으로 세찬 바람이 휩쓰는 계곡을 지나갔으며 살을 에는 산기슭에서 야영을 하거나 집집마다 경호용으로 기르는 맹견의 위협을 당하는 여정이었다. 그러나 이러한 여행의 결과로 티벳 사람들은 더욱 친근해졌으며 티벳어 성경은 매년 그 판매 부수가 증가했다. 1924년에 에드가는 성경을 101,500권 팔았고 티벳어 쪽복음을 102,000권 배부했다. 181일 동안 집을 떠나 있었으며 그가 다녔던 1,600km 여정은 주로 해발 2,500~3,000m 되는 길이었다.

1922년에 소렌슨은 라싸(Lhasa)로 향해 길을 떠났다. 애니 테일러처럼 목적지까지 가지 못하고 도중에 돌아왔다. 그러나 그 한 번의 여행에서만 그는 6만 부의 쪽 성경을 팔았다.

이 무렵 오겟 러너가 티벳인을 위하여 시닝(西宁)에 여관을 차렸는데 그 도시는 국경이 되는 칭하이 성의 성도(省都)였다. 초기 개종자들 중 티벳 혼

혈인 한 명에게 그 여관을 맡게 했는데 그가 얼마나 담대하게 자기 동족에게 복음을 전하는지 다른 사람들도 세례를 받았다. 근처의 란저우에는 보든 기념 병원이 있었고 그 병원에는 나환자 병동이 있었다. 그곳에서는 언제나 티벳 나환자들을 환영했는데 그들 중에 많은 사람들이 그리스도를 믿고 굳건한 신자가 되었다.

1929년 200명의 사역자를 보내달라고 호소했을 때 헌신했던 사람들 중에 티벳으로 지원한 선교사들이 있었다. 에드 비티(Ed Beatty)와 닥터 하워드 제프리(Dr. Howard Jeffery)가 1938년에 키아룽 티벳인들에게 파송되었고 버질 후크(Virgil Hook)는 칭하이의 유목민을 대상으로 사역하게 되었다. 당시 키아룽 말은 외국인에게 알려지지 않았던 언어였다. 사역의 근거지였던 마오궁(懋功, 현 小金)에서 키아룽의 왕과 성이 있는 영토까지 가는 길은 몽블랑만큼이나 고도가 높은 길이었다. 비티 부부는 1940년 마오궁에 있던 제프리 네 집에 가서 2달 간 함께 있었다. 그렇지만 그렇게 오랫동안 사탄의 요새였던 옛 라마교의 힘은 그리 쉽게 무너지지 않았다. 끈질긴 권유가 필요한 일이었다. 의료 사역, 성경 배포, 란저우의 나병 요양소, 시닝의 티벳 복음 여관 등이 모두 제각기 티벳인의 마음이 복음에 열리도록 준비시키는 역할을 하였다. 그러나 결과는 실망스럽게도 미미하였다. 1942년 커닝햄은 그 국경에서 35년간을 사역한 끝에 죽음을 맞이했다.

중일 전쟁의 격변기는 티벳인의 추수에 새로운 희망을 주었다. 중앙 정부가 그들에게 더 큰 관심을 가지면서 티벳 어린이를 위한 학교를 세워 의무 교육을 받게 했다. 라마교도들도 징집되어 국가를 위해서 봉사하도록 시켰다. 정부는 라마승을 위한, 라마승의 정부가 아니라 백성들에 의한 백성들의 정부가 되어야 한다고 주장하였다. 그래서 변화가 있게 되어 선교사들에게 더 친절했고 성경에 대해서도 더 수용적이 되었다. 티벳으로 들어가는 문들은 거칠게 덜컹거렸다. 그 원인은 이상하게도 북서부의 무슬림 관리들이기도 했는데 전 티벳 마을을 이슬람으로 개종시키고자 하는 의도가 있었기 때문이었다.

1943년에 CIM 티벳 센터는 캉딩, 마오궁, 시닝 이렇게 세 군데 있었다. 그런데 그 때까지도 티벳인들 사이에 살아 있는 교회가 없었다. 시닝에서 80여km 떨어진 곳에서 버질 후크는 4만 명의 티벳 유목민을 대상으로 큰 곤경을 겪어가며 사역을 감내하고 있었다. 해발 3천m가 넘는 고지의 혹한에, 몰아치는 폭설 속에 텐트를 치고 살았으며 벌레와 벼룩과 이가 들끓어 끊임없이 괴로운 가운데 오래된 고기에 이상하게 버터 발라 만든 과자류를 먹고 사는 삶이었다. 가끔 수도원이 있는 라브랑 마을에서 여행을 떠날 때가 있었는데 자기가 살 텐트와 필요한 짐을 전부 자신이 준비해서 지고 가야했다. 그것은 오직 남자만이 감당할 수 있는 힘든 일이었다. 쿤붐에서 성경을 읽겠다는 사람들과 연락이 되었다. 소년 달라이 라마와 티벳에서 두 번째로 고위층인 판첸 라마가 관심을 보였다. 둘이 다 당시의 운명을 지배하던 사람으로 한 명은 인도에서 피난 온 사람이었고 다른 한 명은 라싸 공산주의자의 끄나풀이었다. 그렇지만 대부분의 티벳 사람들에게 복음은 거의 들어가지 않았다. 티벳 사람들은 아직도 부처를 숭배하는 일이 아무 가치가 없는 일이라는 말을 믿을 수가 없었다.

캉딩은 해발 2천m 정도 되는 마을이었는데 그곳의 선교사들은 아이들을 주일 학교에서나 낮에 학교를 열어서 언제나 가르치고 있었다. 티벳인 중에는 어른이 되어 어릴 때 그렇게 받았던 도움에 대해서 감사했다고 말해주는 사람이 많았다. 1946년에 커닝햄 부인 있는 곳에 CIM 선교사가 세 가정이 들어왔다. 지오프리 불(Geoffrey Bull)과 형제회의 조지 패터슨(George Patterson)도 잠시 그 도시에서 살았다. 신실한 중국 성도 세 명이 기독교 공동체를 이루었다. 주일 학교가 매우 좋았고 주중에는 낮에 어린이 예배를 드렸는데 대부분 티벳 아이들이었다. 그런데 복음의 소리를 듣고 찾아오는 대상은 어린이들만이 아니었다. 전쟁의 학살 때문에 산채에서 내려와 복음을 듣는 티벳인이 많았다. 믿음의 대가가 너무 컸는가? 갓 잡은 야크 가죽에 기독교 개종자들을 집어넣어 꿰매고서는 그 가죽이 안에 든 사람의 모양으로 쥐어짜듯 줄어들 때까지 이글거리는 땡볕에 두었던 무자비한 제사장들의 기억이 너무 생생했는가? 캉딩에서 그리스도의 생애를 담은 슬라이드를 보여주었을 때 사람들의 주목을 끌어서 어떤 때는 100여명이 서서 듣고 보기도 했다. 남자들은 멋진 전통 복장에 긴 칼을 차고 으스대면서 언젠가 세상의 왕이 되실 그분의 이야기에 귀를 기울이는 것이었다. 그 정도의 인원이면 거의 모든 티벳 성에서 들으러 온 것이었다. 캉딩까지 몇 달씩 걸려서 온 사람도 있었다. 티벳 사람 전체에게 이런 방식으로 다가갔다. 심지어 라싸에서 교육받은 승려도 있었는데 자신들이 특별한 위치에 있음을 의식하면서 주 예수 그리스도에 대해서 진지하게 토론을 하는 것이었다. 그렇게 하여 그들이 믿었는가? 결코 믿지 않았다. 그러면 티벳인에게는 믿음이 불가능한 것이었는가? 아니다. 하나님에게는 모든 것이 가능하였다. 1948년 한 중국 할머니와 티벳 소녀가 담대하게 그리스도를 주로 고백하며 세례를 받았다.

그러는 동안 간쑤 칭하이 접경의 화룽에 성광(聖光 - Holy Light) 학교 재단이 란저우 병원의 지병원을 세웠는데, 침대를 12개 갖춘 자선 병원이었다. 그 병원은 금방 유명해졌는데, 특히 살아 있는 부처가 부상병 50명과 수술이 필요한 환자 40명을 데리고 전 군대를 이끌고 왔기 때문이었다. 그 병원에 더 많은 티벳 사람들이 진료를 받으러 왔고 복음의 소식을 들었다.

그런데 공산군이 중국 북서부로 진격하고 있었고 1949년 8월 란저우를 점령했다. 병원과 화룽 진료소는 일시적으로는 허가를 받아 진료를 계속할 수 있었지만 곧 빼앗기고 선교사들은 해변으로 떠나야 했다. 루퍼트 클락은 의사로서 죽어가는 사람을 살리지 못했다는 죄목으로 혼자 가택 연금을 당하였다. 그러나 그들의 증거는 헛된 것이 아니었다. 티벳인을 대상으로 사역하던 조지 벨과 노만 매킨토시는 간쑤를 떠나기 전에 두 명의 티벳 여인에게 진실하게 하나님을 믿는 증거를 보고 세례를 주었다. 북서부에서 28년 동안 사역한 뒤 처음으로 주는 세례였다.

이 이야기는 또 이것으로 끝나지 않는다. 닥터 루퍼트 클락이 풀려났던 해 라브랑에서 중국 기독교인들이 전도하여 20명이 신앙고백을 하는 결과가 있었다. 그 사건은 뉴스거리가 될 만한 것이기 때문에 인도의 티벳인이 보고한 것이었다. 티벳어 개정 성경은 현대 표준 티벳어의 기준이 되었다. 초판 1,000부는 전부 무료로 나누어주어 읽게 했다. 공산군이 티벳어를 배워야 했을 때 그 티벳 성경이 교과서로 사용되었다. 사람들은 인도에서 구입한 축음기로 복음을 들었다. 많은 티벳 사람들은 높은 산을 넘어 다니며, 또는 눈보라를 피해 움막에 몰려 앉아서 타이완이나 마닐라에서 내보내는 복음 방송을 트랜지스터로 들었다. 그러다가 인도로 내려오면 이렇게 묻는 것이었다. "그 사람들이 얘기하는 이 예수 그리스도라는 사람이 누구인가요?"

초기 티벳 선교사들은 티벳인의 개종이 쉽지는 않지만 가능한 것이라고 믿었다. 현재 티벳에는 기독교인들이 있고 현지 교회도 하나 있다. 정복하기 어렵던 왕국이 이미 정치적으로 정복이 되었다. 고속도로를 통해서 중국에서 티벳의 심장부로 사람과 상품들이 오가고 있다. 중국의 기독교인들은 이 고속도로를 우리 하나님께로 가는 복음의 고속도로로 만들 수 없겠는가? 불가능한 일이 지금 일어나고 있다.

Chapter 19

연속되는
불가능한 일들

CIM은 2차 대전이 끝난 직후 일본군 아래 힘들었던 교회들을 위로하기 위하여 본국에서 는 따뜻한 마음이 담긴 편지를 먼저 보내고 20명을 방문 팀으로 보냈다. 심하게 고난을 받았던 교회를 위로하고 현재 선교회에서 도와줄 일이 있다면 그것이 무엇인지를 알기 위한 방문이었다.

A Passion for the Impossible

연속되는 불가능한 일들

...

    CIM은 2차 대전이 끝난 직후 일본군 아래 힘들었던 교회들을 위로하기 위하여 본국에서 는 따뜻한 마음이 담긴 편지를 먼저 보내고 20명을 방문 팀으로 보냈다. 심하게 고난을 받았던 교회를 위로하고 현재 선교회에서 도와줄 일이 있다면 그것이 무엇인지를 알기 위한 방문이었다. 저장, 장시, 안후이, 허난에 흩어져 갔는데, 벌써 공산당이 일부 다스리고 있는 허베이, 산시성 중에서 접근이 가능한 지역도 방문지 중에 포함이 되었다. 몇 년 간 헤어져 있다가 만나는 선교사들을 그들은 모두 예외 없이 따뜻하게 맞아 주었다. 심지어 기독교인이 아닌 사람들도 열렬히 환영해 주었고 학교나 감옥에서 말씀을 전해달라고 초대해 주었다. 대체적으로 방문해서 실제로 보니 비록 슬픈 일들이 있기는 했지만 교회들은 그 근거를 꽉 붙들고 있었다. 문을 닫은 곳은 거의 없었다. 많은 사람들이 견고히 서 있었고 어떤 지역에서는 하나님의 사역을 훌륭히 해내고 있었다.

    허난에서는 선교사들이 부재했던 2년 동안 1,800명에게 세례를 주었고, 황하강 계곡을 따라서 사역했던 스웨덴 선교회에는 한 교회에 2,000명이 새로 들어오기도 하고 또 다른 교회는 1946년 한 해 동안 성도가 300명에서 1,000명으로 늘기도 했다. 방문팀은 교회 지도자들과 중요한 집회들을 열었다. 섬서는 제일 어려운 지역이었는데 145명의 대표들이 홍둥(洪洞)에 모여 보고하기를 전쟁 기간 동안 1,000명에게 세례를 주었다고 했다. 안후이의 푸양은 광대한 농업 지역의 중심지로 이전에 작은 규모로 부흥이 시작되었던 그곳에 지금은 목사 5명을 지명하여 시내에 있는 50교회와 주변의 75

군데 시골 교회를 관리 지도하도록 임명했다. 그 도시 교회에는 주일이 되면 1,000명 이상이 예배를 드리러 몰려왔으며 주간 중에도 밤마다 예배를 드리고 있었다. 저장의 사오싱은 우상을 만드는 공장이 있고 복음에 반대하는 곳으로 유명했다. 그런데 중국의 에베소라고 불리던 그곳에서 최근 200명이 개종하고 교회원이 두 배로 늘어나서 지도자들이 기뻐하고 있었다. 쓰촨의 성공회 교구는 지난 15년 간 크게 발전했고 1945년에 50주년 기념 예배를 드렸다. 중국인들이 그 교구를 완전히 책임지고 있었다. 장시는 몇 년 간 공산당과 일본군이 교대로 다스리면서 매우 지독하게 고통을 주던 곳이었는데 교회는 생동감 있게 살아 있었다.

"선교사들이 다시 오는 것을 환영하는가?"라는 질문에 그들의 대답은 명료했다.

"물론 우리들은 여러분이 다시 오기를 바랍니다. 선교사들의 도움이 꼭 필요합니다. 여러분이 지도하고 삶을 함께 나누었던 중국인들이 너무 적습니다. 그러나 또한 이 점을 분명히 하고 싶습니다. 지난 4, 5년 동안 우리는 극도의 난관을 극복해가며 스스로의 힘으로 교회를 유지해 올 수 있었습니다. 하나님께서 우리에게 그분을 믿는 믿음에 대해서 중요한 교훈들을 많이 가르쳐주셨습니다. 전쟁이 일어나기 전처럼 우리가 선교사님들에게 완전히 의존하는 상황으로는 돌아갈 수 없습니다. 우리를 다스리려고 온다는 생각은 하지 말아주십시오. 일본군 치하에서 우리 교회들은 스스로 서는 법을 배웠고 그렇게 계속하기를 원합니다. 그래도 우리에게는 여러분의 도움이 필요한 부분이 많이 있습니다. 성경 강해, 주일 학교 사역, 지도자 훈련, 그리고 다른 전문적인 분야에서 도와주십시오. 여기에 와서 우리와 함께 사역하며 심지어 우리의 지도를 따라서 섬길 준비가 되어 있으면 대환영입니다." 여러 곳에서 여러 말을 들었지만 대개 이렇게 요약이 될 수 있는 내용이었다.

그래서 선교회가 1946년의 불확실한 장래를 맞으면서 해야 할 사역은 명확해졌다. 전도와 교회 개척은 더 이상 선교사만이 할 일이 아니고 전 교회가 함께 해야 할 일이었다.

선교사에게 도와달라는 요청이 쏟아져 들어오기 시작하는데 전부 들어줄 수가 없었다. 선교회의 선교사 중 반이 안 되는 숫자가 중국에 돌아왔고 1946년에 처음으로 중국으로 온 신임 선교사들은 당장은 효과적으로 사역할 수 없었다. 이들 중에는 런던에서 공습과 로켓 공격이 쏟아지는 중에 선교 훈련을 받으면서 1943년부터 기다리던 선교사도 있었다. 1947년 상하이에서 이사회를 하면서 이사들은 교회의 요청에 전부 부응하기 위해서는 선교사가 지금 숫자의 두 배가 되어야 함을 인식하였다. 그래서 이사들은 '최고의 경력과 영적 신선함과 능력이 있으며 어떤 환경에도 즉시 기능할 준비가 되어 있는 지원자, 십자가외에는 아무 것에도 관심이 없는 사람들, 그리고 어떤 형태로든지 자신에 대해서 죽는다는 것이 무엇인지 이미 아는 사람들, 솔선하여 창의적으로 무엇이든지 할 수 있으면서도 훈련이 잘 되어 있어서 자기가 영향을 준 중국인이 그 생각이 자기에게서 나왔다고 생각하게 하는 사람, 시험을 통과한 영적 자질이 있으며 섬김으로 지도하는 것을 기뻐하는 겸손함이 있는 남녀 선교사'들이 필요하니 와달라고 호소를 하였다.

. . .

공산주의가 승리하여 위협을 당하고 있으면서도 선교회에는 인간적으로 불가능한 것에 대해서 불타오르는 열정을 가지고 도전하는 노련한 선교사들이 부족하지 않았다. 중국에는 아직도 특별한 개척 정신을 가지고 도전해야 할 땅이 남아 있었다. 그것은 선교사에게 완전히 불가능한 사역이었고 사명이었다. 양쯔강의 상류인 진사강이 해자처럼 둘러싸고 있는 뒤편으로 티벳을 서쪽 국경으로 하고 있는 금단의 땅에 '독립' 노수(혹은 롤로)족이 살고 있었다. 그곳은 사나운 부족들이 살고 있는 산간 지역으로 외부인이 그곳에 들어가려면 목숨을 담보로 내놓아야 했다. 그들은 계급과 영토를 세습하는 봉건 시대의 사람들로 왕과 귀족, 영감님과 마님이 있었고 말 잘 듣는 농노가 있고 자유로운 소작인을 부리면서 고귀하게 품위를 유지하는 게으른 사람들이 있었다. 중세의 조각과 장식이 있는 그들의 집은 짐승의 가죽과 무기들이 걸려 있었고 장작불에서 나오는 무시무시한 불꽃이 전사들의 옷에 장식된 금속 무기들에 반사되어 겉으로 보면 매우 야만스러웠다. 만일 먼지와 피로 더러운 주변이 보이지만 않는다면 모두 매우 그림 같은 모습이었다. 거의 모두가 아편을 피우고 술을 마시고 있었는데 그것은 불행을 넘어 저주스러운 습관이었다. 그곳은 여행 금지 구역으로 아무나 들어가지 못했다. 중국인과 노수족이 그곳을 절대 들어가지 못하도록 해 놓은 것이었다. 안전하게 들어가기 위해서는 추장이 친구로서 살아 있는 패스포트가 되어 함께 데리고 가주어야 했다. 이들에게 사람의 생명이란 '거친 것, 굴러 넘어지는 것, 피투성이 농담' 같은 것이라고 기록했던 사람이 있었다.

이 사람들에게는 이제껏 살아온 나날 속에서 생명의 말씀이 실감 있게 다가온 적이 없었다. 1903년 샘 폴라드가 동쪽의 감리교 사역지에서부터 와서 열흘 동안 지내다 간 적이 있었다. CIM의 쿡과 킹이 비슷한 무렵에 단기간 방문하기도 했다. 킹은 롤로 영토의 북방 경계 근처에서 몇 년 간 살았다. 중국의 과학자들과 사회사업가 팀도 방문한 적이 있었다. 그러나 외국인으로서 그 경계선을 넘은 사람들은 손에 꼽을 정도의 숫자밖에 없었다. 이들 중에 프랜시스 브룩이라는 탐험가가 1908년에 살해를 당했다. 그 외딴 곳에서 그렇게 늦은 시각에 무엇인가를 할 수 있었는가? 닥터 짐 브룸홀은 '할 수 있다'고 생각했다. 그는 CIM의 창립자 허드슨 테일러의 누이의 손자로서 그의 혈관에는 개척자의 피가 흐르고 있었다.

그래서 브룸홀은 1947년 4월 중국인 동료 한 사람과 시창으로 갔다. 그곳은 노수 땅의 서쪽 관문으로 중요한 중소 도시였다. 시창에서 브룸홀은 약속의 땅으로 올라가기 전에 3주 동안 세밀하고 주의 깊게 준비를 했다. 그리고 노수 땅 내부를 45일 간 여행을 했다. 그 기간은 이전의 외국인이 갔을 때보다 세 배나 긴 기간이었다. 그들은 가는 곳마다 따뜻한 환영을 받았다. 자오줴에는 다량산의 중심이 되는 성채 마을이었는데 브룸홀은 그곳에 와서 살기로 계획을 세웠다. 그리고 사람들의 열정적인 갈채를 받으며 작은 병원을 시작했다. 하나님께서는 그 프로젝트에 인을 쳐 주셨는데 통역을 맡던 노수 귀족의 마음을 움직이셔서 복음을 들은 지 3주 만에 믿고 구원 받도록 해주셨다. 브룸홀은 이제 그 사역을 위해서 팀을 꾸렸다. 아내 쟈넷, 루스 딕슨, 조안 웨일즈이 함께 갔고 티벳 국경에서 경험을 쌓았던 플로이드 라슨이 몇 달 동안 같이 있었다. 중국인과 노수 성도 몇 명도 그 팀에 합류했다. 시창을 필요한 물품을 구입하는 베이스로 삼았다. 1948년 4월, 브룸홀 일행은 시창에서 노새를 타고 사흘 만에 목적지 자오줴에 도착했다. 관리 대표가 환영식을 해주었다. 거주지와 병원을 위한 건물은 옛 성채의 성벽 안에 마련되었다. 1949년 초 여성들이 합류했고 건물이 가동됨과 동시에 의료 사역이 시작되었다. 4월에 브룸홀은 경험 있는 사람들의 만류에도 불구하고 세 자녀

중국이 개방되었을 때 사역하던 노수 지역민의 초청으로 다시 돌아온 브룸홀(1991년)

를 시창에서 자오줴에로 데리고 왔다. 브룸홀은 이 일을 평생 할 생각이었기 때문에 자녀들에게도 부모와 마찬가지로 자오줴에가 그들의 집이 되어야 했다. 1949년 부활절에 자오줴에 교회는 그리스도의 죽음과 부활을 기념하는 예배를 드렸다. 부활절에 선교사 다섯 명이 예배를 드리는데 50명이 찾아와 함께 했고 그 때를 시작으로 자오줴에 땅에 정기적인 예배를 드리게 되었다.

건널 수 없어 보이는 강이 있는가?
터널을 뚫을 수 없는 산이 있는가?
사람에게 완전히 불가능한 일을
전문적으로 잘 해 내시는 우리 하나님!!

그런데 공산당이 점점 중국을 점령해 오고 있었다. 노수인의 자오줴에 마저도 1949년 4월 공산군이 차지하게 되었다. 그래도 마을을 다니면서 그리스도를 전하고 환자들을 치료하는 일은 계속되고 있었다. 6월, 19세된 소녀 두 명과 한 아주머니가 믿게 되었다. 현지인과 중국인 한 두 명도 예배에 참석하여 12명의 진지한 구도자가 생기게 되었다. 유일하신 길에 대하여 더 완전히 배우려고 열심이었다. 그들의 주변에는 말할 수 없는 사악한 일들이 벌어지고 있었다. 폭동이 일어날 때도 있었지만 그들은 꾸준히 믿음에 대해서 배우며 그리스도를 아는 지식에서 자라났다. 공산군은 선교사들이 제국주의의 스파이라고 비난했다. 그런데 브룸홀을 사기꾼이라고 하며 공산주의 교육을 시키던 사람이 스스로 구도자가 되어 신약성경을 받아들였다. 싸라오우의 '유순한' 노수 교회 지도자 한 사람이 노수랜드에 와서 성탄절에는 돌아가서 세례식을 거행하겠다는 희망을 내비쳤다. 그런데 그는 노수 땅을 빠져나갈 수 없었다. 세례는 베풀 수 없었다. 성탄절은 매우 즐겁게 지냈다. 그리스도의 탄생의 이야기를 다시 들려주었다. 그런데 바로 그 성탄절 밤에 외국인을 죽이고 그 자녀들을 노예로 잡아갈 것이라는 소문이 있었다. 그런 소문이 계속 돌고 있었지만 그들은 환자를 돌보는 의료 사역을 계속했다. 공산군 환자도 고쳐 주었다. 그들은 상하이에서 철수하라는 명령이 떨어질 때까지는 하던 일을 계속했다. 선교사들이 떠나려고 준비하는 것을 보면서 현지 사람들은 매우 슬퍼했다. 그들이 보여준 애정은 극도로 감동적인 것이었다. 지난 9개월 동안 30여명이나 되는 남녀노소 노수인들이 그리스도를 믿는다고 고백했다. 1950년 1월 선교사들은 울고 있는 성도들의 배웅을 받으며 마차를 타고 슬퍼하며 떠났다. 시창과 청두, 그리고 해안까지 가는 긴 여행이었다.

. . .

1945년에 선교사가 가난하고 멸시 받는 줄 알면서도 중국 서부 국경에 선교사로 가서 그곳에 사는 자기 동족을 위해서 자신을 드리려고 중국 대학생들이 신학교에 그렇게 많이 지원하리라고는 꿈에도 가능하다고 생각하지 못했던 일일 것이다. 그들은 과거에 나라 안에서 가장 기독교를 반대하던 그룹이었다. 그런데 바로 그 불가능한 일이 일어났다. 그리고 중국에서 전후 그렇게 짧은 기간 내에 가장 전율적인 일이 바로 그 학생들과 젊은이들 가운데서 일어났다. 선교사들은 학생들이 다시 예전에 다니던 동부 대도시의 캠퍼스로 돌아갔을 때 물질주의, 공산주의, 복음의 핵심이 빠진 자유주의 신학이라는 유혹 앞에서 서부에서 피난민으로 있을 때 받았던 은혜가 진짜인지를 시험받을 때가 오리라는 것을 알고 있었다. 당연히 약간은 그렇게 염려할만한 사건들도 있었다. 그런데 중국 IVF는 데이빗 애드니의 지도 아래 재빨리 난징에 사무실을 만들었다. 상하이, 한커우, 우창, 창사, 청두, 충칭, 시안, 베이징 등의 대학에서 사역자들을 초청할 때 학생 사역의 경험 있는 선교사들을 가능한 빨리 보낼 수 있었다. 베이징만 해도 대학이 6개에 기술학교 외에도 대학 수준의 단과 대학이 3개나 있어서 학생 수가 15,000명가량 되었다. 힘없는 형식주의에 실망하고 생명력 있는 기독교를 맛보았던 학생들은 도처에서 문자 그대로 왕국을 향해 밀어제치며 나아갔다. 수많은 학생들이 세례를 받았다. 젊은이들이 2, 30명씩 모여서 새로 발견한 믿음의 기쁨과 시련에 대해서 서로 이야기하며 몇 시간 씩 교제를 하는 것이었다. 현지 기관들은 완전히 학생들의 손에 있었다. 성경 공부반, 기도 모임, 친교 모임, 전도 등을 위한 프로그램이 일주일 내내 있었다. 학생들은 현지 교회와 밀접하게 관계를 갖도록 지도를 받았다. 어떤 모임은 대학교 캠퍼스 내에서 열렸고 연합 활동은 중간 지역에 있는 건물에서 이루어졌다. 학생들은 여름과 겨울에 특별 집회를 열었는데 그러한 집회들은 베이징 외곽의 여름 궁전 성벽의 그늘 아래에서, 충칭의 언덕 위에서, 또는 상하이의 평범한 교외에서 열렸다. 그 모든 모임에는 부흥의 기류가 가득했다. 죄를 깊이 뉘우치는 일이 다반사로 일어났다. 많은 경우 개종이 일시적인 감정이 아니라 지속 되는 참된 회심이었다. 기독교인들에게는 중국 전역의 대학생 서클이 모두 놀라워하는 기쁨과 열정이 있었다. 트럭을 가득 채운 기독 학생들이 베이징 거리를 지나가면서 찬송가를 부르던 광경을 누가 잊을 수 있겠는가? 그들은 바로 이 유서 깊은 수도에서 반기독교를 외치며 데모를 하던 학생들이 아니었던가? 베이징의 학생들은 전통적으로 모든 대학의 모델이었다. 모든 혁명적인 학생 운동이 이곳에서 시작되었다. 이 운동도 그 중 하나가 될 것인가?

· · ·

이 새로운 운동은 이전에 유일한 학생 사역이었던 좌익 YMCA와 같은 단체의 공격을 받았다. 그들은 중국 IVF와 같은 단체가 어떻게 살아남아 유지되고 있는지 이해할 수가 없었다. 그들에게는 모임 장소도 정해 있지 않았고 구제 기금도 없었으며 간사들에게 높은 월급도 없었다. 그 모든 요소는 자기들에게는 중심적인 것이었다. 그런데 IVF는 그런 것이 하나도 없으면서도 대학들을 연이어 정복해 가며 학생들을 믿게 하고 새로운 모임들을 만들어가는 것이었다. 1947년에 중국에서 역사상 가장 큰 학생 복음 집회가 난징 외곽에 있는 '쯔진산(紫金山)'에서 열렸다. 100개의 대학 대표 200명이 모였다. 장제스의 부인 쑹메이링이 방문하여 그리스도인으로서 그 새 운동에 동조하는 발언을 했다. 그 학생들에게 맞는 정기 간행물과 중국어와 영어로 된 책의 수요가 끊임없이 있었다. 최근 한 중국인 의사가 허드슨 테일러의 전기를 번역했는데 인기 있는 베스트 셀러였다. 또 중국인 IVF 간사가 공산주의와 기독교의 철학에 대해서 쓴 「신앙의 질문」이라는 책도 학생들이 많이 찾았다. 어떤 학생들은 졸업을 하면서 변방에 사는 자기 종족에게 선교사로 가려고 했다. 복음적인 교회 지도자들은 중국의 교회에 약속 있는 미래를 보장하는 이러한 운동을 적극적으로 지지했다. 그들은 그러한 학생들과 오랜 시간을 함께 보냈다. 공산당이 점령한 만주와 같은 곳에서 학생들이 많이 베이징으로 탈출해 나왔는데 영하의 날씨에 사방에 벽도 없는 절이나 유교 사당에 막사를 짓고 자는 것이었다. 현지 기독 학생들은 그러한 곳에서 전도 집회를 열고 그들에게 실제적으로 필요한 것들을 가져다주었다. 그 결과 많은 학생들이 주께로 돌아왔다. 공산군이 도시들을 하나 둘씩 쓰러뜨리면서 베이징을 향하여 진군해 오고 있었지만 학생들은 그 속도를 늦추지 않았다. 다른 기독 학생 기관들은 공산주의 프로그램 안에서서 자기들이 이상적으로 꿈꾸던 것을 실현할 수 있는 것으로 보고 공산당에게 자신의 운명을 맡기기도 했다. 그러나 그 학생들이 타협하지 않고 용감하게 계속 그리스도를 증거하자 공산당은 그들을 체포하고 감옥에 가두었다.

학생 두 명이 어느 날 그 복잡한 충칭 감옥에서 '영원한 반석'이라는 찬송을 부르기 시작했다. 그러자 다른 죄수들이 그 기독교의 믿음에 대해서 말해 달라고 부탁해 왔다. 그들이 간신히 간직해 오던 신약 성경을 돌려 보게 되었다. 그 결과 믿는 사람들이 생겨났다. 간수 중에 믿는 사람이 있어서 자기의 신약성경을 주어버린 학생에게 성경전서를 몰래 갖다 주었다. 감옥에 갇혀 있던 63일 동안 그는 성경을 완독했다. 새해 첫 날인 설날 감옥 안의 모든 죄수가 기독교 예배를 함께 드렸다.

바로 그러한 것이 이 운동의 추진력으로 공산주의자들이 막을 수 없던 것이었다. 중국 IVF는 1951년에 공식적으로 해체되었지만 이러한 운동은 1955년까지 지속되었다. 지금은 그 운동이 어떻게 되고 있는지 모르겠다. 왜냐하면 중국 전역이 공산화로 '해방'되기 전에 자기들의 삶이 그리스도의 능력으로 완전한 혁명을 맛보았던 그 놀라운 세월들을 잊을 수 없는 사람들이 있을 것이기 때문이다. 그들은 물질주의의 메마른 사막 한가운데에서 오아시스와 같은 사람들이었다.

1920년대와 80년대의 레슬리 라이얼   중국 동역자와 함께한 데이빗 애드니

섬서 대학의 IVF 모임(1938년)

베이징의 학생 집회 (1949년)

Chapter 20

하나님이
아닌 알라

이슬람은 8세기에 중국에 들어왔다. 그 주요 근거지는 북서부와 남서부인데 중국의 대도시에는 전부 무슬림 공동체가 있고 신자는 모두해서 천만 명 가량 된다. 중국 무슬림에게는 자기들만의 독특한 문화가 있다. 그들은 강한 공동체 정신으로 묶여 있고 공통된 사회 조직으로 긴밀하게 연결되어 있다. 기독교 선교사가 복음을 가지고 그들이 예부터 고수하고 있던 요새를 침입하려고 했을 때 그것은 거의 불가능한 과업이었다.

A Passion for the Impossible

하나님이 아닌 알라
...

이슬람은 8세기에 중국에 들어왔다. 그 주요 근거지는 북서부와 남서부인데 중국의 대도시에는 전부 무슬림 공동체가 있고 신자는 모두해서 천만 명 가량 된다. 중국 무슬림에게는 자기들만의 독특한 문화가 있다. 그들은 강한 공동체 정신으로 묶여 있고 공통된 사회 조직으로 긴밀하게 연결되어 있다. 기독교 선교사가 복음을 가지고 그들이 예부터 고수하고 있던 요새를 침입하려고 했을 때 그것은 거의 불가능한 과업이었다. '놋쇠 성곽처럼 침투 불가능한' 것이었다. 카이로의 템플 가디너는 「이슬람의 꾸짖음(The Rebuke of Islam)」이라는 그의 저서에 '이슬람은 불가능하면서도 가능한 문제이다.(Islam is the impossible-possible problem.)'라고 했다. 무슬림 가운데 사는 CIM 선교사들은 언제나 불가능한 것을 시도하는 열정과 인내를 보여 왔다. 북서부는 이슬람이 정치적 권력을 쥐고 있었는데 기운찬 아랍 말 위에 올라 탄 무슬림의 자신만만한 모습이 중국에서 사는 이슬람의 독특한 위치를 보여주는 전형적인 상징이었다.

...

배경

북서부의 무슬림을 발견한 첫 CIM 선교사는 간쑤와 중앙 아시아를 방문했던 닥터 카메론이었다. 간쑤, 칭하이, 그리고 닝샤의 무슬림은 초창기부터 CIM이 관심을 갖던 대상이었다. 그 인구가 너무 많아서 중국인 사역자들마저도 불가능하다고 생각하고 생각에서 지웠던 사람들이었다. 그런데 전문가들이 모스크에서 이맘들(imams)과 도처에 있는 무슬림들에게 복음을 전하기 시작했다. 보탐 가족은 일생을 무슬림 전도를 위해서 헌신한 사람들이었다. 마크 보탐은 요절하여 사역을 중단할 수밖에 없었다. 란저우 묘지에는 한 때 19명의 어린이 무덤이 있었는데 그들은 모두 무슬림을 대상으로 사역하던 선교사 자녀들의 무덤이었다. 그런데 무슬림 개종자는 그 숫자보다 적었다.

윌리엄 보든은 예일대 출신으로 젊은 백만장자였다. 북서부에 무슬림 사역이 필요한 것을 알고 헌신했다. 그는 이슬람을 공부할 목적으로 중국에 오기 전에 우선 먼저 이집트로 갔다. 그런데 그곳에서 죽었다. 란저우의 병원은 그를 기념하여 그의 돈으로 세운 것이다. 그것은 특별한 의미에서 무슬림들에게 증거가 되었다. 그곳에서 한 알의 밀알이 떨어져 죽음으로써 북서부의 다른 어느 곳보다도 더 많은 무슬림이 그리스도를 발견했다. 주로 나환자들이 나병 요양소에 와서 그리스도를 구주로 믿게 된 것이었는데 나환자 외에 티벳 사람들도 그곳에서 믿음을 찾았다.

'대북서부'에 사역자가 필요하다는 요청이 강력하게 전달되었다. 1914년 퍼시 매더가 신장의 조지 헌터에게 가서 그 둘은 같이 대초원의 사도로 불굴의 기개를 펼쳤다. 1923년 밀드레드 케이블, 에바와 프란체스카 프렌치도 트리오로서 20년에서 30년의 섬서 사역을 마감하고 그 부르심을 따라 모험길을 나섰다. 간쑤의 좁고 긴 반달 모양의 지역은 복음에서 더욱 소외된 지역이었는데 바로 그곳을 다녔다. 그들은 쑤저우(현 쥬취안)를 거주지로 선택했는데 그곳은 신장과 간쑤 사이의 변경관문인 옥문관(玉门关) 전에 있는 마지막 도시였다.

그곳은 역사적으로 대상들이 모여서 옛 비단길을 따라서 고비 사막을 지나 중앙아시아와 인도로 가는 도중에 들르는 곳이었다. 북서쪽으로 6주를 더 가면 조지 헌터와 퍼시 매더가 살고 있는 우루무치가 나왔다. 트리오는 15년 동안 고적하고 광대한 그들의 교구를 끊임없이 다니며 가는 곳마다 '복음의 소문'을 퍼뜨렸다. 그 위험했던 내전과 무슬림 반란이 일어나고 있을 때에도 그들은 다섯 번이나 영웅적인 여행을 거듭했다. 그때 「옥문관을 지나(1927)-Through the Jade Gate」와 「사막 이야기(1934)-Desert Journal」라는 여행 문학의 고전이 나왔다. 그들이 귀국하여 은퇴하게 되었을 때 여왕은 그들을 버킹검 궁전으로 그들을 초대하였다. 그들은 왕실 중앙아시아 협회에서 아라비아의 로렌스 상을 받았고 로열 스코틀랜드 지리 협회로 부터는 리빙스톤 메달을 수여받았다.

1926년에는 리들리를 선두로 200명 신임 선교사 중 6명이 헌터와 매더 있는 곳으로 왔다. 매더와 피시바흐가 환자들을 돌보다가 슬프게도 과로로 죽은 후, 1935년에 새로 부임한 해롤드 헤이워드는 우루무치에서 이러한 글을 남겼다. '무슬림 세계처럼 열매가 맺히지 않는 볼모의 땅은 없는 것 같다.' 수년 동안 우루무치 교회의 성도 수는 계속 6명을 유지하였다. 1939년 헌터가 러시아인에게 체포되었던 사건은 그 작은 그룹에게 치명적인 것이었다. 헌터는 18개월이나 갇혀 있으면서 비밀경찰에게 고문을 당했다. 스파이였다는 자백을 억지로 끌어내려는 고문이었다. 1941년 란저우의 유라시안 항공은 CIM에 연락하여 노인 한 명이 비행기로 하미에서 도착할 것이라는 말을 전했다. 조지 헌터였다. 동료들이 얼마나 반갑게 환영을 했는지 모른다. 그리고 일 년 이상이나 성경을 보지 못했던 헌터는 게눈 감추듯 성경을 읽는 것이었다. 그러나 감옥살이의 여파에서 벗어나 몇 주 동안 상대적으로 편안한 상태에서 지내고 나더니 그 불요불굴의 노전사는 다시 신장의 경계 가까이에 있는 간저우(현 장예)로 떠났다. 1946년 그는 그곳에서 평생을 외롭게 살아왔던 대로 85세의 나이에 또 그렇게 외로운 죽음을 맞았다. 그러나 그의 삶이 헛되지는 않았다. 그가 뿌린 씨앗을 다른 이가 거두었다. 1941년 일본 군이 중국 본토를 점령하자 지식인들이 중앙아시아에 몰려왔다. 그들 중에는 기독교인들이 있었다. 우루무치의 교회는 현저하게 성장했다. 무슬림들은 처음으로 학식 있는 중국인 기독교인들로부터 복음을 전해 듣기 시작했고 그 중에 믿는 사람들이 생겨났다. 동부에서 교육을 받은 사람들이 와서 새로운 영향을 끼쳤는데 그것은 무슬림들의 마음을 분열시키며 그들의 믿음에 불편함을 느끼게 하는 것이었다.

시닝에 있던 조지 해리스는 아랍어를 정복하고 코란에 전문가가 되기 위해서 온 힘을 기울였다. 무슬림에게 금기였던 고기나 돼지비계 등은 그가 살던 집의 문지방을 넘어오지 못했다. 무슬림들도 그것을 알고 망설이지 않고 그의 집을 드나들었다. 그의 학식에 사람들은 존경심을 보였고 많은 아홍과 물라(이슬람교 율법학자)들이 해리스와 그의 동료들로부터 복음을 들었다. 1936년 역시 무슬림 전문가였던 닥터 사무엘 즈웨머가 북서부를 방문하여 그들 모두에게 큰 격려가 되었다. 그곳에서 아홍이었던 마라는 사람을 만났는데 간쑤의 무슬림 중에서 매우 뛰어난 교육을 받은 사람이었다. 그런데 자신의 죄로 영혼에 비참함을 느끼고 있다가 보든 기념 병원에서 투병하고 있을 때 성경 공부를 시작했다. 드디어 그가 그리스도를 따르겠다고 믿음을 고백하고 수백명의 무슬림이 보는 앞에서 황하에서 세례를 받게 되었다. 그의 친척들은 즉시로 그를 독살하려고 시도했지만 성공하지 못했다. 잠시 힘들어 했지만 곧 회복된 마는 그 도시의 무슬림 찻집을 찾아다니며 사도 바울처럼 한 때 반대했던 그 믿음을 담대하게 전하고 다녔다. "무엇을 근거로 무슬림을 반대하느냐?"고 묻는 그들에게 마는 성경을 들어 보이며 "바로 이 책이다."고 대답했다. 1944년 해리스는 「무슬림 사역자 매뉴얼-a Manual for workers among Muslims」를 발간하여 무슬림 전도에 더욱 기여를 했다. 윈난 지방의 무슬림들은 북서부에 있는 자기들의 형제들이 잘 모르고 오해를 하고 있다고 하면서 기독교 활동에 대해서 의심을 하고 두려워하고 있었다.

전쟁이 끝났을 때 북서부와 중앙아시아에 있는 교회의 사정은 매우 달랐다. 신장의 모든 주요 도시에 번성하는 교회들이 있었다. 무슬림들은 네스토리아 선교사들이 왔다간 이래 처음으로 활기 있는 교회들을 목도할 수 있었다. 우루무치의 우체국장과 그의 아내는 활동적인 그리스도인이었다. 정부 고관 중에도 기독교인 장관이 두 명 있었다. 그래서 그들은 세례 교인40명의 우루무치 교회를 당의 본부 강당에서 모이도록 초대하였다. 간쑤 경계에 있던 유전(油田)에서 일하던 기독교인도 있었다. 그들은 무슬림들 눈에 띄지 않을 수 없었다. 간쑤의 중앙 전도 팀에는 무슬림 율법 학자였던 마도 끼어 있었는데 무슬림들에게 열심히 그리스도를 전하였다. 무슬림들은 깊이 생각하고 있었다. 한 젊은이가 선교사에게 말했다. "우리 종교가 진리가 아닐 수도 있겠네요." 바람에 나는 겨와 같을지라도 기회는 무궁무진했다. 조지 해리스는 이슬람의 보루였던 무슬림 대학에 강사로 초대를 받았다. 그곳에서 연설을 하고 신약과 쪽성경들을 나누어 주었다. 모두에게 다 돌아가지 못하고 성경책이 다 떨어지자 학생들은 더 달라고 요청했다. 1951년에 우연히 상하이에 있던 무슬림 지도자들이 CIM 본부를 방문하여 기독교 변증 서적들을 요청했다. 그들은 무신론 물질주의를 반박하기 위해서 도움을 받고 싶다는 것이었다.

그때 주목할 만한 일이 발생했다. 이전에 열렬한 민족주의자였던 마는 기독교 이름이 마가였는데 이제 허드슨 테일러의 손자가 원장으로 있는 섬서성 '서북성경학교'의 부원장이 었다. 그곳에서 하나님은 그에게 중앙아시아의 무슬림 세계에 복음을 전하고 그곳을 또 원래 발상지인 예루살렘까지 가지고 가는 비전을 주셨다. 그 '백 투 예루살렘 전도단'이 1946년에 공식적으로 결성되었는데 성도 600명이 이 일을 지원하였고 이 일을 전담하는 중국인 전임 사역자가 8명 있었다. 마가로 불리던 마는 조지 해리스에게 아랍어를 배우면서 자기의 과업을 준비하였다. 때가 무르익었다. 많은 심령들이 아프고 목말라했으며 명목상의 종교에 신물이 나 있었다. 그들은 살아계신 구세주를 원했다. 1954년에 바깥 세계에 소식이 전해졌는데 무슬림 개종자 2명이 자기들이 살던 중앙아시아에 선교사로 가고 티화에서는 한 무슬림이 개종한 후 성경 학교에서 14명의 학생을 가르치고 있다는 것이었다. 공산당이 중국을 장악한 지 5년이 지난 1954년 부활절에는 티화의 교회에서 19명에게 세례를 주었다.

멀리 홍콩의 피난민 수용소에서 선교사들은 멋진 지식인을 한 명 만났는데 그는 이전에 무슬림의 유명한 지도자였다가 이제는 참 하나님을 믿는 기독교인이 된 사람이었다. 타이완에서 이전에 간쑤 선교사였던 에릭 리버티도 무슬림으로서 중국 북서부에서 믿음을 갖게 된 또 다른 은혜의 트로피를 만났다. 그는 신실하게 믿음 생활을 계속하고 있었다. 참으로 그들의 사역은 열매 없이 무익하게 끝난 것이 아니었다. 그리고 이슬람은 아직도 살아계신 하나님을 향하여 손을 뻗고 있다.

Chapter 21

또 다른
여명(黎明)

교회의 중국인 지도자 중 나란히 선두에 서 있던 마커스 정 목사는 전쟁 기간 중 중국의 하나님의 교회에 추수의 때가 이르렀다고 확신하였다. 그런데 그가 보니 그 일을 위해서 교회에 가장 절실하게 필요한 것이 훈련된 지도자들이었다. 중국 서부에 중국인으로서 차세대를 이어갈 지도자가 없었다.

A Passion for the Impossible

또 다른 여명(黎明)

• • •

교회의 중국인 지도자 중 나란히 선두에 서 있던 마커스 정(陈崇桂) 목사는 전쟁 기간 중 중국의 하나님의 교회에 추수의 때가 이르렀다고 확신하였다. 그런데 그가 보니 그 일을 위해서 교회에 가장 절실하게 필요한 것이 훈련된 지도자들이었다. 중국 서부에 중국인으로서 차세대를 이어갈 지도자가 없었다. 중국 동부의 기독교인 비율이 360명 중 한 명이라면 서부는 3,500명 중 한 명이었다. 쓰촨성만 해도 인구가 4,500만 명이었기 때문에 그 많은 사람들에게 복음을 전하기 위해서는 중국인 전도자가 절대적으로 많이 필요했다. 1944년 마커스 정은 CIM의 강한 지지를 받으며 '충칭신학원' 원장이 되었다. 그곳의 재정 정책은 CIM과 같이 살아계신 하나님께 모든 재정을 의존하는 것으로, 학생들이 살아계신 하나님께서 자기의 삶을 책임져 주신다는 단순한 믿음을 갖도록 훈련하였다. 1947년에 있던 재학생 79명 중 50명이 남자였다. 학생들은 15개의 성에서 왔는데 소수부족민도 3명 있었다. 이들 남자 중에서 공산주의에서 개종한 사람도 있었다. CIM 선교사 8명이 직원으로 있었는데 본국의 이사들이 신학교를 방문했던 1947년에 특별한 영적 각성이 일어났다. 학생들이 시작한 충칭 감옥의 전도는 그 어느 곳보다 열매가 많았다. 살인자, 반역자, 아편 중독자, 강도, 사기꾼들이 놀랍게 복음에 반응하는 것이었다. 그런데 이 특별한 상황을 언론에서 지나치게 떠들어대자 기독교인 간수가 해고되고 열렬한 불교 신자가 간수가 되었다.

다른 성들에서 성경 학교가 생겨나자 CIM은 기꺼이 그곳에 선교사들을 보냈다. 안후이에서 시작한 우후(芜湖) 성경 학교는 그 시작부터 매우 좋았다. 폐교의 위협을 당하자 통신코스를 개설했는데 13개 성에서부터 950명의 학생들이 금방 등록을 했다. 란저우에서는 1950년 영성 훈련원에 40명 학생들이 있었다.

상하이에서 CIM 선교사들은 '중화신학원'에서 가르치고 있었는데 졸업생 500명이 중국 전역과 동남아시아에 흩어져 있었다. 그 팀 멤버 중에는 최근에 노수 땅 끝에서 온 사람이 두 명 있었다. 최근 학생 수는 90명으로 남자가 반수를 차지했고 대학 졸업자가 많았다. 대학 졸업자로서 높은 월급과 좋은 직장을 마다하고 그리스도와 그분의 교회를 위해서 희생하는 일은 매우 새로운 일이었다. 선교회에서 17군데의 신학교에서 가르치는 교수진을 지원했던 일은 그 중요한 시기에 매우 전략적인 사역이었다.

· · ·

초창기 세대의 선교사들은 대규모의 대중 전도가 중국에서 가능할 것이라는 믿음은 거의 없었다. 그런데 그런 일이 일어났다. 국가적으로 영혼들이 구원 받는 일은 시간문제라고 모두가 알고 있었다. 교회와 선교사들은 포켓 성경 연맹과 YFC(Youth for Christ)의 방법에 영감을 얻어 초인적인 노력을 기울였다. 트럭에 확성기를 설치하여 자주 거리를 다니며 온 시내가 복음의 메시지를 들을 수 있도록 했다. 포켓 성경 연맹에서는 군 당국의 협조를 얻어서 요한복음 책을 널리 배포했는데 CIM이 그 일을 도왔다. 상하이에서 35,000명, 난징에서 20,000명, 항저우에서는 2,000명의 군인들이 복음서를 받아들었을 뿐 아니라 기독교의 기본 메시지를 간단하게 들을 수 있었다. 군 당국의 호의가 있어서 이런 일을 여러 도시에서 반복할 수 있었다.

YFC는 여러 장소에서 범도시적인 집회를 하면서 CIM 선교사들의 협조를 구했다. 베이징에서 제일 재미있는 일이 일어났는데, 하타먼 근처 대사관의 폴로(말 타면서 하는 공치기 경기:역주) 운동장에 거대한 체육관이 세워졌다. 그곳에서 수천 명이 열흘 동안 매일 밤 복음의 메시지를 들었다. 아마도 베이징 역사상 처음이자 마지막으로 가장 큰 규모의 전도 집회였을 것이다. 집회 후에 참석자들에 대해서 조직적으로 양육을 한 결과 많은 회심이 있었다. 그 후 얼마 되지 않아 같은 운동장이 공산군에 맞서는 비상 공군 비행장이 되었다. 간쑤의 톈수이에서는 3,000명이 복음을 듣고 300명이 결신을 했다. 란저우에서도 300명이 믿음을 고백했다. 북서부의 도시들에서는 10,000명~20,000명이 공설 운동장에 토요일 밤마다 모여서 복음을 들었다. 어떤 곳에서는 13,000명이 비가 쏟아지는 가운데서도 복음을 듣기 위해서 2시간 동안 서 있었다. 남서부에서 제일 큰 극장은 예수 그리스도의 진리에 대한 말씀을 듣기 위해 매일 밤 두 번씩 모였는데 사람들이 터져나갔다. 군중 가운데는 대학교와 고등학교 학생들이 유난히 많았다. 고등학교들은 전도자들이 말씀을 전할 기회를 주었는데 한 학교에서만 197명이 그리스도를 믿겠다고 결심했다. 중국의 젊은이들은 그 어느 때보다도 복음에 마음이 열려 있었고 교회들은 그 기회를 깨닫고 있었다. 아무도 그러한 일을 본 적이 없었다. 구이저우의 전도소 두 곳에서 옥외 집회를 열었을 때 57시간 동안의 설교 시간에 연인원 22만 명이 복음을 들었다. 한 모임에서는 비가 오는데도 5,000명이 3시간 동안 집중하여 듣고 있었다. 지금은 밀물이 밀려오는 때였다.

CIM 이사들의 마음속에 심각한 질문이 있었다. 그렇게 중대한 위기의 시기에 새로운 선교사들을 중국에 데려오는 것이 타당한 일인가 하는 것이었다. 인간의 이성으로 판단하면 그러한 생각은 거의 상식에 벗어난 일이었다. 영사관에서는 이미 48년도에 온 선교사들에게 "어떻게 이런 시기에 중국에 왔는가?"하고 이야기 한 적이 있었다. 공산군은 승리에 승리를 거듭하고 있었다. 현재 중국에 새로 사람이 온다고 해서 무슨 일을 이룰 수 있겠는가? 그런데 믿음은 보지 못하는 것에 순종하는 것이었다. 기다리던 일행에게 홍콩을 거쳐서 중국 서부의 충칭으로 가라고 하실 때, 하나님께서는 비밀한 목적이 있으셨다. 충칭 언덕에 있던 집에 언어 학교를 세웠다. 일행은 홍콩에서 지체하지 않고 바로 전쟁으로 찢긴 중국의 하늘을 가로질러 강둑 곁 모래사장에 착륙을 했다. 그들이 떠난 뒤 곧바로 홍콩 충칭 항로가 중지되었다. 기적과 같은 하나님의 시간 계획이었다. 이제 그 결정이 옳았는지 아닌지는 오직 장래가 말해줄 것이었다.

그런데 어두운 그림자가 다가왔다. 재정적으로 혼란하고 사회적으로 안전하지 못한 것에 학생들이 불안해하고 가난한 사람들이 실제로 굶어죽는 일이 벌어졌다. 중앙 정부는 국가적으로 완전히 신뢰를 잃었다. 군대는 타락했다. 베이징은 1948년 11월에 함락되었다. 그리고 1949년 국민당 정권이 무너지고 4월에 난징이 넘어갔으며 상하이는 5월에, 란저우는 8월, 광저우성은 10월, 구이양과 충칭은 11월에 공산당이 차지하게 되었다. 충칭 언덕에 새로 도착한 선교사들은 충칭 전투지의 한 가운데 있게 되었다. 이러한 전쟁을 치르는 가운데 중국 전역은 무서운 고통과 죽음, 파괴로 뒤덮였다. 국민당은 1945년 일본군에게서 탈환한 타이완(포모사) 섬으로 피난했다. 본토는 완전히 공산당이 장악하여 인민 정부가 세워졌다. 1926~7년의 혁명이 순간적으로 격렬하게 폭발했던 것이라면 1948년에 일어난 이 혁명은 육중하게 쇄도해 들어와 저항할 수 없이 결정적인 것이었다.

잠시 동안 선교 사역은 지속되었다. 1949년 말 중국에는 아직 737명의 CIM 선교사가 주재하고 있었다. 현지에서 철수해야만 할 때도 가끔 있었지만 당시는 그냥 다른 센터로 옮기는 정도였다. 그런데 그 어두움이 밝아질 징조는 거의 보이지 않았다. 산시에서 스웨덴의 협력 여선교사 한 명이 중국인 장로와 인민재판을 받고 순교자가 되었다. 다른 선교사들도 무법한 자들의 손에 참혹한 죽음을 당했다. 교회들은 문을 닫고 있었다. 공산군 장교 중에는 성경을 몰수하고 목사들을 감옥에 가두기도 하였다. 그러한 상황이었음에도 불구하고 특히 학생들을 포함하여 많은 사람들은 중국 전역에서 세례를 받고 있었다. 여행 규제가 심해져서 상하이에 1948년 도착한 신임 선교사들은 대부분 내지로 들어갈 수 있다는 희망을 가질 수 없었다. 그 해에 서쪽까지 간 사람은 9명뿐이었다. 중국에서의 선교사역은 확실히 이제 마지막 단계에 있었다.

1950년은 외국인 선교사들이 압박을 받은 해였다. 중국인 그리스도인들은 병원과 학교, 고아원이 정부 손에 들어가자 사람들을 두려워하고 자신들의 장래가 어떻게 될지 더욱 두려워하고 있었다. 상하이 기독교 방송국은 폐쇄되었다. 당국은 한국 전쟁을 빌미로 서양에 대해서 나쁜 여론을 조성했는데 중국이 전쟁에 개입하고부터는 더욱 심하게 서양을 비판했다. 교회와 선교 단체에 대해서 서서히 무자비한 탄압이 시작되었다. CIM은 절멸의 위기를 맞이하였다.

1950년 5월 저우언라이는 베이징에서 스스로 지도자라고 나서던 중국 기독교 지도자들을 초대했다. 그 모임에서 그들은 성명서를 발표했는데 중국 교회 전체를 대변한다고 했지만 사실상 그 내용은 저우언라이의 지시에 따른 것이었다. 그 안에는 교회가 모든 제국주의적 영향으로부터 자체적으로 정화할 것이며 공산당의 지도를 받아들이겠다고 동의하는 내용이 들어 있었다. 1950년 5월 상하이에 선교사들과 교회 지도자 대표가 모여 이 비극적인 모임에 대해서 보고를 받았을 때 외국인 선교사들에 관하여 벽보에 붙은 내용은 모두가 명백히 알 수 있는 것이었다. 5월 26일은 래머뮤어 기념일이었는데 그 날 중국의 실행 이사였던 존 신톤은 모든 파송 본부에 전보를 보냈다. "기도 요망. 선교 역사에서 가장 어두운 시기인 듯. 그런데 하나님의 응답은 무엇인지요?" 정부의 의도는 분명 외국인은 모두 떠나라는 것인데 선교사들은 교회나 정부로부터 아직 떠나라는 명령을 받지 않고 있었다. 그래서 선교사들은 교회에 가서 예배를 드리는 일도 꺼려지고 중국인 친구들이나 동료들을 곤란하지 않게 하기 위해서 성경 공부반도 그만 두어야 하지 않겠나 하는 심한 압박감에 시달리고 있었다. 선교사가 계속 곁에 있는 것은 이제 기독교 공동체를 방해하고 심각하게 난처하게 만드는 일이 되고 있었다. 선교회는 중국에서 철수할 준비를 하나하나 해 나갔는데 참으로 그것은 내키지 않는 결정이었다. 중국인 소설가 한수인은 이전 선교사의 입을 빌어 이런 말을 하였다. "선교사들은 절대로 다시는 중국에 돌아오지 않을 것이다… 더 이상 착각하지 말자. 우리는 사역을 마쳤고 이제는 가야한다. 계속 머뭇거리는 사람도 있겠지만 결국은 모두 떠날 것이다. 아마도 CIM은 조금 더 나중까지 남아 있을 것이고 천주교는 더 끝까지 머물러 있을 것이다." 작가의 예언은 적중했다.

12월 12일 존 신톤이 본국에 두 번째로 보낸 전보는 다음과 같았다. 교회들과의 협력이 더 이상 가능하지 않고 중국인 성도들은 선교사들과 연결되어 있는 것으로 고통을 당하고 있기 때문에 모든 선교사들은 점진적으로 철수함. 그 해가 다가기 전에 185명이 떠나라는 지시를 받았다. 반제국주의 운동이 전국적으로 일어났기 때문에 곧 완전 철수로 정책이 바뀌었다. 그 결정은 중요한 사건이었다. CIM이 중국에서 완전히 사역을 접는 것을 의미했다. 구링(牯嶺)에 있던 치푸 학교가 해산하라는 명령을 받았을 때 중국에 있던 선교회도 사형선고를 받은 것이었다. 그 해 말에 아직도 선교사들이 전국에 퍼져 있었다. 정식 멤버 518명과 협력 멤버 119명, 그리고 많은 어린이들이 아직 해안에 오지 못하고 있었다. 떠나겠다고 할 때 어떻게 오게 할 것인가? 철수에 따르는 막대한 비용을 어떻게 조달한단 말인가? 그들 모두에게 어떤 미래가 기다리고 있을까?

이 시기에 상하이의 어두움에 한 줄기 밝은 빛이 있었는데 그것은 허베이로부터 성도들이 무리지어 방문했던 일이었다. 그들은 1939년부터 선교사들과 교제를 갖지 못하고 있었는데도 일본과 전쟁할 때의 모든 위험에서 살아남았고 초기 공산군의 점령 치하에서도 견뎌낼 수 있었다. 이제 선교사들이 곧 떠나야 한다는 소식을 듣고 옛 친구들을 만나 작별 인사를 하러 온 것이었다. 그들은 온갖 시험을 이겨낸 용사들이었다. 재산을 몰수 당하고 감옥에 갇혔으며 그리스도를 위해서 박해와 죽음을 겪으면서 그들의 믿음은 더 이상 바랄 수 없이 강건해 있었다. 하나님의 말씀을 전하고 나면 기적이 일어나는 것을 그들은 목도했다. 악마가 쫓겨나가고 죽어가던 사람이 회의적인 물질주의자들 바로 눈앞에서 다시 살아나는 것을 본 경험이 있었다. 그 중한 사람은 근로자를 위한 성경 학교를 열어서 낮에는 무역을 가르치고 밤에는 성경을 가르쳤다. 그곳에서 배운 남녀 노동자들은 후에 장사도 열심히 하고 또 복음도 열심히 전했다. 전문적인 설교자들이 이제 떠날 날이 가까워오고 있었다. 만일 선교사들이 떠난다고 해도 이제 성숙하고 용감한 남녀 성도들이 그 믿음의 횃불을 이어 받아 누군가에게 또 전해줄 것이었다. 그러한 희망이 위로가 되었다.

1951년은 철수하던 해였다. 대부대가 철수하는 데 드는 막대한 비용은 두 가지 방법으로 채워졌다. 1950년과 1951년의 수입이 놀라울 정도로 많았고 그 보다 더 놀라웠던 기적은 상하이의 본부 건물과 부지를 공산 정부의 병원 용도로 높은 값에 빌려 주고 가구도 충분한 가격으로 팔 수 있었던 일이었다. 인간적으로 말해서 그러한 거래는 완전히 불가능한 것이었다. 당시의 정부는 중국 전역에 있는 외국인 소유지의 권리증을 전부 가져갔다. 마음만 먹으면 CIM 본부 건물도 아무런 보상을 하지 않고 쉽게 그런 식으로 징수해 갈 수 있는 일이었다. 선교사들은 출국 중이었고 시간만 지나면 아주 자연스럽게 그 부지와 건물은 그들의 손에 들어가게 되어 있었다. 그런데 불가능을 가능하게 하시는 하나님께서 간섭하셔서 중국 인민 정부가 CIM에게 28,570파운드라는 막대한 대금을 지불하겠다는 계약서에 서명한 것이었다. 이 돈으로 모든 선교사들이 해안까지 오는 비용을 전부 충당했고 수백명 되는 중국인 고용인들의 해직 임금도 충분히 지불할 수 있었다. 그들은 선교사들이 떠나면 생업을 잃을 것이었다. 대부분 떠나고 남은 선교사들을 지원하는 자금도 그 대금으로 보내줄 수 있었다. 힘 있는 사람이 그 거래를 반대하고 있었지만 그것을 중지시키기에는 역부족이었다. 현재 들어오고 있는 헌금 수입을 홍콩에 두고 본국으로 가는 배 삯과 다른 제반 비용을 지불했다. 하나님은 계속 기적을 베풀고 계셨다.

자유의 보금자리 : 중국 탈출 당시 임시로 마련된 숙소 / 홍콩에 임시로 마련된 CIM 본부

그런데 600명의 선교사들과 그 자녀들이 홍콩에서 머물 곳이 있어야 했는데, 홍콩은 이미 포화상태였다. 배가 드물었기 때문에 불가피하게 장기간 지체할 수밖에 없었다. 호텔, 학교, 교회 게스트 하우스, 기숙사 등이 전부 만원이었다. 여기에 다시 하나님이 개입하셨다. 홍콩을 잘 아는 사람들이 상

상할 수 있는 모든 가능성을 동원해서 머물 곳을 찾아다녔다. 그런데 마침 선교부의 임시 본부가 있던 차탐가 근처에 군인들이 쓰던 막사가 11개가 있다는 이야기를 들었다. 바닷가로 내려가는 길 가에 사람들 눈에 잘 띄지 않는 곳에 있어서 용도에 딱 알맞은 장소였다. 급수와 전력이 이미 끊어진 상태여서 유기된 부지였지만 곧 보수를 하고 전체적으로 신속하게 사람이 살 만한 곳으로 만들어 환영 준비를 끝냈다. 누가 보냈는지 모르지만 250개의 캠프 침대와 600개의 담요가 준비되었고 식당을 설치하여 직원도 임명하였다. 사람들은 그곳을 '자유 보금자리(Freehaven)'라고 불렀다. 그곳에 맨 처음 도착하여 사용한 사람들은 치푸 학교 어린이들이었다. 그 이후로 피난민의 행렬이 줄을 이었다. 홍콩은 공산 치하에서 시달리다 지친 600명의 선교사들, 극도의 긴장 속에서 내지를 빠져나온 그들에게 안도와 쉼이 있는 안식처였다. 안도하며 기다릴 수 있는 곳이었다. "홍콩에 머물 곳을 찾는 일은 완전히 불가능해." 그 말은 사실이 아니었다.

1951년 4월, 중국에 남은 선교사는 371명이었다. 6월에는 203명, 9월에는 90명, 그 해 말에는 33명으로 줄었다. 그때까지 남아 있던 사람은 온갖 부당한 대우를 받았다. 괴롭히고 학대하고, 굴욕을 주고, 극도로 곤궁하고, 필수품도 받지 못했고 갇혀 있었으며 장단기로 감옥에 갇히기도 했다. 데이빗 데이는 1평도 안 되는 방에서 남자 21명과 함께 갇혀 있었다. 말을 해서는 안 되었고 서 있는 것도 하루에 15분씩밖에 허락되지 않았다. 던 커닝햄이 갇혀 있는 동안 그 아내와 아이는 거리로 쫓겨나 구걸하도록 강요당했다. 던은 9개월만에 감옥에서 나와 신선한 공기를 마실 수 있었다. 다른 이야기들도 있는데 이소벨 쿤의 「가뭄에도 푸른 잎(Green Leaf in Drought)」에 자세히 나와 있다. 그렇지만 한 사람의 생명도 희생되지 않고 마침내 모두가 무사히 중국을 빠져나왔다. 천주교 선교사들은 훨씬 심하게 고생했다. CIM

의 마지막 선교사, 아마도 개신교 선교사 중에서 거의 마지막 탈출한 선교사는 아서 매튜스와 루퍼트 클락으로 처음 철수하라는 명령이 떨어지고 나서 2년 뒤인 1953년에 나올 수 있었다.

중국 내지에서 85년 간 사역하던 선교회가 철수했다. 미래는 깊은 어두움의 베일로 덮여 있었다. 사람들에게 CIM은 더 이상 지속되지 못하고 없어질 것처럼 보였다. 그것은 '사명이 끝난 것'이었는가? 아니면 하나님께서 다른 계획을 가지고 계셨는가?

Chapter 22

새 날

최근 몇 년 동안 역사를 기록하던 사람들은 이제 CIM은 종말을 맞을 것이라고 우울한 예언을 했다. 그리하여 종말인 것 같은 1951년, 사람들은 또 이런저런 예측을 하느라고 바빴다. 원수가 날렸던 한 방은 치명적으로 보였다. CIM은 살아남을 수 있을 것인가? 그 사명은 중국 내지에 국한된 것이었던가? 아니면 계속 존재할 이유가 있었는가?

A Passion for the Impossible

새 날

• • •

최근 몇 년 동안 역사를 기록하던 사람들은 이제 CIM은 종말을 맞을 것이라고 우울한 예언을 했다. 그리하여 종말인 것 같던 1951년, 사람들은 또 이런저런 예측을 하느라고 바빴다. 원수가 날렸던 한 방은 치명적으로 보였다. CIM은 살아남을 수 있을 것인가? 그 사명은 중국 내지에 국한된 것이었던가? 아니면 계속 존재할 이유가 있었는가? 대부분의 다른 선교 단체와는 달리 CIM 선교사들에게는 다른 선교지가 없었다. '자유 보금자리'는 그들에게 있어서 종점이었다. 어떻든지 필사적으로 빠져나와야 하는 상황을 아직 겪고 있는데 어떻게 새롭게 시작할 일에 대해서 열정을 가질 수 있었겠는가? 이것은 출애굽 당시 홍해의 경험이었다. 인간은 인간적으로 불가능한 상황에 맞닥뜨렸을 때에야 비로소 하나님께 그 불가능을 완전히 맡기게 된다. 인간의 극한 상황은 언제나 하나님의 기회이다.

학대 받아 지쳐빠진 군대가 홍콩으로 후퇴했을 때 선교회의 이사들은 세계 각처에서 와서 호주의 작은 마을 칼로라마에 모여 회의를 했는데, 중국에 있던 실행 이사들도 상하이를 떠나 그곳에 왔다. 4월 10일부터 19일까지 7명의 이사들이 모였던 그 장소에서 하나님께서는 친히 그들을 영접해 주시고 앞으로 당신이 하시려는 몇 가지 일에 대해서 계시해 주셨다. 그들이 처음 모였을 때 반수 정도는 선교회를 지속시키려는 시도에 대해서 미심쩍어 했다. 요컨대 문제들이 너무도 방대하게 산적해 있었다. 선교회의 리더십들에게 이전에도 넘을 수 없는 장벽들이 있었지만 그래도 이번처럼 높은 장벽은 처음이었다. 그런데 그렇게 모이자 세계 도처에서 편지와 전보들이 날라들었다. 회의를 하고 있는 중에 모든 선교사를 중국에서 철수시켜야하겠다는 소식이 들려왔다. 상황이 피할 수 없이 절박하다는 것이었다. 그들은 하나님께 기도하며 기다렸다. 그러자 이렇게 전투에서 단련된 노련한 선교사들이 포진한 선교 단체를 지금 해체하는 것은 하나님의 뜻이 아님이 명백해졌다. 아니다! 선교회는 계속 지속되어야 한다. 제일 먼저 해야 할 의무는 중국을 위한 기도를 일으키는 것이었다. 언젠가 돌아가리라는 희망을 소중히 간직하면서… 1948년과 49년에 지원한 신임 선교사들과 다른 지원자들은 틀림없이 동아시아와 본국에 사는 수백만의 '해외 중국인(화교)'들을 대상으로 사역의 기회를 찾을 수 있을 것이다. 선임 선교사들이 그들을 지도할 필요가 있을 것이다. 어디든지 중국인이 살고 있는데 그들에게 복음을 전하지 않는다면 그것은 심각한 직무 유기이다. 그리하여 이사들은 선교가 필요한 정도를 조사하기 위해 팀을 지정하여 태국, 말레이, 인도네시아, 필리핀에 보냈다. 중국인을 우선적인 대상으로 조사했는데 그러면서도 알게 된 것은 언어적으로 훈련된 부족 사역자들 중에 태국이나 필리핀에 성경이 없는 종족에게 가서 복음을 전할 수도 있겠다는 사실이었다. 그러나 일본은 다른 범주에 속했다. 그곳에는 중국인이 거의 없고 소수 부족이 있는 것도 아니었다. 그래서 일본을 선교의 대상지역으로 하는 일에 대해서는 마지막까지 결정을 내리지 못하고 있었다. 한참 회의를 하는 중에 잠시 차 마시는 휴식 시간이 있었다. 그때 마침 도착한 편지를 읽을 기회가 있었다.

회의가 재개되었을 때 휴턴 주교는 얼굴에 미소를 띠고 있었다. 그리고 말을 시작했다. "형제들, 방금 제가 수단 내지 선교회 총재로부터 편지를 받았어요. 읽어 드릴게요."

친애하는 휴턴 주교님 ; 우리 선교회는 한 동안 우리 사역을 일본까지 확장하는 일에 대해서 생각해 오고 있었습니다. 일본이 얼마나 복음을 전해야 할 필요가 있는 나라인지 잘 알고 있었기 때문이지요. 한 친구는 그 일을 시작하라고 1,000불을 수표로 보내주기도 했답니다. 그런데 우리 이사회는 사역을 그렇게 확장하는 일에 대해서 호의적이 아닙니다. CIM의 현재 상황도 잘 알고 있고 일본이 CIM의 사역지와 거리적으로 가까이 있기 때문에 혹시 CIM에서 일본 사역을 고려해 보지 않으실지 여쭙고 싶습니다. 만일 하나님께서 여러분을 그렇게 이끄신다면 저는 기꺼이 1,000불을 여러분에게 드려서 그렇게 헌금하신 후원자의 의도대로 그 돈이 사용되도록 하고 싶습니다.

그곳에 있던 모든 사람들의 얼굴에 미소가 퍼졌다. 그런데 일본 사역에 대한 또 다른 확증이 있었다. 휴턴 주교가 그 날 받은 편지가 또 하나 있었는데 500파운드를 동봉하면서 그 중 일부는 일본에 선교가 필요한지 조사하는 일에 써달라는 내용이었다. 이제 더 이상 왈가왈부할 일은 없었다. 그래서 일본에 팀을 보내어 그곳에 일을 시작할 수 있는 가능성을 탐구하기로 동의했다.

칼로라마 회의장 바깥에서는 푸른 나무들 사이에서 새들이 지저귀고 있었는데 마치도 그곳에 모인 7명의 마음에 차오르는 기쁨과 믿음의 노래에 화답하는 듯 했다. 그들이 본국과 홍콩에 보낸 전보는 다음과 같았다. "줄을 길게 늘리고 말뚝을 견고히 할 것.(역주-이사야 54:2) 중국을 위한 기도를 강조함과 동시에, 선교회는 만장일치로 태국에서 일본까지 이르는 새 선교지에 들어갈 준비를 위해 그곳에서 해야 할 일을 조사해야 하는 것으로 확신함. 학개2:5(나의 영이 계속하여 너희 가운데에 머물러 있나니 너희는 두려워하지 말지어다.) 휴턴" 불가능을 향한 열정은 아직도 타오르고 있었다.

존 신톤은 중국 이사 대리였는데 즉시로 선교회의 임시 본부가 있는 홍콩으로 돌아왔다. 조사 팀을 구성하는 일이 그에게 맡겨졌다. 중국에서 선교사들이 빠져나오자 그들을 만나서 장래 사역에 대해서 의논을 하였다.

조사를 해보니 동남아시아에 사는 화교가 1천만명 정도이었으며 심지어 일본에도 화교 공동체가 있었다. 싱가포르, 말레이, 보르네오, 마닐라, 도쿄, 방콕 등 여기저기에서 사역해달라는 초청이 많이 왔고 CIM은 그 초청을 받아들였다. 그런데 조사 팀이 선교회 지도자들과 초청하는 나라들에 대하여 의논을 하는 중에 중국인이 아닌 그 나라 사람들에게도 복음을 전해야 한다는 새로운 필요성이 등장하였다. 이미 있던 선교 단체들도 현지의 그러한 필요를 자기들만의 힘으로 다 감당할 수 없다고 인정하며 함께 사역하자는 것이었다. 면밀한 의논 끝에 현지에서 사역하던 선교회들의 인정을 받으며 CIM의 사역지로 정해진 구역은 태국 북부의 소수부족 지역, 완전한 미전도지인 태국 중부의 차오프야(Chao Phya) 분지에 있는 13개 성, 태국 남부의 무슬림 지역, 일본 북부 섬 혹카이도, 그리고 필리핀의 민도로 섬 소수부족 지역이었다. 조사 팀이 다녀왔던 이 지역들은 모두 매우 기이하고 다양했기 때문에 그 길고 재미있는 여정 이야기만 해도 책 한 권 분량이 될 것이다. 적도 근처의 아름다운 인도네시아 섬 두 군데를 두 사람이 다녀왔는데, 그곳은 1854년 허드슨 테일러가 처음 중국에 오던 배에서 바라보던 곳이 틀림없었다. 그때 허드슨은 이러한 글을 남겼다. '오, 선교사가 해야 할 일이 얼마나 많은지! 모르는 섬들이 저렇게 많이 있고 어떤 섬은 인구도 많은데 빛이 없구나. 예수님이 없으니 충만한 행복의 희망이 없구나! 그들을 향한 마음이 간절해진다. 그리스도인이라고 하면서 저렇게 멸망해 가는 영혼들을 버려두고 어떻게 집 안에 편히 머물러 있을 수 있단 말인가? 우리의 믿음에는 세상의 구원을 위해서 생명을 주신 주님을 위해서 희생하라고 강요할 힘이 더 이상 없는 것인가? 주께서 '온 세상에 나가서 모든 족속에게 복음을 전하라'고 명백하게 명령하셨는데 우리는 그 책임에서 자유롭다고 생각할 수 있는가?

오, 내가 그들에게 갈 수 있다면! 오, 내게 천 개의 혀가 있어서 모든 땅에 하나님의 은혜의 부요함을 전할 수만 있다면! 주님, 일군을 일으켜주소서! 주님의 추수 밭으로 그들을 보내게 하소서!' 그 기도가 처음 이루어진 것은 독일과 화란에서 선교사를 보냈을 때였다. 그런데 1951년 또 다른 응답을 보게 되었다. 자신이 세운 선교회에서 그곳에 선교사를 보낸 것이었다. CIM 선교사들은 얼마 안 있어 곧 동아시아 전역에서 복음을 전하는데 중국에서 보통 쓰는 중국어 한 언어로만이 아니라 세 개의 다른 중국 방언과 6개의 다른 나라 언어, 그리고 10종류 이상 되는 부족어를 사용할 것이었다.

조사 팀이 홍콩에 돌아오자 '자유 보금자리'에서 캠프 생활하던 사람들은 모두 그들의 보고를 듣고 싶어서 안달이었다. 일반적으로는 하나님께서 아직도 선교회에 맡기실 일이 있다는 사실에 안도하는 분위기였다. 그래도 자신을 중국으로 부르셨다고 확신하여 중국으로 왔던 선교사들에게는 다른 선교지로의 새로운 부르심은 쉬운 일이 아니었다. 익숙하지 않은 언어들을 새로 배워야 하고 이상한 문화와 기후 조건에도 적응해야 하는 과제가 있었다. 각자 어떤 필요를 채워야 하겠는가? 어떤 종류의 사역이 목적에 부합하겠는가? 사역이 가능한 6개 나라 중에서 개인적으로 제일 도전이 되는 나라가 어디인가? 홍콩의 조용하고 아름다운 장소에서 이러한 질문을 가지고 수많은 시간을 들여서 기도하고 생각했다. 1951년 말 경, 중국을 떠나는 선교사들도 있었지만 CIM 선교사 중 53명은 새로운 선교지로 실제 배치가 되었고 32명은 홍콩의 임시 본부에 남아 있었다. 그것은 마치도 하나님께서 선교회를 매우 낮추시는 것과도 같았다. 죽음까지 내려갔다가 부활의 생명으로 거듭난 후, 옛 나무에서 새로운 싹이 나고 열매를 풍성히 맺게 하려는 것 같았다. 선교회의 명칭도 바뀌어 동아시아에서 알려진 CIM 대신에 '해외 선교회(Overseas Missionary Fellowship)'가 되었다. 하나님께서는 1951년 헌금이 330,749파운드 들어오게 하심으로써 사역지를 넓혀 사역하는 일에 대하여 인정해주셨다. 그 금액으로 경상비 외에 막대하게 들어가는 모든 여행비용, 이사들의 회의, 휴가, 교통비, 새 선교지로 가서 정착하는 비용 등을 전부 감당할 수 있었기 때문이었다. 하나님께서는 지금도 기도만으로 사람들의 마음을 움직이게 하신다.

중국에서 교회는 환난의 용광로를 지나가고 있었다. 베이징에서 4월에 열린 한 기독교 집회에서 비판 운동이 시작되어 중국 전역의 모든 교회에서 반복하게 되었다. 기독교인들이 서로를 고발하고 비판하도록 되어 있어서 교인은 목사를, 중국인은 선교사를, 가난한 사람은 부자들을 고발했다. 그 운동은 모든 제국주의적이고 봉건적인 요소를 지닌 구조를 제거하는데 사용되었고 일종의 카타르시스 역할을 하려는 목적이 있었다. 그때 중국 기독 교회의 3자 개혁 운동이 시작되었다. 기독교 지도자들에게는 전 국민이 배우는 일반적인 훈화 이외에 특별히 더 배워야 하는 것이 있었다. 순응하든지 고통을 당하든지 둘 중 하나였다. 많은 사람들이 고통을 택하기도 하고 순응을 택하기도 했다. 개인들은 넘어지기도 했지만 교회는 계속 살아남았다. 선교사들도 많이 고통을 당하고 감옥에도 갇혔지만 그래도 그들은 최소한 결국 중국을 빠져나간다는 희망을 가질 수 있었다. 그러나 중국인 성도들에게는 해방이 없었다. 10년 간 극도의 압박과 교묘한 유인책으로 힘겨워했던 교회는 마침내 완전히 공산당에 굴복하였고 자유를 빼앗겼다. 신실하여 타협하지 않던 성도 수백만명이 감옥에 머물거나 중국의 '시베리아'에 있는 강제 노동 수용소로 추방을 당하였다. 그럼에도 불구하고 그 모진 폭풍우 속에서 우리는 부활하시고 높아지셔서 교회의 머리되신 이의 반박할 수 없는 약속을 듣는다. "내가 내 교회를 세우리니 음부의 권세가 이기지 못하리라."

1954년에 베이징에서 중국 교회가 전 세계의 교회 앞으로 보내는 간증의 메시지가 나왔다. 얇은 종이에 적힌 것으로 누가 쓴 것인지는 알 수 없었다.

'하나님을 향한 진실한 믿음은 장래가 수월하기를 기대하거나 하나님이 개입하셔서 의로운 우리에게 빨리 승리의 왕관을 씌워주실 것이라고 믿는 것을 의미하지 않습니다. 하나님께서 당신의 지원을 구하는 사람들을 기꺼이 도와주시리라고 확신하는 것도 아닙니다. 믿음은 하나님의 뜻 안에 겟세마네의 어두운 밤이나 갈보리의 고통이 포함될지라도 그 뜻에 복종하는 것입니다. 하나님은 모든 인간의 권세와 열정을 그분이 이루시려는 영원한 목적을 위해서 사용하실 수 있다고 고요한 마음으로 신뢰하는 것이 믿음입니다. 하나님의 계획은 좌절될 수 없으며 인간의 분노조차도 그분을 찬양하는 일로 만들 수 있다고 확신하는 것입니다. 그 확신은 하나님이 영감을 주셔서 가질 수 있습니다. 믿음의 사람은 성경과 역사책을 읽습니다. 그 사람은 그 안에서 하나님의 메시지와 하나님의 방법이 영원토록 한결 같음을 봅니다. 세기마다 일어났던 모든 일들, 개인과 나라의 달라지는 운명에서 그는 하나님이 인도하시는 손길을 분명히 봅니다. 그렇습니다. 전능하신 주 하나님이 다스리십니다. 그분은 아직도 당신이 지으신 모든 피조 세계의 주님이십니다. 세계 역사 가운데 어두운 밤들이 많았지만 의로운 태양은 언제나 새로운 날 새벽에 금빛으로 떠올랐습니다. 어제나 오늘이나 영원토록 동일하신 하나님은 지금도 당신의 소유인 우주를 다스리고 계십니다. 하나님의 내일들은 오늘보다 밝을 것입니다.'

케임브리지 대학 교수이고 중국 전문가인 조세프 니담은 이런 글을 쓴 적이 있다. '중국에는 역사상 기독교를 제도적으로 받아들일 기회가 네 번 있었다. 그런데 선교 단체는 언제나 실패했다. 서양인들이 알아야 할 것이 있는데 기독교가 중국 문화에 제도적인 종교의 형태로 다가가면 반드시 거절당했다는 사실이다.' '제도화된 기독교'라는 말이 아마 맞을 것이다. 중국 기독교인들은 서양적인 것은 단호히 거절했다. 그러나 중국인이 전반적으로 그리스도를 거절했다는 말은 사실이 아님을 강조하고 싶다. '하나님의 내일들은 오늘보다 더 밝을 것이다.'

OMF는 중국의 교회들을 결코 잊을 수 없다. 선교사들이 85년간이나 소속되어 일했던 단체에 그 뿌리를 두고 있기 때문이다. 동아시아의 다른 지역에서 복음을 전하면서도 중국 본토의 복음 전도에 한 몫을 감당하려는 희망을 저버릴 수가 없는 것이다.

Chapter 23

예비된 신발

교회의 중국인 지도자 중 나란히 선두에 서 있던 마커스 정 목사는 전쟁 기간 중 중국의 하나님의 교회에 추수의 때가 이르렀다고 확신하였다. 그런데 그가 보니 그 일을 위해서 교회에 가장 절실하게 필요한 것이 훈련된 지도자들이었다. 중국 서부에 중국인으로서 차세대를 이어갈 지도자가 없었다.

A Passion for the Impossible

예비된 신발

...

인도의 한 믿는 소년이 사도 바울의 여행에 대해서 공부하고 있었다. '평화의 복음으로 예비된 신을 신고 '라는 사도의 말씀을 묵상하던 중에 갑자기 "바울에게는 예비된 신발이 있었네요."라고 했다. 그 소년의 표현을 듣더니 다른 사람이 작은 소리로 말했다. "주님! 우리 모두에게 예비된 신발을 주시옵소서! 그리스도를 따르는 사람 중에는 냉정하고 점잖은 사람들이 너무 많아요. 우리는 그렇지 않기를 바랍니다."

동아시아에 있는 화교에게 달려가려고 예비된 사람들이 많았다. 그런데 가는 길이 거칠었다. 그곳 사람들은 선교사들을 의심과 적대감으로 대할 때가 많았다. 보르네오에서도 마찬가지였다. 말라야는 공산 폭력 혁명주의자들이 전쟁에 이기려고 정글에서 싸우고 있었다. 언제나 신체적인 위험이 결코 멀리 있는 것이 아니었다. 홍콩으로 빠져나온 피난민들만 해도 그 필요가 산더미 같았다. 필리핀의 교회는 부유했지만 미지근하여 상대적으로 가난하고 열정적인 중국의 교회들과 첨예하게 대조가 되었다. 그래도 OMF 선교사들은 마닐라의 중국인 고등학교에 들어갔고 세부의 중국인 학생들에게 갔으며 싱가포르의 성경 학교와 서보르네오의 작은 중국인 교회에 들어갔다. 과업을 추진하던 70명의 선교사들은 아직 깃발을 내리지 않고 있었다. 공산군이 점령하려고 했을 때 기적적으로 충칭에 도착했던 49명이 그 핵심을 이루고 있었다. 그때 담대하게 결정했던 일이 이제 정당화 되는 것이었다.

1951년 11월 사람들의 관심이 호주에서 영국으로, 칼로라마에서 본머스로 이동하여 집중되고 있었다. 그곳에서 선교 지도자 25명이 중국에서 새로운 선교지로 이동하는 일과 관련된 제반 문제를 의논하고 있었다. 계시된 하나님의 목적에 순종하여 미지의 땅으로 전진해 들어가는 일에 있어서 유일한 보증은 하나님의 약속뿐이었다. 그 모임에서는 선교회의 정책을 다시 샅샅이 점검했고 과거의 실패와 잘못을 정직하게 생각해 보았다. 중국에서 최근에 겪은 일과 변화된 세계의 상황에 비추어 볼 때 담대한 전략의 수정이 불가피함을 모두가 수긍하였다. 장래의 계획에는 기독교 문서 사역이 최우선이 되어야 한다고 모두 동의했다. 토착적인 현지 교회가 강하게 서야 한다는 목표도 확실히 유지되어야 했다. 그렇지만 선교회의 재정 정책은 시험을 거쳐 좋은 것으로 판명이 되었기 때문에 하나도 수정하지 않기로 했다. 선교회의 재정은 기도만으로 채울 것이었다. 당시의 회계 담당자였던 프레드 키블은 이렇게 말했다. "우리가 다루고 있는 화폐는 하나님의 약속들이다. 선교회에는 100% 지원이 되는 든든한 금고가 있다. 그 통화 가치는 결코 떨어지지 않는다. 하나님께서 '은도 내 것이요 금도 내 것이다'라고 말씀하셨기 때문이다."

길고도 변화무쌍했던 역사를 지내온 선교회에 이제 새로운 시대가 시작되고 있었다. 새로운 선교를 이끌 지도자로 J. 오스왈드 샌더스가 선택되었는데 그는 수년 간 기독교 행정 일을 했고 CIM의 호주 대표를 한 적이 있는 호주 법무사였다. 선교회의 본부는 홍콩에서 싱가포르로 옮겼다. 싱가포르도 홍콩이나 마찬가지로 인구가 넘쳐나서 건물이나 토지를 구입하기가 '불가능'한 도시였다. 그런데 두어 주도 안 되어 챈서리 가에 적당한 건물 두 채가 나타나 원래 가격의 반값에 구매하게 되었다. 이제 갈 준비가 되었다. 1952년에 130명의 선교사들이 싱가포르에 도착하여 몇 명 되지 않던 전략팀이 보강이 되었다. 사역이 급속히 확장되어 1953년 말에는 선교지에 나간 선교사가 370명이었다. 동아시아의 생활비는 매우 높았는데 선교회에 들어오는 헌금도 점차 많아져서 사역에 필요한 비용을 채울 수 있었다. 1954년에 본부 직원들은 아름다운 식물원 건너편에 있는 클러니 가의 멋진 건물로 이사를 하였고 챈서리 가의 건물은 언어 센터가 되었다. 4년 일하고 나니 동아시아에 60군데의 새로운 장소에 교두보가 생겼다. 전도의 열매가 풍성하여 신생 교회들이 태어나고 있었다. 의사 18명이 진료소, 나환자 병원 등의 사역을 활발하게 하였고 마노롬 병원이 시작되었다. OMF 선교사들은 네 군데 신학교에 파견되어 가르치고 있었다. 1955년에 싱가포르에 선교사 73명이 새로 들어와 OMF 선교사는 전부해서 552명이 되었다.

본부를 홍콩에서 싱가포르 챈서리 레인으로(현재 탁월한 아시아 신학 훈련원–DTC으로 사용), 1955년 현 본부가 위치한 식물원 앞 클러니 로드 사무실로 옮김(1960)

· · ·

본머스 회의의 결정에 따라서 최우선적으로 문서 사역에 힘을 기울였다. 선교회는 전쟁 후 1948년 처음으로 출판 사업에 뛰어들어 상하이에서 켄과 베라 프라이스가 출판부를 시작하였다. 2년 후 기독교 출판사들의 대표 모임에서 알게 된 것은 인구 5억인 나라에서 개신교 기독교인 수가 100만 명인데 기독교 책은 2천부 나가는 종류가 12권 밖에 안 되고, 5천부 나가는 책도 6권 미만이었다는 사실이었다. 이것은 기독교 문서 협회나 교단 출판사들이 제법 크게 출판사를 가지고 있었음에도 불구하고 나타나고 있는 현상이었다. 그 출판사들의 선반에는 아무도 읽고 싶어 하지 않는 책이 넘쳐나고 있었다. 책의 주제들이 절대적으로 필요한 것이 아니었고 외국 책의 번역은 그 질이 좋지 않았으며 대다수가 자유주의적인 신학에 근거하는 입장이었다. 더구나 책의 모양도 사람의 눈을 끌지 못했다. 그런데 최근에 예외적인 책이 두권 나왔다. 「허드슨 테일러(Hudson Taylor)」(CIM)가 7천부 팔렸고 「믿음에 관한 질문들(Questions of Faith)」(CIVF)이 출간 첫 해에 2만 부가 나갔다. 책만 좋으면 시장은 있다는 이야기였다.

새로 세운 출판사는 전도 소책자를 매력적으로 만들어 출간하는 일을 첫 목표로 세웠다. 그러한 소책자를 대량 유통하기 위해서 지앙완에서 조직적으로 분류를 하였다. 즉시로 편지가 쏟아지기 시작했다. 공무원, 병원 환자, 학생 죄수 등이 그 책들을 읽고 보낸 것이었다. 기독교인 두 명이 무고함에도 불구하고 위법 행위에 연루되었다고 난징 감옥에 갇혀 있었는데 복음을 분명하게 전하면서 허가를 받아 죄수들에게 사형 당하기 직전까지 CIM 소책자들을 나누어 주었다. 사형 당했던 죄수들이 마지막으로 보냈던 편지에는 믿음과 영광스러운 부활의 소망이 적혀 있었고 출판사는 그 내용들을 자유롭게 인용하였다. 프라이스 부부는 1948년 12월 홍콩으로 이사를 와서 '증도출판사(証道出版社)'를 세우고 비상 회계부(emergency treasurer's department)를 만들었다. 상하이에 남은 사람들은 더욱 박차를 가하여 중국인 교회를 위해서 찬송가를 새로 만들고 성경 공부 교재와 번역 책들을 만들었는데 모두 광범위한 판매량을 확보할 수 있었다. 중국 전역에서 작은 도서관들이 생겨났는데 목사들이 앞으로는 기독교 서적이 부족하게 될 것을 예견하고 만든 것들이었다.

증도출판사는 홍콩에서 놀랍게 발전하여 곧 10개의 언어로 책을 내었다. 1956년에 중국어 잡지 '등대'(灯塔)를 컬러풀하게 만들어 내자 즉시로 인기가 있었다. 결국 그 책은 세계적으로 팔려나가 60개국 이상에 사는 중국인 독자들에게 읽히게 되었다.

• • •

화교들에게 하던 전도는 다른 방식으로 확장되고 있었다. 자바의 중국인 교회가 선교사를 초청하고 싶다고 연락을 보내왔다. 타이완(포모사)에 학생, 군인, 나환자를 대상으로 하는 사역의 기회가 있자 선교회는 열정적으로 그 일에 뛰어들었다. 심지어 도쿄에서도 중국인 기독교인들이 OMF의 도움을 환영했다. 그런데 비전이 확장되고 있었다. 칼로라마에서 주로 관심을 보였던 대상은 동아시아의 천만 화교들이었다. 그런데 지금에 와서 보니 다른 나라 사람들에게도 복음을 전할 필요가 시급해지고 있는 것이었다. 태국 중부의 인구 밀집 지역에 그곳의 불교도들을 전도하기 위해서 꾸준히 선교사들이 들어오고 있었다. 초기 개종자 중에는 승려들도 있었고 인기 배우도 있었다. 그래서 차오프라야(Chao Phraya) 강 유역의 비옥한 평야에 처음으로 교회가 개척되었다. 조지 해리스는 노련한 이슬람 전문가였는데 태국 남부의 무슬림 말레이인을 찾아가서 의료와 전도 사역을 시작했다. 인도네시아에서는 자바 교회들이 OMF에게 동부와 중부 자바의 무슬림 사이에서 큰 무리가 개종해 오고 교회가 새로 생기고 있으니 와서 도와달라고 요청했다. 필리핀에는 그들이 믿는 공허한 천주교 대신에 거저 주시는 은혜의 복음을 전했는데 바탕가스와 민도로에 새로운 교회가 세워졌다. 일본 북부 홋카이도는 일본의 다른 지역과 다른 바 없이 별로 반응을 보이지 않았지만 선교사들은 어부, 농부, 광부들에게 신실하게 복음을 전했다. 여름에는 몇 달 동안 천막 전도 집회를 열어서 많은 사람들의 관심을 끌 수 있었다.

• • •

　　CIM이 소수부족 원주민들에게 복음을 전하려고 관심을 가진 것은 20세기 초부터였다. 1950년 중국을 떠났던 초기 선교사들 중에 윈난에서 오랫동안 소수부족 사역을 한 경험이 있는 사람들이 있었다. 리수족 지역이 태국 북부 산지에까지 흩어져 있다는 것을 알고 오빌 카슨이 그들을 찾아서 길을 떠났다. 동료와 함께 가던 중 아주 우연히 야오족에 속한 마을을 지나가게 되었다. 그 마을 추장은 산둥 방언의 중국어로 말했는데 그 부족이 원래 중국의 산둥 지역에서 왔다는 것이었다. 그래서 그와 말이 통했는데 사실 그는 아편 중독으로 감각이 무디어 있었다. 그 산지에서 중국인 밀수꾼들이 아편 재배를 권장하고 좋은 값에 사들이는 것을 보니 아편 중독이 매우 심각한 처지에 있는 것도 그리 놀랄 일이 아니었다. 추장의 이름은 '여섯째 할아버지(Old Six)'였는데 처음에는 복음을 전해도 무관심해서 선교사가 보기에 거의 개종할 것 같지 않은 사람이었다. 그런데 몇 번 더 방문하자 관심을 보이기 시작했다. '여섯째 할아버지'는 자기가 몇 년 전 라오스에 있을 때 꾸었던 꿈을 생각해 내고는 복음의 사자가 온 것이 그 꿈이 이루어진 것처럼 생각되었다. 하루는 그가 선교사들을 자기 집에 초대하여 더 가르쳐 달라고 했다. 그의 집은 방은 많은데 산속에 있는 더러운 오두막이었다. 추장은 믿고 싶어 했는데 마을의 장로들은 정령들과 의논을 하러 이웃 마을이 있는 산으로 갔다. 그러자 '여섯째 할아버지'는 아편을 끊으려고 가까운 도시에 있는 장로교 병원에 갔다. 그의 아내도 신자가 되었다. 그 후 그들은 산기슭에 단순하게 예배당을 지어 정기적으로 예배를 드리기 시작했다. 에릭 칵스와 그 가족이 그 마을에 들어와 살았는데 주민들이 특별히 그들이 살도록 오두막집을 지어 주었다. 그렇지만 감히 아무도 맨 처음으로 세례를 받는 걸음을 내디디려고 하지 않자 '여섯째 할아버지'가 자기가 처음으로 세례를 받겠다고 하였다. 마침내 그 날이 와서 첫 야오 교회가 태국에 세워졌다. 야오족은 인구가 3백만 정도인데 중국, 라오스, 베트남, 그리고 태국 북부에 널리 흩어져서 살고 있다. 선교사들이 성경을 번역하여 가르치자 복음이 메쌀롱 사람들을 더욱 강하게 사로잡았다. 그들은 스스로 선교사가 되어 그 산자락에 있는 다른 마을들도 정령숭배에서 살아계신 하나님을 섬기는 곳으로 변했다. 아편 재배를 끊고 다른 합법적인 생계 수단을 찾아 잘 살았다. 선교사들은 추장이라고 부르는 대신에 더 친밀한 느낌을 담아 '여섯째 할아버지'라고 불렀는데 그에게는 영적 지도력이 있었다. 그는 전도에 관심을 보였으며 또한 은사가 있었다. 야오 교회는 그 장래가 매우 희망적이었다.

이상하게도 원난에서는 그렇게 복음을 잘 받아들이던 리수족은 태국에서만은 유일하게 반응을 보이지 않고 사탄 숭배에 매여 있었다. 리수족을 사랑하여 섬기던 릴리언 헤이머는 산길을 가다가 그들에게 살해를 당했다. 불교를 열심히 믿는 샨 족은 약간 반응을 보이는 듯 보이더니 문을 닫고 빛을 꺼버렸다. 라후와 포카렌족은 10년이 지나도 대체적으로 반응이 없이 몇 사람이 개종했다는 보고가 있을 뿐이었다. 아카족은 믿음과 인내로 가장 강하게 도전해야할 필요가 있던 부족이었다. 그런데 용감한 아카족 선교사 두 명이 자기 부족민에게 전도하려고 미얀마에서 왔을 때 돌파가 일어났다. 그 선교사들은 오랫동안 기다린 끝에 적은 무리의 아카 성도들과 함께 기독교 마을을 조성해서 살 수 있도록 허가를 받았다. 청먀오 족과 백먀오 족족에서는 소중한 열매가 있었고 하나님의 사람이 몇 명 출현하고 있었다. 부족을 섬기던 사역자 중에 두 번째로 로이 오핀(Roy Orpin)이 백먀오 족족과 함께 살려고 자기 신부를 위하여 집을 짓고 있던 중에 살인자의 총에 맞아 쓰러졌다. 그렇지만 독신 여성 선교사들과 한 두 부부 선교사들은 하나님께서 북부 태국의 오랫동안 소외되어 왔던 소수부족 안에 당신의 교회를 세우고 계시다는 희망과 확신을 가지고, 비록 빠르고 쉬운 승리를 기대할 수는 없었지만 일을 계속해 나갔다. 이소벨 쿤은 중국의 부족 사역 가운데 있던 초기의 승리를 대단한 필치로 기록한 작가이었는데 남편과 함께 태국의 부족 마을로 가는 가파른 길을 처음으로 올라가서 사역을 하던 중 사고를 당했다. 그러나 병상에서도 세계적으로 널리 읽히는 훌륭한 책들을 많이 써냈다. 「추구(By Serching)」라는 자서전도 유명하고 「가뭄에도 푸른 잎(Green Leaf in Drought)」, 「나락 위의 둥지(Nest Above the Abyss)」, 그 외에도 많은 저서가 있다.

라오스의 미전도 종족도 1956년에 이야기가 나오기 시작해서 그 다음 해에 처음으로 태국에서 메콩 강을 건너서 들어갔다. 시작은 유망했는데 공산주의자들과의 전쟁 때문에 선교사들은 전진해 들어갔던 부족 마을 지역에서 나와서 메콩강 계곡으로 들어가야 했다. 그곳에서 스위스 선교회와 긴밀하게 협조하면서 라오족 사역을 했다. 부족 사역은 몇몇 지역에서 제한된 규모로나마 유지되었다.

필리핀의 민도로 섬은 산지가 많았는데 그곳에 일곱 부족이 있어서 OMF가 책임을 지고 사역을 하였다.(「민도로의 영(The Spirit of Mindoro)」참고) 그곳에서는 짐 브룸홀의 지도를 받으며 사역했는데 그 결과는 매우 고무적이었다. 필리핀 사람들의 정령 신앙은 라오스나 태국보다는 덜 사악하고 덜 종속적인 것 같았다. 수백 명이 개종했다는 기록이 있었고 교회도 스무 군데 정도 세워졌다. 그런데 필리핀에서도 자연 재해나 소아마비로 죽기도 하고 선교사 5명은 사고를 만나서 죽었다. 몇 몇 OMF 선교사들은 타이완의 소수부족 안에 복음 전파의 기회가 많이 있어서 그곳에서 부분적으로 사역했다. 태국, 라오스, 필리핀에서는 부족어로 성경을 번역하는 일을 최우선 과제로 삼았다.

그렇게 동아시아의 3억 인구를 대상으로 하는 OMF 사역이 빠르게 성장해 갔다. 처음으로 세운 130군데 센터 중에 80군데가 처녀지였다. 사역해야할 곳에 비해서 사역자가 매우 부족한 것을 보고 총재는 1956년에 새 일꾼을 184명 보내달라고 기도를 하자고 호소하였다. 그 결과 1957년에 94명이 싱가포르에 왔고 그 다음 해에 68명이 왔다. 그리고 1958년에 들어온 헌금은 423,038파운드로 기록적인 금액이었다. 하나님을 찬양할 이유가 많았다.

그런데 선교회에는 어려운 과제들이 많았다. 새로운 언어들을 배워야 했고 많은 난관을 극복해야 했다. 중국과 비교해 볼 때 결과가 만족스럽지 않았다. 개종자는 드물었고 자기 민족에게 효과적으로 증인이 되는 사람들은 거의 없었다. 반대도 만만치 않았다. 그랬기 때문에 선교회 내에 부흥을 향한 열망이 커가고 있던 것은 놀라운 일이 아니었다. "오, 성령의 섬광과 불꽃을 우리에게 주시옵소서!" 이것이 1958년 해외 이사회 모임에서 모든 사람이 느끼고 있던 감정을 표현한 말이었다.

Chapter 24

목표를 향하여

OMF가 세기 말을 향하여 이동하고 있었을 때 오래된 기관이라는 표지는 아무 것도 없었다. 사실은 오히려 다시 젊어지고 있었다. 1951년 이래로 500명 조금 넘는 정도의 남녀 선교사가 새로 들어왔다. 850명 멤버 선교사 중에 58%가 40세 이하였다. 그랬기 때문에 채 10년이 안 되는 기간 동안의 사역을 보고 있었다. 젊고 활력이 있었으며 비전이 있었다. 바울 사도의 말대로 OMF는 결승 테이프를 끊으려고 달려가는 경주자와도 같이 사역하고 있었다.

A Passion for the Impossible

목표를 향하여

•••

OMF가 세기 말을 향하여 이동하고 있었을 때 오래된 기관이라는 표지는 아무 것도 없었다. 사실은 오히려 다시 젊어지고 있었다. 1951년 이래로 500명 조금 넘는 정도의 남녀 선교사가 새로 들어왔다. 850명 멤버 선교사 중에 58%가 40세 이하였다. 그랬기 때문에 채 10년이 안 되는 기간 동안의 사역을 보고 있었다. 젊고 활력이 있었으며 비전이 있었다. 바울 사도의 말대로 OMF는 결승 테이프를 끊으려고 달려가는 경주자와도 같이 사역하고 있었다. 과거를 잊을 수는 없지만 과거의 실패나 성공 때문에 미래의 승리가 발목 잡히는 것을 허락해서는 안 되었다. "그리스도 예수 안에 있는 하나님의 고귀한 부르심으로 주시는 상을 받기 위해서 목표를 향하여 달려간다." 이것이 OMF가 아직도 지니고 있는 정신이었다.

•••

선교회의 창시자인 허드슨 테일러는 CIM을 창설하기 전부터도 중국인에게 의료 봉사를 했다. 수백 명의 의사들이 그의 자취를 따랐다. 중국에서 나온 후에는 태국을 택하여 의료 사역에 집중하였다. 마노롬은 챠오프라야 강둑에 세워진 시장 마을이었다. 작기는 하지만 중앙에 있어서 사방에서 환자들이 알고 올 수 있는 곳이었다. 처음에는 1956년에 임시 건물에 '논밭 병원(Paddy Field Hospital)' 이라는 간판을 내걸고 40개 침대로 개원하였다. 그리고 계절을 가리지 않고 차오프라야 강이 범람하여 그 결과로 옮겨질 수 있는 병에 감염이 되지 않도록 1965년에 100개의 침대를 가진 현대식 병원으로 새로 지었다. 그 성의 지사가 장비가 잘 갖추어진 그 새 병원 개원식에서 사회를 보았고 그 뒤에 은혜롭게도 태국의 왕과 왕후가 그 병원을 방문하여 명성을 세워주었다. 이것은 맨 처음부터 병원과 정부의 보건 당국이 의료적으로 긴밀하게 협조한다는 표시였다. 아마도 처음 병원 사역을 기획했던 사람은 조금 너무 의욕이 과다했던 것 같았다. 내과, 외과, 치과, 제약, 물리 치료, 방사선과, 간호 교수, 간호사, 부인과, 안과 그리고 연구소 전문 기술자 등을 전부 보내 줄 것으로 생각했다. 그런데 결과적으로는 처음 의도대로 병원에 전문 인력이 충분히 들어오지 않았기 때문에 정부가 인정하는 의료를 가르치는 학교로서의 자격을 갖출 수 없었다. 어떤 때는 전임 외과의가 없어서 수술을 제대로 하지 못했다. 그래도 수백 명의 소녀들이 정기적으로 병원에서 제공하는 훈련을 받기 위해 경쟁적으로 몰려들었다. 매년 수천 명의 환자들이 상담실을 다녀갔으며 무료로 진료해준 많은 환자들이 병이 나아서는 그리스도의 이름으로 베풀어진 돌봄과 친절에 찬양하는 마음으로 가득차서 외딴 자기 마을로 돌아가곤 했다. 어떤 사람은 병원에 있는 동안 구세주를 알게 되었고 다른 사람들도 그곳에서 들었던 복음을 다른 전도자가 다시 전할 때 믿게 되었다. 그 결과 태국의 중부 평야 지대 전역에 소규모 교회들이 여기저기 흩어져 세워진 것을 볼 수 있다.

마노롬을 근거로 하여 나환자들을 위해서 재건 수술을 하는 침대 20개의 병동이 있는 곳에 나병 진료의 네트워크가 있었다. OMF 직원이 정부와 협력하여 나병 예방 프로그램을 진행했다. 나병은 사람을 가리지 않고 발병하는데 환자 중에는 교육도 많이 받고 부유한 사람도 많이 있었다. 나환자로 구성된 교회가 중부 태국에서는 가장 강한 교회 중에 속한다.

남부 태국은 80%가 말레이 무슬림들인데 말레이시아의 무슬림 말레이인들과 같은 종족이다. 그런데 말레이시아에서는 국내에서 말레이에게 복음을 전하는 것이 법으로 금지되어 있지만 태국에는 그런 법이 없다. 그래서 OMF는 태국에서 두 번째 병원을 사이부리에 세워 1960년에 개원했다. 현재 46개 침대가 있다. 주로 말레이인이 사는 사이부리는 태국만 해안가에 있고 말레이시아 국경에 가깝다. 이 병원도 태국의 왕과 왕후가 방문하여 영예로운 곳이 되었다. 병원의 환자는 대부분 말레이인이고 간호사 중에도 말레이인이 있다. 그 지역은 무법지역으로 정치적으로 문제가 많다. 무슬림의 반란군이 무슬림 대중을 위해서 정치적인 권력을 갖고 싶어 하기 때문이다. 공산 게릴라들이 태국 말레이 국경 산지에 자기들의 요새를 가지고 있다. 간호선교사였던 민카 한스캄프와 마가렛 모건이 1974년 나환자 병원에서 유괴되었다. 그들이 석방되도록 갖은 노력을 했음에도 불구하고 결국 외떨어진 산속에서 그들의 시신이 발견되었다. 최소한 한 번 병원 건물에서 총을 쏜 일이 있었기 때문에 정부에 보호를 위한 기금을 요구했지만 성공하지 못했다. 그러나 치료하는 사역은 계속되었고 매년 2천 명의 입원 환자가 말레이인이든 태국인이든 예수님과 그의 사랑에 대한 이야기를 여전히 듣고 있다.

나병 사역을 위해서 기도와 희생적인 사역을 20년 동안 했을 때 마침내 1974년에 첫 열매를 보게 되었다. 나병을 앓고 있거나 그 병이 나은 20여 명의 말레이 무슬림들이 세례를 받고 정기적으로 모여 예배를 드린다. 기독교에 대해서 관심을 보이는 사람이 많지만 정말로 관심이 있는지는 더 두고 보아야 알 수 있는 일이다. 아직도 이슬람에서는 배교하면 죽음이 그 공식적인 벌이다.

남부 태국의 타이 부족에게도 신실하게 전도를 계속했다. 파타니, 얄라, 나라티왓에 교회가 세워졌는데 아마도 쿠안에 있는 교회가 가장 활기찰 것이다. 1974년에 새로운 타이 지역으로 전도 범위가 넓어졌다.

세 번째 병원은 마노롬 북쪽의 무법지대인 농부아에 20개 침대 규모로 세워졌다. 처음에는 총상과 칼에 맞아 입은 상처 때문에 오는 환자가 많았다. 오늘날 농부아 기독교 교회는 현지인들과 인근 각처의 주민들에게 예수 그리스도가 죄인의 구원자이시며 아무리 큰 죄를 지었더라도 그분의 용서를 받을 수 있다는 사실을 증거하고 있다.

• • •

OMF의 문서 사역의 초창기는 이미 소개했다. 신체와 함께 마음도 치유되고 씻어지고 보양되어야 할 필요가 있는 것이다. 홍콩에서 CWP(증도 출판사)가 했던 첫 주요 사역은 IVF의 성경 주석 사전을 중국어로 번역하는 일이었다. 그 출판사는 또 중국어 찬송가도 새로 모아 편집해 냈는데 그 일은 상하이에서 했다. 책, 전기, 성경 공부 교재, 팜플렛, 전도지 그리고 포스터들을 매우 컬러풀하고 멋지게 만들어 내어 홍콩에 있는 출판사들 중에 따라올 곳이 없었으며 중국어가 사용되는 전 세계에 배포가 되었다. 중국인들도 책을 쓰도록 훈련하고 격려를 하였는데 매우 뛰어나게 성공적인 경우가 있었다. 1967년에 서적부에 관계된 사람들은 전부해서 선교사가 30명, 현지 직원이 47명이었는데 아시아 국적의 사람에게 처음으로 소유권을 양도하는 일은 계획보다 그 진전이 매우 느렸다. 마침내 1974년에 증도 출판사는 '중국주일학교협회'와 합병되어 '복음증주협회'(CCL-Christian Witness Press)가 되었다. 테오도르 쉬(薛孔奇)씨가 대표가 되었는데 OMF 선교사를 비롯한 40명의 유능한 스태프들이 그대로 남아 있었다. 그들은 대부분 중국인이었다. CCL은 오늘날 홍콩에서 가장 잘 나가는 출판사 중 하나이고 서점과 OMF가 1959년에 시작한 타이완의 서적 판매망도 인수했다. CCL은 영국령 전 지역에 주일 학교 교재를 계속 만들어 보급하고 중국을 연구하는 기관도 세웠다.(China Research Department)

필리핀의 문서 사역은 홍콩의 모체 출판사에 곧 필적할 정도로 크게 급성장했다. 1973년에만 새로운 책을 20권 출간했고 나중에는 홍콩 CWP에서 독립한 지 한참 만에 필리핀 기독교 문서 주식회사가 인수했다. 현재는 북부 루손에서 남부 민다나오까지 12개의 서점을 가지고 운영하고 있다. 나중에는 결국 문서 사역의 출판이나 판매를 전부 현지인이 맡을 것이다.

OMF 선교사들은 인도네시아에 처음 들어갔을 때 문서 사역에 협력했는데 감사하게도 인도네시아 국민 교회(BPK)의 문서 사역을 하는 기관에서 후원을 해주었다. BPK에서 운영하는 수많은 서점에서는 자카르타에 있는 OMF에서 출판해 내는 책과 전도지를 배포해 주겠다고 동의했다. 책을 찾는 사람들이 얼마나 많은지 늘 공급이 딸릴 지경이었다. 1964년에는 인도네시아에 인쇄용지가 부족해서 일본에서 840연을 수입해 와야 했다.

태국의 수도 방콕은 기독교 서적을 읽게 하기가 쉬운 곳이 아니었다. 작가도 거의 없고 인쇄하기가 복잡했으며 책의 수요도 많지 않았다. 생산하고 인쇄하고 배포하는 일도 매우 큰 문제였다. 더욱 좋지 않았던 것은 태국 교회가 기독교 서적에 관심을 보이지 않는 것 같았다. 그런데 시작은 미약했지만 점점 책이 팔리는 양이 많아졌다.

일본의 독서열에 대해서는 말할 필요가 없겠다. 일본에서는 엄청나게 책을 읽어댔다. 국민의 99%가 글을 알았다. 히로사키의 대학촌에 세상의 빛 서점이 처음 생겼는데 곧 성공하자 홋카이도의 관문 항구 도시인 하코다테에 다른 서점을 내었다. 좋은 일본인의 지도 하에 서점도 더 생겼고 책의 판매량도 증가하고 있다.

싱가포르의 서점은 길고도 영예스러운 역사를 가지고 있는데 한 동안 OMF가 인수해 있다가 영업 문제 때문에 성서 유니온에 넘겼다. 이 모든 센터들에서 인기가 있는 책은 제임스 허드슨 테일러의 전기였다.

문서 사역의 병목 현상을 해소하기 위해서는 현지 작가를 발굴하는 일임을 깨닫고 OMF에서는 여러 나라에서 저술이나 저널리즘에 관련한 학교들을 열어 저널리스트를 훈련하는 기회를 제공했다. 그리고 새로운 작가 발굴을 위해서 각종 대회도 열었다.

방콕에서는 OMF 선교사 한 사람이 태국 성경 협회에서 섬기고 있었고 태국 북부와 남부, 라오스와 필리핀에서는 OMF의 언어 전문가들이 부족어와 다른 언어들로 성경을 번역하는 일에 소중하게 기여하고 있었다. 획기적인 사건이 하나 있었는데 오래 전부터 중국에서부터 번역이 시작되었던 리수 성경이 마침내 홍콩에서 앨런 크레인에 의해서 전서 번역이 완성되었던 일이었다. 그들은 리수어로 된 성경전서를 리수 성도들이 중국에서 도망 나와 많이 살고 있는 미얀마로 보냈다. 그들 지도자 중에는 양곤에 있는 신학교를 나온 사람도 있었다.

· · ·

OMF가 라디오 방송에 기여한 일은 선교회의 사역에 중요한 자리를 차지하고 있기 때문에 크게 주목할 만하다. 1951년 이래로 OMF의 라디오 전문 기술자가 극동 방송국과 협력하여 필리핀, 오키나와, 그리고 한국의 제주도에 새로운 송신기를 장치해 주었다. 이 송신기들로 중국 본토에까지 발신을 할 수 있었다. OMF는 중국인 청취자들을 위해서 골든 에이지 프로그램을 정기적으로 방송으로 내보냈다. OMF 선교사가 계속해서 마닐라의 극동 방송국에서 중심 스태프로 봉사했다. 선교사들은 또 어느 극동 방송국에서든지 여러 언어로 프로그램을 만들어 내보낼 때 협력을 했다. 일본에서 OMF는 태평양 방송 협회를 충성스럽게 지원했는데 전국에서 사람들이 정규 기독교 라디오 방송을 들을 수 있고 기독교 텔레비전 프로그램을 접할 수 있는 기회였기 때문에 뛰어나게 성공적인 사역이었다.

● ● ●

OMF가 동아시아의 새로운 선교지로 이동했을 때는 CIM이 중국 내지에 선교 단체로서는 처음 들어갔을 때와는 달리 그곳에서 선교하고 있는 다른 단체들이 있었다. 다른 선교 단체들이 사역을 잘 하고 있었고 오래 전에 세워진 교회들도 많이 있었다. 그런데 개척 사역을 우선적으로 하지 않는 지역에서는 다른 단체에 속한 기존 교회나 기관들과 광범위하게 협력할 일이 있었다. OMF가 후원하는 인도네시아와 타이완의 교회에서 선교사들은 성경 교수 사역으로 협력했다. 좋은 신학교와 성경 학교들이 많이 있었는데 OMF 선교사들이 와서 가르쳐주면 좋겠다고 초청을 했다. 선교회에서 자격 있는 뛰어난 선교사들은 추천을 받아 인도네시아, 싱가포르, 타이완의 대학에서 교수 사역을 하기도 했다. 다른 사람들은 홍콩에 있는 중국 주일 학교 협회의 초청을 수락하기도 하고 필리핀의 주일 학교 교재를 만드는 일에 참여하기도 하였다.

그렇게 세월이 흐르면서 사역이 확장되어 갔다. 선교회는 태국과 말레이시아에서 가장 선교사 수가 많은 단체가 되었다. 개종자도 늘고 지도자 훈련도 하고 새로 탄생한 교회들도 규모나 책임 면에서 성장을 하였다. 모든 선교지에서 OMF가 전도에 기여한 일에 대해서 감사를 표현했다. 1951년에 어렵게 내렸던 결정이 옳았음이 증명되었다. 한 나라를 섬기다가 결국 12나라에 퍼져서 사역하게 된 것이었다. 동아시아에서 문서 방면에서 기여한 일이 매우 의미가 있는 일에 속한 것이었다. 완전히 재가 되었던 곳으로부터 새 불사조가 일어섰다. 불가능한 일이 영광스러운 현실이 된 것이었다. 비록 정치적인 먹구름이 끼어 있기는 해도 불가능한 일이 없으신 하나님의 약속이 있었기 때문에 미래는 밝았고 희망적이었다.

• • •

1965년 전 세계에서 CIM의 100주년을 기념하고 축하했다. 하나님의 자비와 풍성한 축복을 기쁘게 감사하였다. 6월 25일 많은 선교사들과 CIM 친구들이 영국의 브라이튼을 방문허여 로열 파빌리온에서 모임을 가졌다. 그곳은 허드슨 테일러가 꼭 100년 전에 해변에서 영적인 분기점을 맞고 나서 예배를 드렸던 곳이었다. 그때를 계기로 중국 내지 선교회가 생겼다. 한 세기 후에 그 일을 기념한 일은 기억에 남는 사건이었다. 참석했던 한두 분의 베테랑 선교사가 초창기 CIM 역사를 회상해 주었다.

또 다른 중요한 일이 본머스에서 있었다. 영국과 미국의 선교 단체 대표들이 함께 모여서 빠르게 변화하고 있는 세계에 아직 남겨진 복음 전도의 과업을 교회가 어떻게 감당할 것인지를 의논하는 자리였다.

그동안 차이나스 밀리언스의 후신인 동아시아 밀리언스에는 과거 중국에서 일어났던 눈에 띄는 사건을 회상하고 현재 동아시아에서 이루어지고 있는 복음의 행진에 대해서 잘 기록하고 있다. '믿음의 발걸음'이라는 영상이 그 일을 위해서 특별히 제작되었다. 과거를 돌아보며 찬양하고 희망과 믿음으로 미래를 바라보던 한 해였다.

Chapter 25

새로운 세기

중국의 긴 역사 속에 늘 있어왔던 소란은 공산주의가 승리하고도 끝이 나지 않았다. 1866년은 래머뮤어 일행과 중국 내지 선교회의 개척자들이 온 해였는데 1966년은 중국의 '젊은 개척자들'이 홍위군의 붉은 완장을 차고 문화 혁명을 일으켰던 해였다. 이 혼란스러웠던 혁명의 단계가 새로이 고안된 것은 공산당을 쇄신하기 위해서였다.

A Passion for the Impossible

새로운 세기

• • •

　중국의 긴 역사 속에 늘 있어왔던 소란은 공산주의가 승리하고도 끝이 나지 않았다. 1866년은 래머뮤어 일행과 중국 내지 선교회의 개척자들이 온 해였는데 1966년은 중국의 '젊은 개척자들'이 홍위군의 붉은 완장을 차고 문화 혁명을 일으켰던 해였다. 이 혼란스러웠던 혁명의 단계가 새로이 고안된 것은 공산당을 쇄신하기 위해서였다. 의장인 류사오치 계통과 그가 말하는 크루체프 스타일의 의심스러운 자본주의를 몰아내어 마오쩌둥 주석의 지도력을 공고히 세우기 위해서였으며 또 한 편으로는 젊은 세대에게 혁명의 열정과 활동을 개인적으로 경험하게 하기 위한 것이었다. 국내에 소동이 지속되자 중국은 외국 대사들을 전부 내보내고 세계를 향하여 문을 닫았다. 이 깊은 격변의 희생자 중 기독교 교회가 있었다. 그들은 옛 생각, 옛 습관, 옛 관습, 그리고 옛 문화가 타파해야할 '네 가지 구습'이라고 선전하며 교회를 주된 공격의 대상으로 삼았다.

　그런데 1971년 안정을 되찾은 중국은 세계를 향하여 다시 문을 열 준비가 되어 있었다. 1972년 닉슨 미국 대통령은 베이징에서 따뜻한 환영을 받았고 중국의 지도자들과의 회담을 통하여 중국과 미국 사이에 긴장이 완화되는 새로운 시대가 열렸다. 일 년 후 UN의 안전보장 이사회에서 이제껏 망명하고 있는 중국 정부의 대표로 타이완이 앉아 있던 의석을 이제 공산 중국 대표가 차지하게 되었다. 잠자고 있던 거인이 이제 크게 눈을 뜨고 일어나자 세계는 다시 이전과 같을 수 없었다. "중국은 의문 부호의 꼭대기 모양으로 전 아시아 위에 불쑥 올라왔다." 아시아 나라들은 꺼려하는 나라들이 있어서 시간 차이는 있었지만 하나둘씩 중국과 외교 관계를 맺기 시작했다. 대사들이 베이징에 몰려들었고 세계의 지도자들이 연이어 들어와 중국의 수장에게 인사를 했다.

그러는 동안 미국이 베트남 전쟁에 간섭하여 값비싼 대가를 치렀지만 분명 패배할 것이 세상에 명백해졌다. 1975년 미국은 군대를 모두 철수하고 장기간 끌었던 비극적인 전쟁이 극적으로 갑자기 끝나버렸는데 공산군이 승리하여 베트남 남부와 캄보디아를 장악하고 인도지나 반도의 모든 백성들과 그곳 교회들도 완전히 그들의 손 안에 들어갔다.

다른 곳에서도 공산주의의 압력은 매우 강력하였다. 필리핀의 마르코스 대통령은 군사법을 제정하고 대통령의 규정으로 마오 혁명의 가능성을 미리 배제하였다. 공산주의자들의 훈련을 받은 반란자들이 태국의 북부와 남부에 침투하여 전국이 불안정했다. 공산군은 수년 간 라오스 땅을 대부분 다스리다가 마침내 1975년에 완전 장악하여 공산 정부를 세웠다. 공산주의가 득세하자 말레이시아에서는 이제껏 다스리고 있던 말레이인들과 수적으로 더 우세하고 다시 고개를 들기 시작하는 중국인들 사이에 긴장이 야기되었다.

인도네시아는 1965년에 중국의 입김이 작용하여 시도하려던 구테타에서 가까스로 살아남은 적이 있었다. 그리고 싱가포르는 1976년까지 중국을 인정하는 것을 보류하고 있었다. 일본은 러시아와 중국과 평화 협정을 매듭짓기를 원하고 있었는데 그 두 나라가 서로 적대적인 것을 알고는 궁지에 빠졌다. 타이완의 장래 문제도 중국뿐 아니라 미국과 일본에도 관계되는 문제였다. 1976년까지 그 문제는 미해결인 채 남아 있었다.

이 불길한 배경에서도 전도의 드라마는 계속되었다.

· · · ·

1975년까지도 중국은 노련한 지도자들이 다스리고 있었다. 그들은 대장정의 영웅들이었다. 반면 중국의 거대한 인구의 반은 21세 미만으로 구성되어 있었다. 반면 OMF는 총재와 해외 이사 대표로 40대 초반이었던 마이클 그리피스와 데니스 레인이 각각 정해졌다. 마이클 그리피스는 몇 군데의 필드 책임자를 젊은 사람들로 정했다. 1975년 OMF를 이끌던 지도자들은 거의 전부 지난 15년 이내로 들어온 사람들이었다. 처음에는 중국에서 나중에는 동아시아에서 오랫동안 사역하던 존경하는 베테랑 선교사들은 한 사람 두 사람 무대를 떠나면서 젊은 사람들에게 자리를 내주었다. 그러기는 했어도 그들은 후임자들에게 분명한 방향과 목표를 두 가지로 잘 표현하여 전해 주었다. '가능한 신속하게 동아시아를 복음화하자는 것'과 '모든 집단의 사람들 속에 교회를 세워 모든 피조물에게 복음이 전해지게 하자'는 것이었다. 두 번째 표어를 보면 세계를 복음화하기 위해서는 지역 교회가 우선적인 역할을 해야 하는 기관이라는 인식을 분명히 하고 있음을 알 수 있다. 이러한 목표를 달성하기 위해서 젊은 지도자들은 더욱 전략적인 융통성을 보여야 했고 공론적인 규칙보다는 원칙의 인도를 따라야 했다.

주목할 만한 개혁이 또 있었다. 새 세기를 맞이하여 OMF의 기능에 대한 개념에 중요한 변화가 있었다. 이제껏 100년 이상 동안이나 OMF에는 유럽인이나 서양인 밖에 없었기 때문에 많은 사람에게 OMF가 지나치게 서구적으로 느껴졌다. 1965년에 어느 나라 사람이든지 OMF에 선교사로 들어올 수 있도록 개방 되었고 특히 아시아인을 위해서 선교를 하는 단체가 되었다. 그러자 얼마 되지 않아 한국인, 필리핀인, 일본인, 홍콩과 싱가포르의 중국인, 인도인등이 OMF에 멤버로 들어왔다. 그리고 한 중국인 의사가 싱가포르 본부의 이사로서 협력하였다. 이 아시아 회원 선교사들은 수적으로는 800명 이상 되는 전체 선교사들에 비해서 매우 적어 20여명 밖에 되지 않았지만 질적으로는 매우 높은 사역을 하였다. 인도, 싱가포르, 말레이시아, 홍콩, 필리핀, 일본과 같은 나라에서는 OMF 본국 이사회가 세워져서 전통적으로 파송 국가들이 해오던 선교사 허입과 파송의 일을 맡아 할 수 있었다. 각 나라의 이사장은 중앙 이사회의 회의에 참석하였고 장래에는 아시아인들이 계획하는 단계에서부터 실행하기까지 더욱 깊이 개입하게 될 것을 기대하였다. 그런데 1964년에 이사회의 회의록에는 분명 이렇게 기록되어 있었다. "우리의 목적은 아시아인을 우리에게가 아니라 다른 아시아인들에게 가까이 다가가도록 하는 것이다. 우리는 스스로 더 새롭게 헌신하여 아시아 교회들과 더 가까이 동일시되어야 한다. 실제로 일을 할 때마다 외국인 선교 기관으로 분리되어서는 안 되고, 아시아 교회들과 더욱 긴밀하게 협력해야 한다.

. . .

OMF는 그 당시의 분위기와 보조를 맞추어 기꺼이 다른 단체들과 가까이 협력하여 사역하겠다고 선언했다. 1970년에 총재는 성경과 의료 선교 협회와 합병까지는 아니지만 더욱 긴밀하게 하나 되어 사역하려고 주도적으로 노력했다. 한 가지 프로젝트는 이미 시작이 되었는데 최신 정보 전달을 독려하는 협회(Encouraging Contemporary Communications Enterprise(ECCE)로 아시아 교회들을 위하여 시청각 교육 자료를 만드는 일을 할 것이었다. 그런데 동남아시아에서 정치적으로 일어나게 된 응급 사태로 인하여 다른 방향으로 더 긴밀하게 협력하는 길로 나가게 되었다.

보르네오 복음 선교회(Borneo Evangelical Mission ; BEM)와의 협상은 원래 호주를 기반으로 한 기획이었는데 결국 1975년에 해외의 두 선교 단체가 완전히 합하여 사역하게 되었다. BEM은 보르네오의 몇 소수 부족에게 복음을 잘 전하여 하나님께 훌륭하게 쓰임을 받고 있었다. 어떤 부족은 복음으로 인해 사회적으로 혁명을 겪기도 했다. 기독교인이 된 부족민이 이제는 선교사가 되어 사라와크나 사바 심지어 말레이시아와 필리핀에 사는 부족민에게 복음을 전하게 되었다. OMF와 BEM은 서로 풍성하게 되어 순적하게 전진할 수 있었다.

1975년 OMF는 일본, 한국, 타이완, 홍콩, 필리핀, 인도네시아, 싱가포르, 동부와 서부 말레이시아, 태국, 베트남, 캄보디아, 라오스 등 동아시아 전역에서 사역하고 있었다. 이것은 거의 총 4억 인구를 대상으로 하는 것이었는데 그 숫자는 남아메리카의 전체 인구보다 많았고 아프리카 대륙의 인구와 거의 비슷한 수준이었다. 그래서 계속 성숙하고도 유능한 젊은 사역자들이 얼마든지 필요했다. 하나님의 사랑에 불이 붙어서 이 거대한 인구를 위해서 자신을 부인하고 희생하는 삶을 기꺼이 살아 내려고 하는 사람들이 끈덕지게 요구되었던 것이다. 현대적인 상황과 우선적으로 리더를 훈련시켜야 할 당위성 때문에 신중하게 선택해야 했고 고도로 훈련된 인물이 필요했지만 그러한 사역을 열어갈 만한 사람이나 기회가 열렸을 때 감당할 수 있는 사람은 얼마든지 있었다. 사역의 필요성이 컸지만 70년 초 그만 둔 선교사가 47명이었다. 그래서 선교회에서는 1970년에서 74년까지 5년 간 선교사를 80명 더 보내달라고 기도하였다. 그중에서 40%는 남자 선교사를 보내달라고 했다. 선교지에서 전도, 성경 공부, 신학 교육, 평신도 훈련, 학생 및 젊은이 사역, 문서사역과 미디어 사역에 필요한 일꾼을 전부 충당하기 위해서는 그것은 최소한의 인원이었다.

서양에서 뿐 아니라 아시아에서 후보자가 오게 되자 오리엔테이션 문제가 생겼다. 이사회에서는 후보자들에게 표준화된 오리엔테이션을 받게 하기 위해서 1970년 이제껏 전통적으로 각 파송국가에서 따로 해 오던 것과는 달리 모두 싱가포르에서 그 과정을 이수하도록 결정했다. 이렇게 달라지자 본국의 스태프들은 후보자 선택에 어려움을 겪었지만 후보자가 속해 있는 지역 교회를 그 선택 과정에 개입하게 함으로 부분적으로 그 문제를 해결하였다. 싱가포르에서만 한 번 오리엔테이션을 받는 것이 정당화 되고 있었다.

1969년 이후 중요한 변화가 있었는데 단기 선교사를 뽑은 일이었다. 이 여름 해외 훈련 프로그램(Summer Programme of Overseas Training—SPOT)의 기간은 1년에서 4년 사이로 학생들과 다른 젊은이들이 짧은 여름 방학을 이용해서 동아시아에 와서 선교사와 교회들을 돕게 하자는 취지였다. 이 기획은 매우 소중한 것으로 판명이 되었고 이들 중에 결국 장기 선교사로 들어온 사람도 있었다.

• • •

현재 OMF의 필드는 북극권에 접한 일본 북부에서부터 무더위가 기승하는 자바의 적도 지역까지 뻗어 있다. 중국에서는 크기는 하지만 동일한 나라였기 때문에 본부를 한 군데에 두고 운영하는 것에 아무런 문제가 없었다. 그런데 이렇게 사역이 다양하고 복잡해지자 필연적으로 행정을 분산화해야 할 때가 왔다. 미래 지향적인 이러한 조치가 1970년에 이루어졌다. 싱가포르는 아시아의 국제적인 교차로서 국제 본부로 남아 있었지만 이제 모든 책임자들이 싱가포르 한 곳에 집중되어 있는 대신에 각 지역마다 새로운 책임자들을 세웠다. 싱가포르에서 하던 행정과 재정의 관리가 각 지역으로 분산되었다.

매년 모든 지역의 책임자와 감독은 싱가포르에서 모여 회의를 한다. 본국 책임자와 중앙 이사회의 이사장은 3년마다 그 회의에 참석하여 함께 기도하고 긴 목록의 의제들을 가지고 서로 의논한다. 그 의제의 대부분은 재정, 정책과 진행 사항, 교회 질서, 교회와 선교회와의 관계, 후보자, 선교사 자녀

교육, 건강, 언어 공부, 개인적인 관계, 선교회 내의 사기와 영적인 경향 등으로 거의 계속 반복되는 것들이다. 중요한 이 모든 주제 안에는 많은 다양성이 있다. 재정 문제를 예로 들어보자. 변화하는 세상에서 허드슨 테일러의 100년 묵은 실천 사항이 아직도 가능하다고 보는가? 현실에 맞추어 양보하고 수정해야 하지 않는가? 그 대답은 언제나 '그렇다(Yes)'이다. 회계 구조도 현대화 되었는데 그것은 재정 전문가들이 싱가포르를 방문하여 OMF의 전체적인 운영 방식을 정밀하게 검토해 본 후 소중한 조언을 해 준 결과였다. 그러나 '하나님께 기도하는 것만으로 사람들을 움직인다'는 기본 원칙은 변함없이 유지되고 있다. 그 말의 의미는 어떤 식으로도 모금을 하지 않는 것이었고, 사역 자체를 위한 필수 예산을 산정해서 가능한 한 맞추고 난 후, 하나님이 공급해 주신 것을 모두 합하여 멤버 간에 동일한 기준으로 균등하게 나누는 것이었다. 1951년에 일 년 간 들어온 헌금이 33만 파운드였는데 비해서 1975년의 예산은 멤버의 수가 늘고 물가 상승률이 높은 것을 감안하여 120만 파운드(242만 달러)로 잡았다. 아시아의 경제는 급속히 팽창하고 있었고 동시에 세계적으로 겪고 있는 인플레이션을 함께 겪고 있었다. 그래서 생활비가 놀랄 만큼 큰 폭으로 오르고 있었다. 세계적으로 재정적인 위기가 심각해 가고 있음에도 불구하고 하나님께서는 남녀 선교사 900명을 보내주셔서 '광야에서 식탁을 베풀어 주셨다.'

만군의 주 대장 되신 주님의 무장한 군대를 위하여 전쟁터에 전쟁을 할 수 있는 자원이 넉넉히 들어온 것이다. 그러면 전쟁 자체는 어떠했는가?

Chapter 26

확장

처음 해외 이사회가 1966년 10월 처음 모였을 때, J. O. 샌더스 총재는 이사들에게 이사야서 54:2~3절로 도전을 하였다. "네 장막터를 넓히며 네 처소의 휘장을 아끼지 말고 널리 펴되 너의 줄을 길게 하며 너의 말뚝을 견고히 할지어다." 이 말씀을 마음에 받아들였다. 정치적인 질풍은 틀림없이 계속 불 것이기 때문에 장막의 말뚝은 견고해져야만 했다. 그러나 그 어떤 것도 OMF가 좌우로 퍼지는 것을 막도록 허락해서는 안 된다.(3절) "두려워하지 말라. 네가 수치를 당하지 아니하리라"(4절)고 하나님이 말씀하셨다.

A Passion for the Impossible

확장

• • •

처음 해외 이사회가 1966년 10월 처음 모였을 때, J. O. 샌더스 총재는 이사들에게 이사야서 54:2~3절로 도전을 하였다. "네 장막터를 넓히며 네 처소의 휘장을 아끼지 말고 널리 펴되 너의 줄을 길게 하며 너의 말뚝을 견고히 할지어다." 이 말씀을 마음에 받아들였다. 정치적인 질풍은 틀림없이 계속 불 것이기 때문에 장막의 말뚝은 견고해져야만 했다. 그러나 그 어떤 것도 OMF가 좌우로 퍼지는 것을 막도록 허락해서는 안 된다.(3절) "두려워하지 말라. 네가 수치를 당하지 아니하리라"(4절)고 하나님이 말씀하셨다.

그 잊지 못할 1951년 어떤 사람은 CIM이 이제 사라질 운명이라고 했었다. 많은 사람들이 염려하는 대로 동아시아의 나라들이 하나하나 혁명으로 공산화 되어가서 줄지어 빠르게 문을 닫게 될 것이 거의 틀림없었다. 굳게 닫힌 중국의 문 때문에 '닫힌 문 증후군'이 생겨나 수년 동안 장기 계획이라는 것을 세울 수가 없었다. 모든 것이 개별적으로 문제가 생길 때마다 대처하는 식이었고 단기적으로 밖에 생각할 수 없었다. 그래서 언어 공부도 서두르는 경향이 있게 되어 말하기 능력의 기준이 그에 따라 낮아졌다. 다른 나라의 문화를 파악하기 위해서 시간을 들이는 일은 말씀을 효과적으로 전하여 교회를 개척하는 일에 필수적인 일이었음에도 불구하고 그런 사람이 드물었다. 이미 말한 대로 OMF는 의학과 문서의 영역에서 의미 있는 전진을 했다. 그러나 전도와 교회 개척의 면에서는 처음에 눈에 띄는 성공을 보지 못했다.

지난 10년 동안 OMF의 사역 범위에 들어온 나라들에는 남한, 캄보디아, 태국 북동부와 필리핀의 최남단 섬인 민다나오가 있었다.

그런데 왜 한국에 갈 필요가 있었는가? 그곳에는 교회도 수없이 많이 있고 교인들도 거대한 회중이 되어 있지 않은가? 그 이유는 2세대 그리스도인들의 제자 훈련이 바르게 되고 있지 않았고 성서 유니온 식의 성경 읽기가 필요했기 때문이었다. 곧 이러한 사역을 시작했다. 유능한 한국 이사회가 있었고 교회마다 매일 성경 읽는 습관을 격려하였다. 또한 한국은 커다란 선교적 잠재력을 가지고 있음에도 불구하고 한국에서 선교의 필요가 절실한 아시아의 나라에 선교사로 나간 그리스도인이 이제까지 너무도 적었다. OMF 선교사들은 선교에 대한 관심을 일으키고 자원하여 선교사로 나가도록 격려하는 일을 하였다.

왜 캄보디아이었는가? 전쟁의 비극 가운데 다 익은 추수 밭에서 일꾼을 목말라 하고 있었고 캄보디아 교회의 지도자들이 OMF에 일꾼들을 보내달라고 간청하였다. 기독교 선교사 연합회(CMA ; Christian and MIssionary Alliance)가 캄보디아에서 여러 해 동안 사역을 했었고 수도에 병원을 새로 짓고 있었다. 그들의 요청에 응답하여 1974년 OMF에서 다섯 명이 들어갔다. 설교하고 가르치고 훈련할 기회가 산더미처럼 쌓여 있었다. 70년대 놀라운 성령의 역사가 일어났다. 1971년 선명회의 스탠리 무니햄이 전도 집회를 하자, 2주 안에 기독교 인구의 숫자가 두 배로 늘었다. 1970년에는 자기가 신자라고 고백하던 사람이 200여명이었는데 1971년에는 700명이 된 것이었다. 그런데 후에는 교회가 4천 명으로 성장하더니 1974년 집회에서는 1,200명을 수용할 수 있는 홀에서 6,000명을 돌려보내야 했다. 1975년 부활절 주일에 수도 프놈펜에 있는 30여 교회에서 예배드린 성도 수는 3,000명이었다. 수백 명의 젊은 청년들이 성경을 공부하고 있었고 구원이 날마다 일어나던 사건이었다. OMF는 CMA와 긴밀하게 협력하며 사역하였다.

또 태국 북동부는 어떠했는가? 이곳은 675,000명 인구가 남한의 1/3 정도 되는 지역에서 살고 있었는데 전에는 CMA가 책임지던 구역이었다. 그런데 한 단체가 감당하기에는 그 과업이 너무 벅찬 것을 발견하고 OMF를 초청하여 함께 그 일을 하자고 하였다. 불행하게도 이 일은 1975년까지 진행되지 못하였다. 그때 바로 메콩강 건너편에 있던 라오스 선교사들이 공산주의가 그 지역을 점령하게 되어 어쩔 수 없이 나오게 되었다. 라오스 말이 태국 북동부에서 쓰는 언어와 매우 비슷하여 이전 라오스 선교사들이 그 새로운 지역의 전도에 눈을 돌리게 된 것은 필연적인 결과라고 하겠다.

마지막으로 민다나오의 사정은 이러했다. 아직도 복음을 기다리고 있는 마노보의 세 종족이 5만 명 이상이나 되었고 위클리프 성경 번역 선교회도 경험이 많은 OMF에게 급히 좀 와서 거대한 교회 개척의 일을 도와달라고 하였다. 대여섯 명이 그 일에 헌신하려고 나섰는데 그 중에는 민도로에서 오랫동안 사역하던 부부가 포함되어 있었다.

보르네오 복음 선교회(Borneo Evangelical MIssion)가 OMF와 합병된 일도 OMF의 사역지가 확장된 원인이 되었다. 선교회 내에서도 멤버가 늘었고 또 두 단체가 합병되기도 하여 이제 전부 900명이 되었다. 1971년에 멤버 중 반이 12년 이내로 사역한 사람들이었다. 지도자도 젊고 팀도 젊어서 새로운 목적과 방향성이 제기 되기도 하였다.

이미 있던 필드에서도 확장이 일어났다. 타이완에서는 평지에서 산으로 이동하여 그저 명목상으로 남아 있던 그곳의 많은 교회들을 대상으로 산족 사역을 시작하였다. 성경 공부, 청소년 사역, 주일학교 사역 등을 활기 있게 진행하였다. 필리핀에서는 루손의 평지에 교회 개척을 시도하였는데 그곳은 미신적인 천주교에 사로잡혀 있어서 열매 맺는 일이 느리고 지루했다. 그렇지만 결국 바우안에 교회가 이루어지자 이어서 바탕가스 지역에 다섯 교회가 더 생겼다. 평지 팀 내에 희망과 자신감이 새로 넘치게 되었고 그 일을 계기로 도약이 시작되었다. 현지 목사들이 기존 교회에서 지도력을 발휘하게 되자 선교사들은 매년 한 현씩 교회를 개척하기 위하여 남아 있는 8개의 현으로 이동했다. 이 교회들은 극동 복음 전도단(Far Eastern Gospel Crusade) 사역으로 생겨난 교회들과 함께 연합하여 이제 필리핀 성경 교회 연합회(the Association of Bible churches of the Philippines)가 되었다. 거대한 대도시 수도 마닐라에는 이제껏 증인이 없었던 지역에 새로운 교회들이 일어나고 있었다. 하나님의 축복으로 교회 개척이 순조롭게 진행되어가고 있다.

일본은 하나님의 말씀에 반응하지 않는 어려운 토양인 것으로 악명이 높다. 그러나 일꾼이 많이 늘고 어려운 일본어를 일본 언어 학교에서 2년 동안에 능숙하게 습득하게 된 것을 계기로 홋카이도와 혼슈 북부에 교회 성장의 비율이 높아지고 있다. 평균 30명에서 50명 사이의 모임이 16군데 있고 각기 자기들의 목사나 지도자가 있다. 복음 교회 연합도 잘 기능하고 있다. OMF의 목표는 1980년까지 기존 교회에 건물 짓는 것을 도와주고 나서 11군데의 새로운 도시 지역에 확장되어 나가는 것이다.

OMF가 그 일하는 장막터를 넓혀 나가면서 전도와 교회 개척 사역이 마침내 성공적이라는 증거가 보인다. 1975년에는 단기 사역자를 포함하여 79명의 새로운 일꾼이 와서 크게 격려가 되었고 다른 사역의 필요들도 채울 수 있게 되었다.

Chapter 27

견고하게 된
말뚝

분명 확장 자체로는 충분하지 않다. 선교 단체들이 지나치게 사역을 확장할 가능성이 있다. 넓어지면 깊이가 없어진다. 사역이 피상적이 되고 선교사에게 의존적으로 남는다. 이러한 식으로 약해진 사역을 오랫동안 보아왔다. 구역의 확장은 반드시 견고한 말뚝과 병행되어야 한다.

A Passion for the Impossible

견고하게 된 말뚝

• • •

    분명 확장 자체로는 충분하지 않다. 선교 단체들이 지나치게 사역을 확장할 가능성이 있다. 넓어지면 깊이가 없어진다. 사역이 피상적이 되고 선교사에게 의존적으로 남는다. 이러한 식으로 약해진 사역을 오랫동안 보아왔다. 구역의 확장은 반드시 견고한 말뚝과 병행되어야 한다.

    세계적으로 냉혹하게 진행되는 도시화의 문제를 예로 들어보자. 거의 모든 나라에서 농촌 인구가 줄어가고 있는데 특히 젊은이들이 큰 도시로 영구 이주를 하고 있다. 도시화는 우리 시대의 중요한 현상이다. 그것은 아마도 나쁜 일이어서 최소한 중국은 도시 인구와 산업들을 시골로 이동시킴으로써 그러한 경향을 역전시키려고 애를 쓰고 있다. 중국은 기본적으로 시골이 국가의 필요한 자원들을 공급하는 장소로서 중요하다는 것을 인식하고 있다. 그럼에도 불구하고 선교회는 그 경향을 무시할 수 없다. 중국 내지 선교회가 중국 시골 지역의 전도 사역에 명예롭고도 긴 역사를 가지고 있고 동남아시아에서 그 일을 지속하고 있지만 도시를 근거로 한 사역의 필요성이 분명 크게 중요해졌다. OMF는 이제 삿포로, 마닐라 방콕에 견고한 베이스를 구축하고 있다. 일본 최북방 삿포로는 홋카이도의 도청 도시로서 매년 인구가 4만씩 늘어나고 있다. 여기에 언어 배우는 학생을 포함한 OMF의 선교 일꾼 40여명이 들어와 살면서 현지의 교회를 비롯하여 성경 학원, 문서와 사회사업을 하는 기관들과 협력하여 사역하고 있다. 필리핀 수도 마닐라에서는 개척 전도, 교회 개척, 학생 전도, 청소년 사역, 라디오 사역, 성경 공부 등에 많은 수의 OMF 선교사들이 관여하고 있다. 1975년에 태국의 수도 방콕은 교회 개척의 범위가 넓어서 별개의 필드로 지정되어 자체적으로 책임자가 있었다. 도시에서 교회들이 활기 있게 되면 나라 전체에 효과적인 영향을 줄 수가 있다. 학생과 젊은이들, 사업가, 공무원, 그리고 산업의 일꾼들이 모두 도시에 모여 있기 때문이다.

· · ·

대학생들은 장래에 자연히 그 나라의 정치가, 행정가, 산업가, 교육자들과 사회사업가들이 된다. 학생들은 언제나 어디서든지 중요하지만 특히 그들이 사는 나라에 문맹의 정도가 심할수록 그 중요성이 더해진다. 개발도상국은 문맹률이 낮은데 대학 졸업생들은 졸업하자마자 자기 나라의 중요한 자리에 앉게 된다. 제 3세계의 학생들은 내일의 지도자일 뿐 아니라 오늘날의 지도자이기도 하다. 기독교적인 관점에서도 그들은 전략적으로 매우 중요하다. 말레이시아에서는 25년 간 학생 사역을 했는데 학생 전체의 10%가 오늘날 기독교인이다. 주로 이슬람과 불교를 믿는 나라이기 때문에 그 일이 더욱 중요한 것이다. 타이완의 한 교회 지도자는 자기 나라에서 OMF가 캠퍼스 전도를 강하게 지원해 준 일로 인하여 감사를 표현했다. 장로교와 침례교회에 들어오는 사람들 중 반이 학생 사역의 열매라는 것이었다. 필리핀의 IVCF도 마닐라를 비롯한 필리핀 전역의 대학에서 활발하게 전도하고 있는데 OMF의 도움을 받고 있다. 일본에서는 학생 복음 운동이 꽤 긴 역사를 갖고 있다. 그런데 933개의 대학이 있고 2백만 명의 학생이 있는 가운데 복음을 전하는 증인들은 150여명 밖에 되지 않는다. 학생들의 불안이 만연하고 공산주의자들의 입김이 작용하기도 하여 일본과 외국의 복음 사역자들은 어려움과 실망을 크게 겪는다. 인도네시아의 교회는 오랫동안 기독교 학생 운동(Student Christian Movement)의 지원을 받고 있다. 인도네시아는 다른 어느 곳보다도 정치적으로 덜 급진적이고 신학적으로 더 복음적이다.

복음적인 학생 운동은 최근 들어 심각한 문제를 만나고 있다. 태국 학생 복음 운동은 거의 1965년에 처음 OMF 선교사들에 의해 시작되었다. 그때부터 건강하게 성장 발전하여 현재는 싱가포르 제자 훈련 센터에서 교육 받은 총무가 국내의 일을 담당하고 있다. 캄보디아의 학생 사역은 시작이 대단하여 60명에서 70명이 날마다 영어로 성경을 공부했는데 공산주의가 승리하면서 슬프게도 금방 갑작스럽게 끝이 나고 말았다. 베트남에서는 폴과 마이다 콘텐토가 14년 이상 사역하여 뛰어난 젊은 리더들을 배출하였다. 그들 중에는 외국에서 공부하고 돌아와 베트남 교회 전체를 부요하게 하고 있다.

대학생 사역에만 집중하면 안 될 것이다. 일반적으로 청소년과 어린이 사역도 매우 전략적인 분야이다. 그레이스 해리스가 50년대 초 태국 중부에서 어린이 사역을 시작하였다. 오늘날 그 어린이들이 자라서 교회에 한 부분을 맡고 있다. 청소년 기독교 캠프와 집회도 많이 열리는데 OMF가 사역하고 있는 나라마다 그 열매가 증가하고 있다.

• • •

도시 사역만이 중요한 것이 아니다. 신학적인 기초를 제공하는 일은 더욱 긴요한 일이다. 교회마다 영적으로 성숙하고 훈련된 지도자들이 필요하다. "어떤 형태든지 지도력이 없으면 아무 일도 일어나지 않는다." 1960년에 OMF는 아직 성경 학교를 시작하는 일에 대해서 약간 망설이고 있었다. 물론 멤버 중에 싱가포르 성경 대학과 필리핀 성경 학원에서 이미 가르치고 있던 선교사들은 있었다. 이 두 대학은 주로 학생들을 가르치는 곳이었는데 싱가포르에서는 중국어를 모르는 사람들을 위해서 영어반도 개설하고 있었다. 두 대학 다 기독교 사역에 종사하고 있는 졸업생들이 매년 증가하고 있었다. 삿포로에 홋카이도 성경 신학교가 개설되었을 때 진정한 돌파가 일어났다.

처음에는 OMF가 시작하였지만 일본 이사회도 믿음으로 그 학원을 여는 일에 참여하였다. 목사들과 교회 사역자들이 그곳에서 훈련을 받고 일본 북부의 교회들을 돕고 있다. 1965년 태국 북부에 파야오 신학교를 시작하여 소수부족민을 포함한 기독교인을 돕게 되었다. 호수 곁 아름다운 곳에 위치하고 있는 학교이다. 파야오는 또한 몇 년 전 태국 북부에 있었던 부흥의 진원지이기도 하여 매년 여름 천여 명 이상이 모이는 기독교 집회를 열게도 하였다. 1970년에는 더 상급 기관인 태국 성경 대학을 열었고 졸업생들이 현재 사역을 시작하고 있다. 캄보디아의 프놈펜의 성경 학교에서는 한 OMF 여선교사가 25년 간 학생들을 가르쳤다. 라오스의 사반나켓 성경 학교는 매우 귀중한 역할을 하였는데 공산화되기 바로 전에 건물을 완성하였다. OMF 선교사들이 라오스에 18년 간 있으면서 라오족과 소수부족 안에 교회를 세우고 양육하였다. 라오스 애국전선군이 라오스를 대부분 차지하게 되어 OMF의 부족 사역자들은 메콩 강 마을들로 나와야 했다. 60년대에 인도네시아 보르네오의 칼리만탄에 놀라운 성령의 역사가 있어서 교회들이 많이 세워졌다. 그곳에 싱카왕 성경 학교를 세워 목사와 전도자들이 훈련을 받았다.

아시아의 교회들을 위하여 주목할 만한 기여를 한 기관 중에 1968년에 세워진 싱가포르의 제자 훈련 센터(DTC)가 있다. 이것은 탁월한 신학 훈련 기관이었다. 모든 제도적인 요소를 제거하기 위한 시도를 했다. 모두 세속 직업의 경험이 있는 대학 졸업자 25명이 넘지 않는 인원이 2년을 꼬박 함께 가족으로 리더들과 가까이 살면서 배우는 형태로 예수님이 제자들과 함께 지내면서 가르치고 섬겼던 형태와 매우 흡사했다. 그들의 국적은 일본, 한국, 타이완, 필리핀, 인도, 홍콩, 태국, 싱가포르, 에티오피아 그리고 미국이었다. 이제껏 100명이 넘는 졸업생들이 아시아의 교회에서 큰 영향력을 발휘하고 있다. DTC에 있는 동안 학생들은 이전에 겪었던 교회 생활과 아시아에서의 전도 사역의 패턴을 살펴보고, 현재의 정치 사회적 경향과 장래의 교회가 그 속에서 증인의 역할을 지속해야만 하는 다양한 문화를 이해하려고 노력을 하였다. DTC는 OMF의 독자적인 국제 이사회에서 운영하고 있다.

인도네시아 OMF는 포괄적인 평신도 훈련 프로그램이 매우 전략적임을 알게 되었다. 또한 훈련된 신학자가 만든 자료로 하는 신학 연장 교육도 유용했다. 1965년 공산 구테타가 실패로 끝난 이래로 인도네시아에서는 교회 사역이 매우 다양한 데 비해서 그에 필요한 지도자로서 훈련된 성직자는 너무도 적었다. 교회에 오는 회중을 마땅하게 지도하고 살아 있는 그리스도의 몸을 세우기 위해서는 오직 평신도 지도자들을 많이 배출하는 방법 밖에는 없었다. 바울이 디모데에게 "너는 내게 들은 바를 충성된 사람들에게 부탁하라. 저들이 또 다른 사람들을 가르칠 수 있으리라."고 한 말씀에 근거한 것이었다. OMF 선교사들은 자바, 수마트라 그리고 술라웨시에서 바로 이 말씀을 목표로 하고 있었다. 술라웨시와 칼리만탄에서는 성경 학교에서 가르치는 사역자들도 있었다.

말레이시아 반도에서는 비자 문제로 OMF 팀이 매년 줄어서 뼈대가 되는 스태프만 남아서 성서 유니온 사역, 성경 통신 코스, 타밀 사역과 교회 관련 사역을 하였다. 동말레이시아(보르네오)에서는 BEM의 사역으로 보르네오 복음 교회에 성도가 3만 명 있었는데 일곱 부족에서 온 사람들로 구성되어 있었다. 6단계로 된 성경 학교가 있어서 200여명의 회중을 가진 교회의 지도자들과 목사들을 훈련하였다. 말레이 반도에서는 클랑에 기초적으로 훈련하는 기독 센터가 있었지만 그와는 구별되게 역사적인 항구 말라카에 1976년 처음 성경 대학을 세웠는데 매우 양질의 교육을 제공하였다. OMF는 그곳에 교수를 보냈다.

OMF는 이 모든 신학 훈련 사역에 필요한 교수진을 더 보내달라고 기도

하고 있다. 그것은 동아시아의 교회들을 세우는 데 매우 중요한 사역이기 때문이다.

· · ·

여기저기에 있는 교회와 운동들과 기관들은 OMF 선교사들을 초대하고 있다. 싱가포르에서 OMF 성직자는 싱가포르 교구의 교회들을 맡아서 열매 있는 사역을 하고 있다. 말레이시아에서 또 다른 OMF 선교사로서 안수 받은 사람들이 성공회, 감리교, 장로교 교회에서 사역하고 있다. 1975년 시니어 선교사 2명이 사바(북 보르네오)를 다니며 더 이상 선교사 거주를 허락하지 않는 지역의 교회들을 다니며 사역을 하고 왔다. 이것은 선교사의 영구 비자가 나오지 않는 지역에서 장래에 할 수 있는 사역이다. 일본과 사라와크에서는 OMF의 간호사 출신 선교사들이 기독 간호사회를 세우려고 하고 있다. 홍콩에서는 교회 사역, 청소년 사역, 성경 학교 교수 사역을 하고 있다. 자바의 투렌에 있는 구세군 병원에 시급하게 의사가 필요하자 닥터 루퍼트 클락 부부가 가서 수년 동안 열매 있는 사역을 하였다. 그 지역은 무슬림이 기독교를 핍박하는 정도가 매우 대단한 곳이었다.

새로운 언어와 문화 적응이 힘든 소수 부족민 지역에서 선교사들이 했던 개척 전도는 처음에는 매우 실망스러울 정도로 그 진도가 느렸다. 특히 태국 북부의 리수족은 매년 부흥을 경험했던 중국의 리수족과는 매우 달랐다. 첫 돌파가 일어난 해는 1967년으로 사역을 시작한지 16년 만이었다. 그 동안 순교도 있었다. 무관심과 적대감이라는 견고한 벽이 갑자기 무너졌다. 오늘날 리수 교회는 성장하고 있으며 증인의 역할을 훌륭히 감당하고 있다. 1976년 미얀마의 리수 성도들이 태국 리수인들과 함께 파야오에서 기념할 만한 집회를 했다. 모두 54명이 모였는데 그곳에서 리수 복음 펠로우십을 만들기로 결정했다. 지금은 태국 복음 펠로우십에 속해 있다. 포카렌족의 요새에 금이라도 생긴 것은 시간이 그보다 더 오래 걸렸기는 하지만 그 상황을 가지고 집중적으로 기도한 결과 결국 1974년에 돌파가 일어났다. 샨 불교도의 벽은 믿음의 외침에 아직 넘어지지 않고 있다. 태국 북부에서 처음으로 복음을 받아들인 부족은 야오족이었다. 그들은 자기 말로 된 신약성경을 가지고 있는데 에릭과 헬렌 콕스가 은퇴하기 전에 완성한 것이었다. 그런데 교회는 초창기 기대했던 것과는 달리 그 이상 나아가지 않고 있다. 묘족 교회는 공산게릴라의 손에 고통을 당하여 몇 명은 산에서 평지로 내려와야 했다. 그러나 그들 중에 많은 사람들이 파야오 신학교에서 집중적으로 가르침을 받고 생명력 있는 교회를 세우는 훈련을 받았다. 아마도 북부 태국의 모든 소수 부족 중에서 가장 가망성이 없던 부족은 아카족일 것이다. 6년 동안 아무 열매도 보이지 않았지만 미얀마에서 온 아카 선교사 부부와 피터와 진 나이팅게일의 사역으로 점점 진전이 있어서 지금은 현지 지도자가 이끄는 책임 있는 현지교회가 그 모양새를 갖추어 가고 있다.

북부 태국의 모든 소수부족 지역이 공산주의자들의 세력에 심각하게 위협을 받고 있기 때문에 그곳에 견고한 교회를 세우는 일은 매우 시급하다. 많은 부족 성도들이 파야오 성경 학교에서 훈련을 받았고 이제 그들의 은사를 효과적으로 사용하고 있다. 선교사들의 가르침을 보충하기 위하여 카셋 녹음기가 널리 사용되고 있다. 이사 가서 사는 선교사들이 너무도 적은 상태에서 이러한 것들이 거주 선교사와 같은 역할을 하고 있다. 태국 북부 산지에서 초창기에 해외로 나가기도 했지만 말뚝이 견고해 진 것은 최근의 일이다.

교회 개척과 양육이 어렵고 실패도 많은 일이지만 예외가 있었다. 필리핀 민도로에 사는 여섯 부족은 50년대 초 처음 복음을 받은 이후로 그 교회는 계속해서 배가하였다. 조직 교회는 50개가 넘고 교회 수에 들어가지 않은 전도소는 100개가 족히 넘는다. 오늘날 각 부족은 자체 교회를 가지고 있고 매년 연합으로 집회를 가지며 연합으로 성경 학교도 운영하여 지도자를 훈련하고 있다. 이들 중에 선교사가 나와서 미전도 섬으로 가서 유능하게 사역하고 있다. 한 가지 중요한 발전이 있었는데 마닐라 기독인 봉코 변호사가 주도하여 망얀 통합 발전 프로그램이라는 기구를 세운 일이었다. 그것은 민도로의 부족들을 사회적, 의료적, 경제적으로 돕고 평지의 필리핀인들이 그들의 땅을 노리고 있는 와중에서 최소한 그들이 조상 적부터 살아오던 땅에서 살 권리를 보장해 주려는 것이었다.

모든 부족민들 가운데 있는 이교적 생각, 그들이 막 채택하려고 하는 윤리적 기준과 사회적 이상을 생각하면 복음이 그 사회에 들어가는 것이 얼마나 시급한 일인지를 생각하게 된다. OMF에서는 북부 태국, 필리핀, 인도네시아에 농업 협력 프로그램을 진행하고 있다.

· · ·

모든 방향에서 말뚝이 견고히 박히고 있다. 백 주년을 기념하여 비교해 보면 사역들이 성숙해간다는 증거가 보인다. 교회들은 신속히 늘어가고 있고 영적으로 잘 훈련된 현지인의 지도 아래 삶이 있는 성경적 교회로 잘 발전되어 가고 있다. OMF는 아시아 교회들과 함께 하는 사역이 증가되고 있어서 외국 선교 기관이라는 인상이 줄고 있다. 포괄적인 문서 사역도 현지로 이양되고 있다. 아시아의 지도자들과 교회들은 OMF가 섬겼던 일에 대해서 높이 평가하고 있는 것 같고 계속해서 가까이서 협력하기를 환영할 것이다.

Chapter 28

불가능하다?

OMF가 지닌 영원한 활력의 비결은 무엇이었는가? 그것은 우선 살아 계신 하나님을 믿는 것을 실천한 데 있다. 각 멤버들이 개인적으로 날마다 믿음을 실천했고 물질적, 영적 필요를 위하여 공동체적으로 믿음으로 구하여 받았다. 이것이 사역 뒤에 있는 동력이었다. 그 결과 '불가능한 일'을 반복해서 가능하게 만들어 성취할 수 있었다.

A Passion for the Impossible

불가능하다?

●●●

OMF가 지닌 영원한 활력의 비결은 무엇이었는가? 그것은 우선 살아 계신 하나님을 믿는 것을 실천한 데 있다. 각 멤버들이 개인적으로 날마다 믿음을 실천했고 물질적, 영적 필요를 위하여 공동체적으로 믿음으로 구하여 받았다. 이것이 사역 뒤에 있는 동력이었다. 그 결과 '불가능한 일'을 반복해서 가능하게 만들어 성취할 수 있었다. 선교회의 첫 40년 동안 백만 파운드가 헌금으로 들어왔다. 그 다음 30년은 4백만 파운드였고 1935년에서 65년 사이에는 놀랍게도 7백만 파운드였다. 모든 헌금은 오직 세상에 있는 금과 은이 모두 내 것이라고 하시는 살아계신 하나님께 드린 기도의 응답으로 온 것이었다.

두 번째로 세월이 지나도 변하지 않는 메시지가 있었다. 창립자가 믿고 선포했던 복음을 오늘날 변화무쌍한 세상에서도 달라지지 않고 전하고 있다. 성경의 권위를 믿는 믿음을 굳게 지켜왔다. 인간 세상이 아무리 진보해도 사도 바울이 부패했던 로마 사회에 전해야 했던 내용과 같은 메시지를 전해야 할 필요성이 적어지는 것은 아니었다. 인간의 본성은 동서양을 막론하고 변하지 않았다. 아무리 미사여구를 곁들인 자비의 말을 하여도 힘을 잃은 메시지로는 인간이 현재 겪는 도덕적 사회적 갈등을 해결해 줄 수가 없다. OMF는 그리스도의 온전한 복음을 전하고 부끄러움 없이 십자가에 못 박히신 그분을 설교한다. 오직 그리스도의 복음만이 모든 수준에서 만나는 인간의 필요를 채울 수 있기 때문이다.

마지막으로 중국과 동아시아에서 현지인이 주도하여 성경적인 기초 위에 현지 교회를 세우던 방법은 하나님의 인정을 받았다. OMF가 하던 모든 활동의 궁극적인 목표는 중국과 아시아 여러 나라에서 현지 교회를 세워 건강하게 독립할 수 있게 하는 것이었다. 그 일이 서양의 조정이나 지원 대신에 같은 믿음을 나누는 따뜻한 교제 속에서 이루어지도록 돕는 것이었다. 그 전략은 모든 단계에서 채택되던 방법이었고 수단이었다. 중국에서 그렇게 한 결과 중앙 집중적으로 다스리는 한 개의 큰 기관이나 교파가 생긴 것이 아니라 수 천 개의 현지 교회가 서로 교류하면서 우호관계를 나누는 하나의 연합체를 이루었다. 구속을 받아 변화된 수십만 명의 성도들이 중국 사회의 모든 분야에서 그리스도와 같은 삶을 살아갈 때 그러한 그리스도인의 공동체의 영향력이 그 힘을 가늠할 수 없을 정도로 막강한 것은 과거에도 그러했고 오늘날도 마찬가지이다.

• • •

그러면 장래는 어떠할 것인가? 1975년 동남아시아 인구의 7%를 차지하는 인도차이나는 외국 선교사가 사역할 수 없는 닫힌 나라가 되었다. OMF 선교사들은 슬픈 마음을 안고 베트남, 캄보디아, 라오스에서 철수를 했다. 그곳에 남아 있던 교회들은 증인의 역할을 하였고 또 고난도 받았다. 다른 곳의 사역이 닫히게 되었어도 동아시아의 70% 인구가 살고 있는 일본, 타이완, 필리핀, 인도네시아 그리고 싱가포르에 있는 2억8천만 대다수의 사람들에게는 기독교 사역자가 다가갈 수가 있다. 복음을 효과적으로 전할 기회가 있는 것이다. 성장하고 있는 교회에 그리스도인들이 섬길 분야는 매우 다양하고 모든 대륙에서 하나님의 부르심을 따라 오는 일꾼들에게 그 문이 열려 있다. OMF는 유행에 뒤떨어진 과거의 유물이 아니며 그저 조직을 지속시키려는 단체가 아니다. 단지 하나님의 백성과 지역 교회들의 통로가 되기를 바랄 뿐이다. 온 세계의 그리스도인들과 교회들이 강하고 성령으로 충만하며 복음적이고 사회적으로 책임감 있는 교회를 세우는 일에 공헌하도록 하려는 것이다. 그러한 교회를 위해서 경건하고 잘 훈련된 지도력이 필요하다. 그러면 하나님께서 영광을 받으실 것이고 '동아시아의 신속한 복음화'가 이루어질 것이다. 불가능을 가능하게 하시는 하나님은 약한 자에게 능력을 주시고 인간이 다른 방법으로는 도저히 이룰 수 없는 불가능한 과업을 이루게 하신다. 이 어둡고 위험한 시대에 동아시아의 모든 선교사는 목적을 분명히 하고 십자가의 길을 가시는 그리스도를 가차 없이 자발적으로 따르도록 부르심을 받았다. 그분의 진정한 제자들에게는 뒤돌아볼 겨를이 없다.

· · ·

해외 선교회(Overseas Missionary Fellowship)의 이야기가 중국에서 시작되었듯이 중국에서 마쳐야 한다. 중국이 동아시아의 상황을 지배하고 있기 때문에 같은 지역에서 일하는 사역자들의 생각 속에는 중국이 멀리 떨어져 있을 수가 없다. 어디서나, 심지어 일본에서까지 중국 사람들을 만나게 된다. 중국의 교회들은 세계 어디에 있든지 부유하고 번성하고 있다. 중국 그리스도인들은 행정에 능하고 전도에도 적극적이다. 중국의 교회는 중국 본토에 있든지 해외에 있든지 하나의 '중국 교회'이다. 우리가 그렇게 생각하는 것이 마땅하다. 전 세계에 퍼져 있는 중국의 그리스도인들과 교회들을 보면 장래에 대한 비관적인 생각이 낙관적으로 바뀐다.

홍콩에 있는 중국 신학대학원은 미국, 캐나다, 영국의 박사 학위를 가진 중국 학자들이 대부분이다. 그들 중에는 현대 중국어로 성경을 번역하는 학자도 있다. 1976년 8월 '세계중국인복음회의'(世界华人福音会议)의 중국 대표 회합은 신학대학원이 후원하여 홍콩에서 이루어졌는데 천여 명의 중국 교회 대표들이 전 세계에서 모여와서 세계 복음화에 자신들이 기여할 몫에 대하여 이야기를 나누었다. 그들은 자연히 중국의 문제에 대한 관심과 중보를 간과하지 않았다. 이 회합은 사상 초유의 것으로 매우 중요한 사건이었고 후에까지 큰 영향을 주게 되는 사건이었다.

OMF도 중국을 잊은 적이 없다. 이사회를 할 때마다 중국이 주제로 거론된다. 1975년 9월 필리핀 마닐라에서 '75년 러브 차이나' 대회가 열려 OMF 팀이 참석했다. 그곳에서 24개국에서 온 420명의 대표들이 모였는데 모두 중국의 복음화라는 공통된 관심을 가지고 있었다. 당시 압박 받고 있는 중국의 그리스도인들을 위해서 하고 있는 일들이 소개 되었다. 라디오 사역도 하고 명절에 친척이 방문하면서 성경과 신앙 서적을 가져다주는데 현재 쓰고 있는 간자체로 된 것들도 선물한다는 것이었다. 그렇지만 이 모든 노력에도 불구하고 대표단을 자신들의 무능함을 깊이 인식하게 되었다. 오직 전 세계적으로 기도의 지원을 동원해야만 하나님께서 친히 자신의 방법으로 자신의 때에 행동하시도록 예비하게 될 것이었다. 기도와 개인적인 준비, 중국인과 아시아인을 훈련하는 것을 최우선으로 삼아야겠다는 부담을 모든 사람들이 마음에 부담으로 가지면서 그 세미나는 끝이 났다.

세계 최대 인구인 중국의 복음화는 언제나 믿음의 도전을 필요로 하고 있다. 정부의 반종교 정책이 삶의 질을 낮게 하는 성공적인 정치 덕분에 인민들의 호응을 얻고 있는데 그것은 복음 전파에 큰 장애물이다. 중국의 영적인 필요는 허드슨 테일러 시대보다 덜 하지 않다. 하나님은 한 사람도 멸망하지 않고 모든 사람이 진리를 아는 데 이르기를 원하신다. 중국의 복음화는 그 거대한 규모를 생각할 때 기적이다. 그러나 그러한 기적을 기대하자. 그리고 우리가 기도하여 그 일이 일어나도록 준비하자. 전능하신 우리의 하나님은 이런 말씀을 하신 적이 있다. "부르짖으라. 내가 네게 응답하겠고 네가 알지 못하는 크고 비밀한 일을 보이리라." 그분은 오늘도 같은 말씀을 하고 계시다.

• • •

'동아시아의 신속한 복음화'라는 표어에는 세상에서 소외되고 절망적으로 가난한 12억 영혼을 품고 있다. 중국 내지 선교회는 한 사람이 수많은 중국 사람들을 가슴에 품고 진통하던 끝에 태어난 선교회였다. 오늘날 OMF가 가슴에 품고 진통하는 대상은 동아시아이며 그 결과 그리스도께서 교회의 모습으로 형성되어 나라들 가운데 그분이 구원자와 주님으로 알려지게 되기를 소원하고 있는 것이다.

1915년
희년(The Year of Jubilee)

A Passion for the Impossible

50주년 – 희년(The Year of Jubilee)
. . .

허드슨 테일러가 아버지께 편지를 보내면서 혹시 중국에서 하나님을 섬기고 싶어 하는 열심히 있고 헌신된 젊은이들을 알고 있느냐고 했던 때로부터 50년이 지났다. 몇 명의 사역자들이 그로부터 5년 후, 그러니까 지금으로부터 50년 전, 현재의 CIM이라는 선교회의 이름으로 파송이 되었다. 그 초창기 개척자들은, 아니 그들을 이끌고 있었던 헌신적인 지도자조차도 그 적은 무리로 시작된 단체가 얼마나 큰 규모로 확장될지 거의 알지 못했다. 이 세상의 굉장한 것들의 후원 없이, 엄청난 곤경을 당하면서, 앞뒤로 수많은 역경에 싸여서, 누가 보아도 명백하게 풀 수 없는 난제에 당혹해 하며, 끊임없이 믿음과 인내의 훈련을 받았고, 개인적으로 슬픈 일, 박해, 죽음의 연단을 무수히 받으면서도, CIM은 오늘날까지 지속되어 왔을 뿐 아니라, 해를 거듭하며 그 지경을 넓혀 왔고, 그 무엇보다도 좋았던 일은 거대한 미전도 지역을 복음화 하는데 최소한 부분적이나마 쓰임을 받았다.

이 모든 일이 일어날 수 있었던 비결은 다름 아닌 바로 하나님 그분 자신 안에 있었다. 그 일을 시작하신 분, 유지해 오신 분, 그리고 축복하신 분은 하나님이셨다. 그분의 종들은 약한 데서 강해졌다; 겨자씨 자체로는 작았지만 하나님 자신이 주신 믿음이 그 안에 있었고 그 믿음으로 살았기 때문에 커다란 나무로 자란 것이었다. 이 글을 쓴 목적은 우리를 어두움에서 불러내어 그분의 기이한 빛에 들어가게 하시고, 우리에게 화목하게 하는 일을 주신 분을 찬송하기 위함이다. 여기에 쓴 내용은 극히 일부분이다. 하나님께서 행하신 일은, 그분이 하신 놀라운 일들은 너무도 크고 위대하여 그 일을 다 셀 수도 없고 헤아릴 수도 없다.

　최근 문화 혁명이 일어난 후 11개월 동안 중국의 선교 센터마다 다니며 이 글을 준비했지만 CIM이 했던 사역의 극히 일부분 밖에 쓸 수 없었다. 실제로 다녀보니 CIM 선교 센터만 방문하여 그 사역을 평가하려고 해도 5년은 필요하겠다는 결론이었다. 그러니 센터 주변의 모든 전도소까지 다 다니며 실제로 행했던 사역을 보려고 한다면 적어도 10년 이상은 걸릴 것이다. 아마도 독자는 사역의 지역과 규모가 얼마나 방대한지 상상할 수 있을 것이다.

　그러니 이렇게 먼 곳에서, 그렇게 많은 대중들을 대상으로, 이 모든 수고를 가능하게 했던 사역과 사역자들을 돌보셨던 자비하심을 돌이켜보면 그저 그 사랑이 놀랍고 기이하여 찬송할 수밖에 없다. 육로와 수로로 수백km씩 이동했을 때, 배가 부서지기도 했고 위험한 일도 많았을 텐데, 길이 위험해서 생명을 잃은 사람은 3명뿐이었다. 치푸 항구에서 1명, 지앙시의 홍수로 1명, 그리고 마지막 한 명은 꾸이쪼우 산의 계곡에서 급류에 휩쓸려 희생이 되었다.

　그리고 이 50년 동안 재정적으로 받은 은혜는 또 어떠했는가? 중국을 오가는 수많은 사람들의 교통비가 필요했고, 중국 내에서도 험한 여행을 끊임없이 해야 했으며, 학교, 병원, 예배당, 거처를 건축해야 했다. 중국인 사역자 1,500명 이상과 1,000명 이상의 선교사들을 후원해야 했다. 그런데 그 모든 비용이 기도의 응답으로 전부 채워졌다. 그리고 비록 믿음이 시험대에 오르고 고통스럽게 절약해야 할 때도 많았지만 50년 동안 필요한 것은 공식적인 모금이나 개인적인 재정의 요청 없이 전부 감당할 수 있었다. 우리는 말할 수 있는 것은, 엘리야를 먹여주셨고 광야에서 이스라엘 백성들에게 만나를 내려 주셨던 하나님은 오늘날에도 당신의 백성들에게 여전히 똑같으신 분이시라는 것이다.

더욱이, 중국은 매우 보수적이고 외국인에 대해서 반감을 가지고 있다. 그래서 자기들이 사는 도시의 성문을 꽉 닫고 외부 침입자를 환영하지 않는다. 학자들의 자만심은 참으로 대단하고 자신들이 가진 종교로 충분하다고 믿고 있다. 외국의 가르침이나 '예수 종교'에 대해서 완전히 멸시한다. 그런 것을 생각하면 오늘 날 어떻게 도시가 열려 있고 사람들이 마음을 열었으며 멸시하던 나사렛 예수를 따르는 겸손한 사람들이 수천 명씩이나 있다는 사실에 대해서 어떤 설명을 할 수 있을까? 우리가 알기에 전쟁은 잠자던 그들을 깨우고 어리석은 쇄국정책을 흔들었던 하나님의 도구였다. 그렇지만 비록 전쟁 때문에 중국이 마지못해 통상을 하게 되고 수년 동안 아편 무역이라는 악행에 굴복하였지만, 어디 예수 그리스도를 자기 생명의 주님과 주인으로 마음에 모시는 것은 강제적인 총이나 칼로 되는 일인가. 그런데 수많은 중국인이 그렇게 고백하고 있는 것이다.

여기에서 우리는 다시 한 번 가장 놀라운 기적을 목도하고 있다. 돈으로 살 수 없는 것이 거의 없고 권력으로 취할 수 없는 것이 거의 없다. 그렇지만 사람의 마음은 오직 사랑으로만 얻을 수 있는 것이다. 그리스도께서 죽음으로 주신 사랑만이 죄인으로 하여금 그의 잘못된 길에서 돌이켜 하나님의 자녀가 되게 할 수 있다. 그 사랑의 기적이 중국에서 역사하고 있었다. CIM은 은혜로 구원받은 5만 명 이상의 죄인들을 그리스도의 교회 안으로 환영하는 기쁨을 누릴 수 있었다. 하나님이 성취하신 일은 결코 이 숫자가 나타내지 못한다. 왜냐하면 멀거나 병이 들어서, 여인과 어린 청년들의 경우는 친척 어른들의 반대 때문에 세례를 받지 못하는 사람들도 많이 있었기 때문이다. 그들은 비록 자신들의 구주를 공개적으로 시인하지는 못했지만 은밀한 방법으로 예수 그리스도가 세상의 죄를 담당하신 하나님의 어린 양이라는 사실을 배우고 고백하였다. 만일 '죄인을 그의 잘못된 길에서 돌이키게 하는 자는 그 영혼을 죽음에서 건지고 많은 죄를 덮을 것이다'라는 말이 사실이라면, 이 영적인 전쟁터에 간 사람들이나 시시한 일로 지체하는 사람들 중에서 헌금과 기도로 헌신한 사람들의 사역은 얼마나 복된 것이었는가?

그 동안의 수고로 인한 영향력은 이제껏 거두어들인 열매보다 훨씬 더한 것이었다. 많은 지역에서 굳은 땅이 기경되고 생명의 씨앗이 뿌려졌다. 편견, 적대감, 무관심이 극복되고 가장 중요한 생명에 대한 관심이 일깨워졌다. 매년 과거의 노력으로 인한 결실들이 보인다. 물에 던진 씨가 여러 날 후에 영원한 추수로 거두고 있는 것이다. 사역을 시작해서부터 의화단의 난 때까지 세례 받은 사람 수는 총 15,000명을 넘지 못했고, 가장 세례자가 많았던 년도에도 1,400명 이하였다. 그런데 그 때 이후 14년이 지나고 보니 35,000명의 개종자가 세례를 받았는데, 그 중에서 9,500명 정도가 지난 2년 동안에 세례 받았다. 초창기는 매우 어려웠고 씨를 뿌릴 때 낙심되는 일도 많았다. 따라서 자연히 별로 거두지도 못했다. 오늘 날은, 물론 아직도 씨를 많이 뿌리는 일이 필요하기는 하지만, 추수의 기쁨이 있다.

글을 쓸 때는 자연스럽게 성취한 일이 강조되기 마련이다. 그렇지만 아직도 할 일이 많이 있다는 것을 여기에서 언급하지 않을 수 없다. 중국에서 해야 할 사역의 범위는 너무도 크고 방대하다. 심지어 현재까지도 중국에 있는 성벽 도시 중 반 이상에, 그리고 7천여 소도시에 그리스도를 증거하는 거주 사역자가 없다. 그러니 증거자가 없는 마을은 누가 그 수를 셀 수 있겠는가? 실례를 들어보겠다. 섬서성에 있는 85개의 현 중 한 곳에만도 성으로 둘러싸인 마을이 900개 있다. 그 현에 살고 있는 개신교 선교사가 한 가정이라면 주일을 빼고 날마다 그 모든 마을을 방문하려고 할 때 3년이 걸릴 것이다. 그런데 그것이 85개의 현 중 한 곳뿐이고 그 섬서성 외에도 성이 만주의 3성을 빼고 19개나 있는 것이다.

지난 50년 동안 많은 일들을 해냈기는 하지만, 애석하게도 중국에서의 과업을 다 이루려면 아직도 갈 길이 멀다. 방대한 지역을 십자가의 증인들이 가끔씩만 가기 때문에 수백만 명의 사람들이 예수 그리스도 안에 있는 하나님의 사랑에 대해서 듣고 이해하지 못했다. 처음부터 중국에 배포한 모든 쪽 성경들이 아직 사람들의 손에 있다면 7, 8명 중 한 사람이 복음서 부분을 가지고 있다는 의미가 된다. 현재 중국에서는 매년 5백만 부씩 쪽 성경을 배포하고 있는데, 이런 대단한 비율로 나간다고 하여도 중국의 모든 남자, 여자, 어린이에게 한 부씩이라도 전부 돌아가게 하기 위해서는 8년이 소요되고 3백만 파운드가 필요하다. 하나님께서는 과거의 수고를 대단히 축복해 주셨지만, 그 축복은 장래에 내려주실 더 위대한 일을 기대하라는 격려로 생각해야 한다.

그런데 우리의 생각을 사역에서 사역자들로 돌리면, 또 다른 감회가 마음과 생각을 채운다. 왜냐하면 초창기에 부담과 열심을 지녔던 분들은 대부분 기쁨으로 자신의 갈 길을 마쳤고, 지속되어야 하는 사역의 책임이 다른 어깨들 위에 지워졌기 때문이다. 우리 선교회의 존경하는 설립자 허드슨 테일러는 길고도 힘들었던 삶을 마치고 D. E. 호스트에게 총재의 책임을 물려주었다. 1879년부터 영국 본부에서 선교회의 책임자이자 이사장이었던 데오도르 하워드도 최근에 주의 안식에 들어갔고 스튜어트 홀든이 이 중요한 자리를 승계했다. 역사적인 래머뮤어 일행 중 마지막 남았던 멤버인 W. D. 러드랜드씨가 왕을 뵈러 본향으로 갔다. 그리고 더 최근에 선교회의 어른으로 중국 사역을 위해서 52년 이상을 드렸던 J. J. 메도우씨도 주님을 얼굴과 얼굴로 대하여 보자는 부르심에 기쁘게 응답하여 떠났다.

오늘날의 문제가 선배들이 만났던 문제와는 다르다고 해도 같은 믿음과 헌신이 요구된다. 각 시대마다 고유하게 필요한 용기와 불굴의 정신이 있다. 테일러씨가 중국에 갔을 때 2천여만 명의 목숨을 앗아간 태평천국의 난 때문에 사역이 불가능해질 것 같았다. 우리가 50주년을 기념하고 있는 지금도, 유럽에서 일어난 전쟁이 외국 선교회의 존재 자체를 위협하고 있는 것으로 보이고 특히 고통스러운 방식으로 CIM에 영향을 주고 있다. 유럽을 이끄는 대부분의 나라 대표들이 선교회의 지도부에 앉아 있어서 국가적으로 선교회가 나뉘어 있다. 그러나 나라를 초월해서 우리는 모두 예수 그리스도 안에서 하나이기 때문에, 선교회는 영광스럽게 연합되어 있다.

이 어두운 시대의 공포스러운 사건들의 배후에 서로 주도권을 쥐려는 영적인 선악의 세력을 우리는 간파하고 있다. 우리 그리스도인들은 기도로 주님의 성령의 나타나심을 구하여 복음 전파와 그분의 나라가 임하는 것을 방해하는 어두움의 세력을 물리쳐야겠다. 세상은 폭력으로 가득 차 있다. 그러나 하나님께서는 '물이 바다 덮음 같이 여호와의 영광이 온 세상에 가득하게 될 것이다.'라고 약속하셨다.

기이한 일을 행하시는 이스라엘의 하나님을 찬양하라.
그분의 영광스러운 이름을 영원히 송축할지어다.
그리고 온 땅이 그분의 영광으로 가득하게 할지어다. 아멘.

참고문헌
• • •

Hudson Taylor, Vols. I& II, Dr. & Mrs. Howard Tylor. CIM

The Man Who Believed God, by Marshall Broomhall. CIM

Hudson Taylor and Maria, by John Pollock. Hodder and
Stoughton

These Forty Years, by F. Howard Taylor. Pepper Publishing Co.

The Story of the China Inland Mission, by Geraldine Guinness

The Jubilee Story of the China Inland Mission, by Marshall
Broomhall. CIM

Borden of Yale, by Mrs. Howard Taylor. CIM

Green Leaf in Drought, by Isobel Kuhn. CIM

Strong Man's Prey, by Jim Broomhall. CIM

China and the Cross, by Carey-Elwes. Longmans

History of Christianity in China, by K. S. Latourette

Among the Tribes in South-West China, by Samuel Clarke.
Marshall, Morgan and Scott

omf

1865년 허드슨 테일러가 창설한 중국 내지 선교회(CIM : China Inland Mission)는 1951년 중국 공산화로 인해 철수하면서 동아시아로 선교를 확장하고 1964년 명칭을 OMF International로 바꿨다. OMF는 초교파 국제선교단체로 불교, 이슬람, 애니미즘, 샤머니즘 등이 가득한 동아시아에서 각 지역 교회, 복음적인 기독 단체와 연합하여 모든 문화와 종족을 대상으로 예수 그리스도가 구세주이심을 선포하고 있다. 세계 30개국에서 파송된 1,300여명의 OMF 선교사들이 동아시아 18개국의 신속한 복음화를 위해 사역중이다.

OMF 사명
동아시아의 신속한 복음화를 통해 하나님을 영화롭게 하는 것이다.

OMF 목표
하나님의 은혜를 통하여 동아시아의 모든 종족 가운데 성경적 토착교회를 설립하고, 자기종족을 전도하며 타종족의 복음화를 위해 파송되는 것을 목표로 한다.

OMF 사역 중점
우리는 미전도 종족을 찾아간다.
우리는 소외된 사람들에게 관심을 갖는다.
우리는 복음을 전하는 일에 주력한다.
우리는 현지 지역교회와 더불어 일한다.
우리는 국제적인 팀을 이루어 사역한다.

OMF International - Korea
한국본부 (137-828) 서울시 서초구 방배본동 763-32 호언빌딩 2층
전화 02-455-0261, 0271 **팩스** 02-455-0278 **홈페이지** www.omf.or.kr **이메일** omfkr@omf.net